职业教育教学资源库配套系列教材
汽车营销与服务专业

汽车电子商务

许祥鹏　黄　宁　主编

北京理工大学出版社
BEIJING INSTITUTE OF TECHNOLOGY PRESS

版权专有　侵权必究

图书在版编目（CIP）数据

汽车电子商务 / 许祥鹏，黄宁主编. —北京：北京理工大学出版社，2019.6（2019.7重印）

ISBN 978-7-5682-6670-3

Ⅰ．①汽…　Ⅱ．①许…②黄…　Ⅲ．①汽车-电子商务-教材　Ⅳ．①F766-39

中国版本图书馆 CIP 数据核字（2019）第 014327 号

出版发行 / 北京理工大学出版社有限责任公司
社　　址 / 北京市海淀区中关村南大街 5 号
邮　　编 / 100081
电　　话 / (010) 68914775（总编室）
　　　　　 (010) 82562903（教材售后服务热线）
　　　　　 (010) 68948351（其他图书服务热线）
网　　址 / http://www.bitpress.com.cn
经　　销 / 全国各地新华书店
印　　刷 / 河北盛世彩捷印刷有限公司
开　　本 / 787 毫米×1092 毫米　1/16
印　　张 / 20.5
字　　数 / 481 千字
版　　次 / 2019 年 6 月第 1 版　2019 年 7 月第 2 次印刷
定　　价 / 59.00 元

责任编辑 / 王玲玲
文案编辑 / 王玲玲
责任校对 / 周瑞红
责任印制 / 李志强

图书出现印装质量问题，请拨打售后服务热线，本社负责调换

二维码内容资源获取说明

第1步：扫描下方二维码，下载并安装"微知库"APP。

第2步：打开"微知库"APP，单击页面中的"汽车营销与服务"专业。

第3步：单击"课程中心"，选择相应课程。

第4步：单击"报名"图标，随后图标会变成"学习"，单击"学习"即可使用"微知库"APP进行学习。

此外，下载"微知库"APP并注册登录后，直接使用APP中"扫一扫"功能，扫描本书中二维码，也可直接观看相关知识点视频。

安卓客户端

iOS 客户端

前　言

本教材是汽车营销与服务国家教学资源库项目配套用书（http://218.75.206.106/hn_lms/?q=node/67801），通过汽车电子商务概述、汽车网络营销与推广、汽车服务电子商务应用、汽车整车及用品电子商务应用、汽车配件电子商务应用等学习项目，培养学生的认识、分析、建设、使用、调试与运营等基本技能，使学生今后能从事网络调研、网络营销与推广、网络推广效果评估、汽车网上业务操作、网店开设与运营等工作。编写组联合深圳市中诺思科技股份有限公司等3家教育服务公司，合作开发课程教学资源。运用简单易懂的文本、重点突出的图片、内容丰富的PPT、形象生动的Flash、声情并茂的教学视频、短小精悍的微课等多样化技术整合的优质教学资源，让学习更便捷、更流畅，更好地满足各类读者的需求。读者可以在 http://36ve.net/client.html 下载客户端，通过客户端扫描二维码查看这些教学资源。

编　者

目　　录

项目一　汽车电子商务概述 ·· 001
　　任务 1-1　认识电子商务 ·· 002
　　任务 1-2　电子商务技术基础 ·· 018
　　任务 1-3　汽车电子商务市场描述 ·· 046

项目二　汽车网络营销与推广 ·· 063
　　任务 2-1　汽车电子商务网络调研 ·· 064
　　任务 2-2　汽车商务网站的搜索引擎优化 ··· 075
　　任务 2-3　汽车商务企业的网络整合营销 ··· 086
　　任务 2-4　汽车电子商务的软文推广 ··· 102
　　任务 2-5　效果与评估 ·· 111

项目三　汽车服务电子商务应用 ·· 121
　　任务 3-1　汽车网上信贷业务 ·· 122
　　任务 3-2　汽车网上保险业务 ·· 134
　　任务 3-3　汽车网上租赁业务 ·· 148
　　任务 3-4　二手车网上交易业务 ··· 161

项目四　汽车整车及用品电子商务应用 ··· 191
　　任务 4-1　平台选择 ··· 192
　　任务 4-2　货源准备 ··· 201
　　任务 4-3　账号注册 ··· 207

  任务 4-4　实名认证……………………………………………………………222

  任务 4-5　产品发布……………………………………………………………236

  任务 4-6　付费推广……………………………………………………………251

  任务 4-7　免费推广……………………………………………………………270

项目五　汽车配件电子商务应用……………………………………………………279

  任务 5-1　第三方平台的选择与入驻…………………………………………280

  任务 5-2　自有网站建设………………………………………………………288

    任务 5-2-1　网站域名空间申请……………………………………289

    任务 5-2-2　网站设计与实现………………………………………293

    任务 5-2-3　网站发布与维护………………………………………301

  任务 5-3　汽车配件信息化……………………………………………………309

项目一

汽车电子商务概述

　　随着业务发展的需要,汽车电子商务越来越受到重视。在企业中,作为汽车电子商务专员,需要了解、掌握汽车电子商务的基础知识与技能点,作为汽车营销人员与汽车服务人员,也同样需要知晓,并以此为基础将日常的工作信息化、网络化,提升自身的工作效率与效果。本项目将从认识电子商务、电子商务技术基础、汽车电子商务市场描述3个任务展开,通过学习和训练,对汽车电子商务有初步的了解,并掌握调研的一些方法、具备文档或报表的制作技能。

任务 1-1　认识电子商务

 任务引入

李成是某学校汽车营销与服务专业的一名学生，好学上进的他在学习专业课的同时，为了拓宽知识结构，对电子商务也产生了浓厚的学习兴趣。为此，他决定学习了解电子商务的基础知识。首先他要弄清楚什么是电子商务、电子商务与传统商务的区别是什么、电子商务的业务流程有哪些。通过本项目的学习，李成对电子商务有一个总体的了解并能进行简单的描述。

 任务描述

本任务要求制作一份简明扼要的 PPT 汇报材料，要求如下：
① PPT 汇报材料，应该包含封面、目录和正文 3 个部分；
② 正文内容涵盖"生活中的电子商务""电子商务与传统商务""电子商务的业务流程"3 个部分；
③ 要求尽量用图表配合关键字的方式进行展示。

 学习目标

● 专业能力
1. 能够快速、高效地进行信息收集整理；
2. 了解"电子商务形式"，熟悉"电子商务的业务流程"等汽车电子商务的基础知识与技能点。

● 社会能力
1. 树立进取意识、效率意识、规范意识；
2. 强化动手能力、市场开拓能力；
3. 维护组织目标实现的大局意识和团队能力；

4. 爱岗敬业的职业道德和严谨、务实、勤快的工作作风；
5. 自我管理、自我修正的能力。
- 方法能力

1. 利用多种信息化平台独立自主学习的能力；
2. 制订工作计划、独立决策和实施的能力；
3. 运用多方资源解决实际问题的能力；
4. 准确的自我评价能力和接受他人评价的能力；
5. 自主学习与独立思维能力。

 相关知识

一、生活中的电子商务

如今，在人们的日常生活中，电子商务的身影几乎处处可见，涉及网上购物、网上支付、在线学习、在线娱乐等方面。

（一）网上购物

网上购物已经成为零售市场的重要补充形式，淘宝、当当、京东、唯品会等购物网站的出现与繁盛，代表了网购已经被众多的消费者所选择与接受，如图 1.1.1 所示。以淘宝"双十一"购物节为例，2010 年"双十一"销售额为 9.36 亿元；而 2015 年，天猫"双十一"全球狂欢节总交易额为 912 亿，5 年翻了近 10 倍，而"双十一"也已成为最大的网购盛事，由此可见网购发展的迅速。

生活中的电子商务

图 1.1.1 网上购物已经成为网络消费的新时尚

（二）网上支付

目前，国内的各银行基本都开通了网上银行业务，办理银行转账、个人理财、信息咨询等多种业务，对于较大的资金业务，既安全，又方便；对于一般的业务办理者而言，则可以免去柜台排队等候的烦恼。

（三）在线学习

Internet 网络与电子商务给人们接受教育的方式带来了改变。随着 Internet 的广泛应用，网络学校应运而生，其属于现代远程教育的一种方式。它以计算机通信技术和网络技术为依托，采用远程实时多点、双向交互式的多媒体现代化教学手段，可以实时传送声音、图像、电子课件和教师板书，处于两地的师生能像现场教学一样进行双向视听问答，是一种实现跨越时间和空间的教育传送过程。与传统的学校比较，网络学校的优势在于：首先，它不需要服务学生生活的庞大后勤辅助机构；其次，缩小先进地区与落后地区教学质量的差距。实时性、交互性远程教育还可使多种观念得以沟通和交流；最后，可以最好地发挥好教师、好教材的优势。网络学校与其他远程教育方式如广播大学、电视大学等比较，很好的交互性、实时性是其突出的优点，如图 1.1.2 所示。总之，网上教育是一种成本低、效果好、覆盖面大、便于普及高质量教育的新型教育方式。

图 1.1.2　在线学习

（四）在线娱乐

传统的娱乐方式很多都是实体的玩具或娱乐场所，电子商务给人们的娱乐、休闲方式也带来了改变。现在人们可以足不出户在网络上购买和观看各个国家制作的新旧电影和电视节目，可以购买和欣赏喜欢的音乐家、歌唱家演奏和演唱的新旧曲目，可以在网络上得到令人爱不释手、种类繁多的游戏。此外，如果愿意，也可以在网络这个广阔天地中找到志趣相投的朋友，对感兴趣的问题推心置腹，聊个痛快。在网络上还可以做现实生活中无法做的事情，如可以喂养喜欢的宠物，可以种花植树，可以成为一介农夫辛勤地播种、耕耘，以获得丰收的喜悦……当然，这一切都是虚拟的，是网络给人们提供的新的休闲方式，也已成为人们日常生活中的重要休闲方式。如图 1.1.3 所示。

图 1.1.3　在线娱乐

二、电子商务与传统商务

（一）传统商务概述

传统商务源于史前，当人们对日常活动进行分工时，商业活动就开始了。每个家庭不能再像以前那样，既要种植，又要打猎和制造工具，而是以专心于某一项活动为主，然后用他们的产品换取所需之物。例如，制造工具的家庭可以和种植谷物的家庭互换产品。在这些原始的交易中，无形的服务也开始进行了交易。例如，巫医通过施巫术或求神保佑来换取食品和工具。

随着物物交换范围和规模的扩大，货币开始出现，人们的交易活动变得更方便，但贸易活动的本质并没有发生变化。商务活动是至少有两方参与的有价物品或服务的协商交换过程，它包括买卖双方为完成交易所进行的各种活动。

（二）电子商务

1. 电子商务概念

首先，电子商务划分为广义和狭义的电子商务。广义的电子商务定义为，使用各种电子工具从事商务活动；狭义电子商务定义为，主要利用 Internet 从事商务或活动。无论是广义的还是狭义的电子商务的概念，电子商务都涵盖两个方面内容：一是离不开互联网这个平台，没有了网络，就不能称为电子商务；二是通过互联网完成的是一种商务活动。

狭义上讲，电子商务（Electronic Commerce，EC）是指：通过使用互联网等电子工具（这些工具包括电报、电话、广播、电视、传真、计算机、计算机网络、移动通信等）在全球范围内进行的商务贸易活动。其是以计算机网络为基础所进行的各种商务活动，包括商品和服务的提供者、广告商、消费者、中介商等有关各方行为的总和。人们一般理解的电子商务是指狭义上的电子商务。

汽车电子商务是以信息网络技术为手段，以汽车相关产品或服务交换为中心的商务活动，是传统汽车商业活动各环节的电子化、网络化、信息化，在此基础上相关业务的延伸与拓展。

2. 电子商务分类

电子商务分类的方式很多，最为常见的是按交易对象来划分。按照交易对象，电子商务可以分为企业对企业的电子商务（B2B）、企业对消费者的电子商务（B2C）、企业对政府的电子商务（B2G）、消费者对政府的电子商务（C2G）、消费者对消费者的电子商务（C2C），以及近年来流行的线上网店加线下消费电子商务（O2O）等。

（1）B2B

B2B（Business to Business）是指商家（泛指企业）对商家的电子商务，即企业与企业之间通过互联网进行产品、服务及信息的交换。通俗的说法是指进行电子商务交易的供需双方都是商家（或企业、公司），他们使用 Internet 的技术或各种商务网络平台（如慧聪汽车配件网）完成商务交易的过程，如图 1.1.4 所示。这些过程包括发布供求信息，订货及确认订货，支付过程，票据的签发、传送和接收，确定配送方案并监控配送过程等。

图 1.1.4　B2B 模式的慧聪汽车配件网

（2）B2C

B2C（Business to Customer）是中国最早产生的电子商务模式，是指企业对消费者的电子商务。如今的 B2C 电子商务网站非常多，比较大型的有天猫商城、京东商城、一号店、亚马逊、苏宁易购、国美在线等。汽车类网站当中，上海大众汽车创建的车享网就是典型的 B2C，如图 1.1.5 所示。

图 1.1.5　B2C 模式的车享网

（3）C2C

C2C（Consumer to Consumer）同 B2B、B2C 一样，都是电子商务的几种模式之一。不同的是，C2C 是用户对用户的模式，C2C 商务平台就是通过为买卖双方提供一个在线交易平台，比如淘宝，使卖方可以主动提供商品上网拍卖，而买方可以自行选择商品进行竞价。

（4）O2O

O2O（Online to Offline）是新兴起的一种电子商务新商业模式，即将线下商务的机会与互联网结合在一起，让互联网成为线下交易的前台。这样线下服务就可以用线上来揽客，消费者可以用线上来筛选服务，成交后可以在线结算，很快达到规模。该模式最重要的特点是：推广效果可查，每笔交易可跟踪。以车点点的 O2O 模式为例，车点点的客户可以通过网络平台进行违章查询、预约洗车美容与维修保养、呼叫道路救援、享受车务代办，如图 1.1.6 所示。

图 1.1.6　O2O 模式的车点点

3. 电子商务的其他分类方式

电子商务的其他分类方式见表 1.1.1。

表 1.1.1　电子商务类型划分

分类方式	类型说明
使用网络的类型	基于专门增值网络（EDI）的电子商务、基于互联网的电子商务、基于 Intranet 的电子商务
开展电子交易的范围	区域化电子商务、远程国内电子商务、全球电子商务
商务活动的内容	间接电子商务（有形货物的电子订货和付款，仍然需要利用传统渠道如邮政服务和商业快递车送货）和直接电子商务（无形货物和服务，如某些计算机软件、娱乐产品的联机订购、付款和交付，或者是全球规模的信息服务）

4. 电子商务的基本特征

从电子商务的含义及发展历程可以看出电子商务具有如下基本特征：

（1）普遍性

电子商务作为一种新型的交易方式，将生产企业、流通企业及消费者和政府带入了一个网络经济、数字化生存的新天地。

（2）方便性

在电子商务环境中，人们不再受地域的限制，客户能以非常简捷的方式完成过去较为繁杂的商业活动。如通过网络银行能够全天候地存取账户资金、查询信息等，同时使企业对客户的服务质量得以大大提高。在电子商务商业活动中，有大量的人脉资源开发和沟通，从业时间灵活，完成公司要求，有钱有闲。

（3）整体性

电子商务能够规范事务处理的工作流程，将人工操作和电子信息处理集成为一个不可分割的整体，这样不仅能提高人力和物力的利用率，还可以提高系统运行的严密性。

（4）安全性

在电子商务中，安全性是一个至关重要的核心问题，它要求网络能提供一种端到端的安全解决方案，如加密机制、签名机制、安全管理、存取控制、防火墙、防病毒保护等，这与传统的商务活动有着很大的不同。经过了10年的发展与沉淀，成熟稳定的支付宝丰富的安全措施为使用者的网络资金操作提供了全面的保障。

（5）协调性

商业活动本身是一种协调过程，它需要客户与公司内部、生产商、批发商、零售商进行协调。在电子商务环境中，它更要求银行、配送中心、通信部门、技术服务等多个部门的通力协作。电子商务的全过程往往是一气呵成的。

5. 电子商务的各项功能

电子商务可提供网上交易和管理等全过程的服务。因此，它具有广告宣传、咨询洽谈、网上定购、网上支付、电子账户、服务传递、意见征询、交易管理等各项功能。

（1）广告宣传

电子商务可凭借企业的 Web 服务器和客户的浏览，在 Internet 上发布各类商业信息。客户可借助网上的检索工具迅速地找到所需商品信息，而商家可利用网上主页和电子邮件在全球范围内做广告宣传。与以往的各类广告相比，网上的广告成本最为低廉，而给顾客的信息量却最为丰富。Smart 的官方网站，充满活力的宣传海报与精彩视频，让客户看完之后跃跃欲试，恨不得立即试乘试驾，如图 1.1.7 所示。

图 1.1.7　Smart 的官方网站

(2) 咨询洽谈

电子商务可借助非实时的电子邮件、新闻组和实时的讨论组来了解市场和商品信息、洽谈交易事务，如有进一步的需求，还可用网上的白板会议（Whiteboard Conference）来交流即时的图形信息。网上的咨询和洽谈能超越人们面对面洽谈的限制，提供多种方便的异地交谈形式。

(3) 网上订购

电子商务可借助 Web 中的邮件交互传送实现网上的订购。网上的订购通常都是在产品介绍的页面上提供十分友好的订购提示信息和订购交互格式框。当客户填完订购单后，通常系统会回复确认信息单来保证订购信息的收悉。订购信息也可采用加密的方式使客户和商家的商业信息不会泄漏。赶集易洗车的会员既可以通过互联网也可以通过手机 APP 完成服务预约，十分方便快捷。

(4) 网上支付

电子商务要成为一个完整的过程，网上支付是重要的环节。客户和商家之间可采用信用卡账号实施支付，在网上直接采用电子支付手段可省略交易中很多人员的开销。网上支付需要更为可靠的信息传输安全性，以防止欺骗、窃听、冒用等非法行为。

(5) 电子账户

网上支付必须要有电子金融来支持，即银行或信用卡公司及保险公司等金融单位要为金融服务提供网上操作的服务，而电子账户管理是其基本的组成部分。信用卡号或银行账号都是电子账户的一种标志，而其可信度需配以必要技术措施来保证，如数字凭证、数字签名、加密等，这些手段的应用提供了电子账户操作的安全性。

(6) 服务传递

对于已付了款的客户，应将其订购的货物尽快地传递到他们的手中。最适合在网上直接传递的货物是信息产品，如软件、电子读物、信息服务等，它能直接从电子仓库中将货物发到用户端。

(7) 意见征询

电子商务能十分方便地采用网页上的"选择""填空"等格式文件来收集用户对销售、服务的反馈意见，这样能使企业的市场运营形成一个封闭的回路。客户的反馈意见不仅能提高售后服务的水平，更使企业获得改进产品、发现市场的商业机会。

(8) 交易管理

整个交易的管理涉及人、财、物等多个方面，如企业和企业、企业和客户及企业内部等各方面的协调和管理，因此，交易管理是涉及商务活动全过程的管理。电子商务的发展，将会提供一个良好的交易管理的网络环境及多种多样的应用服务系统，这样才能保障电子商务获得更广泛的应用。

三、电子商务的业务流程

无论是自有品牌的传统企业还是白手起家的互联网公司，要进入一个全新的电子商务市场，整合线上、线下各类资源，有效拓展销售渠道，成功推广企业品牌，这些都是一项复杂而系统的工程。

企业要开拓电子商务市场，需要选择合适的电子商务模式，对产品和服务进行准确定位，建设、维护电子商务平台运营和管理，做好网络的营销和在线客户服务等。电子商务业务流程如下：

（一）电子商务模式的选择与定位

电子商务模式的选择与定位是企业开展电子商务前必须解决的第一个问题。要解决的是"我是谁""他是谁"这两个基本问题。目前，我国比较成功的电子商务企业在模式的选择和目标的定位上，都是个性鲜明、特色突出的。

1. 我是谁

- 能为网上用户提供哪些独到的社会价值、商业价值？
- 是自建网站，还是利用第三方平台开展电子商务？
- 应选择哪些电子商务平台：阿里巴巴、慧聪、淘宝、Ebay？
- 以怎样的身份（供应商、分销商）开展电子商务？

2. 他是谁

- 网上用户经常在哪里出现？
- 他们有何兴趣和偏好？
- 企业主要竞争对手有哪些？
- 他们有哪些特色和优势？
- 如何借鉴和超越这些竞争对手？

（二）电子商务平台的建设与维护

1. 平台建设

互联网电商风靡多年，热度始终不减，并且已经从传统的淘宝电商变成任何形式物品和服务的线上销售。很多个人和企业都面临这样的选择：到底是选择第三方平台入驻，如阿里、京东、亚马逊，还是自己去做一个商城网站呢？要回答这个问题，需要从几个方面进行分析：

（1）操作容易度

自建站包括自主开发和模板建站，无论哪种方式，都要经历较长的制作过程、网站推广和数据分析，才能让自建站的效果得到充分发挥。平台的操作相对比较简单，只要用户在界面上传和更新产品，设置分类，处理销售信息即可。但长远来说，平台也在不断更新迭代，需要用户为此付出新的学习成本，这些成本和经历投入已经足够用来掌握建站推广的要点了。

（2）流量基础

选择第三方平台入驻，平台流量大，且针对入驻新人有一定帮扶政策，对新企业极具吸引力。但是，平台的流量是不稳定的，一般过了新手期，流量就会突然暴跌，想获得流量，就得掏钱。而自建网站是从一个全新的网站开始，用户和流量都要从零开始。相对来说，自建网站的流量基础是比不上第三方平台的，但上规模的企业基本不会只看短期效益，而是着眼于长远发展。

（3）抗政策风险能力

平台运营要服从政策，而自建站的处理方式就灵活多了，并且握有主动权，平台政策有任何风吹草动，都不受影响，反而还有机会快速替补，把平台的流量吸引到自建站上来。

（4）竞争强度

平台突围的策略就是打价格战，这其实是恶性循环。卖家利润越来越低，产品质量就会随之下降，用户数量也会减少，最后两极分化，强者更强，弱者基本没有翻身机会。而自建站能充分展示自家产品的优势，比如结合恰到好处的场景、具有煽动性的产品视频、用户展示等，全方位应用营销工具，能获得和平台一样的营销效果。

（5）客户忠诚度

平台的客户流动性很强，大多是经过参数和价格对比后过来的，一般很少回购，毫无情怀可言。自建站从推广网站到用户注册的过程，都是建立信任和忠诚度的机会，培养一批老用户后还可能为你带来新客户。这点相当于用户对平台的忠诚度很高，却对平台上的店铺很"薄情"。

总之，两种方式各有利弊，需要结合市场现状与自身实力综合考虑。

2. 平台维护

（1）网站内容的更新

第一，维护商品信息。商品信息是电子商务网站的主体，随着外在条件的变化，商品的信息都要不断地更新，反映商品的真实状态。

第二，维护新闻栏目。将企业的重大活动、产品的最新动态、企业的发展趋势、客户服务措施及时、真实地呈现给客户，以此吸引更多的客户前来浏览、交易。

第三，网站的维护人员要经常对网站所有的网页链接进行测试，保证各链接正确无误。

（2）用户信息的收集和及时反馈

在网站的日常维护中，对于用户的各种反馈信息都要做及时的处理，使用户在最短的时间内得到满意的答复。要正确处理用户提出的建议和问题，要保证用户报告的问题能得到解决。

（3）对网站访问量数据进行分析

通过对访问量数据的分析，可以找出网站的优势与不足，从而进行相应的修改，更好地实现网站的建设目标，还有助于选择更合适的网站宣传推广手段。

（4）维护网站安全

电子商务网站是对外开放的，这便于企业发布商务信息和客户选择所需商品，但同时也给网站的安全带来了威胁。为了维护网站的良好形象，保证网站业务系统的正常运行，保证商务信息的秘密不外泄，网站的管理人员应该不断寻找网络中的薄弱环节和安全漏洞，及时进行修复和改进。

（三）电子商务平台的运营与管理

电子商务平台的运营与管理包括的范围很广，从电子商务平台（企业网站、论坛、博客、微博、商铺、网络直销店等）建设，到各搜索产品优化推广，电子商务平台维护重建、扩展及网络产品研发及盈利等多个方面。对于初创平台来讲，一般包含以下6个方面：

① 取一个好的店名；
② 找到有竞争力的进货渠道；
③ 选择合适的支付方式；
④ 发布自己的在线商品；
⑤ 确定网店的物流配送方案；
⑥ 组建网店运营管理团队。

（四）电子商务平台的营销与推广

电子商务平台的营销与推广就是以产品为核心内容，建立网站，再把这个网站通过各种免费或收费渠道展示给网民，进而吸引潜在客户的过程。包括资料的收集与统计、推广方案的制订与实施和预期收益与效果评估3个步骤。

1. 资料的收集与统计

① 市场需求分析；
② 用户结构分析；
③ 市场竞争分析；
④ 购买行为分析；
⑤ 现状分析：竞争对手分析，自身优势劣势分析。

2. 推广方案的制订与实施

（1）目标的制订

需要完成的任务，包括IP、PV、UV、顾客转换率；注册用户；增加市场占有率多少；销售额多少；增加品牌知名度多少；提高顾客满意度多少；完成时间。

（2）网站初期的推广

针对搜索引擎进行SEO优化，目前网站80%以上的访问量依赖于搜索引擎，所以网站必须针对搜索引擎进行优化，增加客户发现并访问网站的可能性。

① 向各大搜索引擎提交网站地址。
② 友情链接。与合作伙伴及行业门户网站建立链接。
③ 配合公司其他部门对网站进行网络媒体宣传。
④ 网络资源合作。利用网络共享资源对网站和产品进行推广，增加访问量，增强客户对品牌的认识，搜索引擎的排名优势和网站的权威性。
⑤ 网络炒作。网络初期由于品牌影响力有限，利用网络炒作可以快速提高知名度，达到初期效果。

（3）网站运营期的推广

① 网络广告投放。在目标客户经常浏览的网站上，利用广告横幅、文本链接、多媒体弹窗等，进行广告投放。
② 软文宣传。针对产品及行业知识，结合电子书、免费内容等有价值的免费产品，以

病毒式营销进行口碑传播，增强品牌认识度，以提高客户认可。

③ 邮件推广。搜集目标客户的E-Mail，对目标客户进行邮件投放，包括新闻、资讯、产品介绍等。

④ 会员制营销。通过发展会员，提供差异化服务，提高顾客忠诚度，长期增加企业利润。

⑤ 网络调研。经常进行健康或者生活性的促销网络调研，精准的调研可以很快收到目标客户所反馈的信息，并加强品牌引导。

（4）网站成熟期的推广

① 公共关系推广，利用博客、社区论坛、网络活动进行品牌权威的树立，使顾客的购买欲转化为购买行为。

② 促销活动。在特殊时期内，利用礼品或者让利对产品进行促销，能在短时间带来流量和消费行为。

③ 特殊专题策划。在各种节假日、纪念日等进行大型专题宣传，如冠名某项网络事件、举办网络活动、在网络中融入产品宣传。

④ 以网络优惠券、试用装、奖券等形式，保留老客户，增加重复消费，增强网站黏性。

⑤ 加入C2C平台或B2C平台网络店铺，形成自主商城、中介平台、线下实体多种销售模式。

（5）网站及产品的生活化

网站及产品在平时推广中要融入生活，把网址或产品加入任何办公地点，如信封、名片、包装盒等，企业内部标识，公司印刷物品，合作伙伴等，深入网站或产品宣传。

3. 预期收益与效果评估

对网络推广措施进行有效评估，对顾客来源、停留及顾客转换率等进行分析。改进或者取消不良推广方案，增加有效推广方案投入。对投资回报率进行评估，包括对投入产出比、产生品牌价值、品牌权威度、顾客满意度等营销方案进行分析。

（五）电子商务平台的客户服务与管理

在电子商务中，顾客在网上浏览商店提供的商品，所看到的只是商品的图片，不可能像在传统商店那样看到实物商品，不能通过触摸、使用来了解商品的性能，缺乏和企业面对面的交流，因此电子商务和传统企业的客户服务应有所不同。传统企业比较重视售后服务，而电子商务的客户服务针对消费者的购物过程，也应相应地分为售前服务、售中服务和售后服务，从而在消费者购物过程的每一步都给予关注和引导，提高消费者的满意度和忠诚度。

1. 售前客户服务策略

（1）提供商品搜索和比较服务

为了方便顾客购物，电子商务企业应提供搜索服务，使顾客可以快捷地找到想要得到的东西。另外，网上购物不像在传统商店那样可以直观地了解商品，所以网上商店还应提供一些有关商品的信息，以便顾客做出决策。

（2）为顾客提供个性化的服务

电子商务企业应根据上网顾客的不同身份、爱好和需求，将每一名顾客视为特殊的一员对待，自动提供不同的商品信息和服务，方便顾客购买商品，让顾客有宾至如归的感觉。

（3）建立客户档案，对老客户进行消费诱导服务

当顾客在网上商店注册时，会填写自己的基本资料，这时电子商务企业应把顾客的资料保存在档案库中，当顾客再次光顾时，也要把他浏览或购买的信息存入档案库，并以此为依据有针对性地开发或刺激其潜在的需求，不断开拓市场。

2. 售中客户服务策略

（1）提供让顾客定制产品的服务

所谓产品定制，指的是企业所提供的产品不再只局限于统一的产品，用户通过因特网在程序引导下，可对产品或服务进行选择或提出具体要求，企业可以根据顾客的选择和要求，及时进行生产并提供及时服务，使得顾客能跨越时空，得到满足要求的产品和服务。这样一方面可以提高顾客的满意度；另一方面，企业还可以及时了解顾客需求，并根据顾客要求及时组织生产和销售，提高企业的生产效益和营销效益。

（2）提供顾客跟踪订单状态的服务

当顾客在网上下单后，肯定非常关心什么时候能拿到商品，那么公司应提供这方面的服务来满足消费者。

（3）提供多种方便安全的支付方式

顾客购买商品肯定要付钱，电子商务企业要提供灵活多样的付款方式以方便顾客。

（4）提供应时配送服务

客户完成在线购物后，商务活动并未结束，只有商品或服务送达顾客，商务活动才算完结。顾客在线购物最关心的问题就是所购商品能否准时到货。顾客在网上购买的，一种是实物产品，如服装、玩具和食品；另一种属于数字产品，包括音乐、电影、电视、软件、报纸、杂志、期刊、图片等。对于数字产品，可以通过网上下载服务直接实现商品的送货。

对于实物产品，企业应该把应时配送服务作为业务的重点。应时配送服务指的是在客户订货时就与客户协商，以确定到货的时间，并按约定的时间将货物送达指定的地点，要求不能晚，也不能早。

3. 售后客户服务策略

（1）向顾客提供持续的支持服务

电子商务企业可通过在线技术交流、在线技术支持、常见问题解答、资料图书馆、实时通信及在线续订等服务，帮助消费者在购买后更好地使用商品。

（2）开展顾客追踪服务

在越来越激烈的市场竞争中，再也不能认为产品卖出去就万事大吉了。企业应对所有的顾客提供追踪服务，而不再仅仅限定某一时间区间。在电子商务环境下，企业通过为顾客建档，

利用网络的强大优势，为顾客提供良好的售后服务，这些服务永远是留住顾客的最好方法。

（3）良好的退货服务

由于在线购物时，顾客不能真实、直观地了解商品，难免会出现一些差错。作为企业，应提供良好的退货服务，这样可以增加顾客在线购买此商品的信心。

在线测验 1-1

① 本任务要求制作一份简明扼要的 PPT 汇报材料。请在电脑上安装 Office 办公软件，如用 WPS 等其他办公软件制作，没有安装同类软件的用户可能无法打开，请注意版本兼容问题。

② 为了使 PPT 汇报材料美观大方，可以从网上下载适合的 PPT 模板，也可以自己制作。

③ PPT 汇报材料，应该包含封面、目录和正文 3 个部分。封面应有标题和制作人，目录包括"生活中的电子商务""电子商务与传统商务""电子商务的业务流程" 3 个；正文部分适当展开，但应以图表为主，文字为辅，且图表不能用前面已有的，必须自己制作或从网上收集。汇报材料样式可参考图 1.1.8 和图 1.1.9 所示的模板。

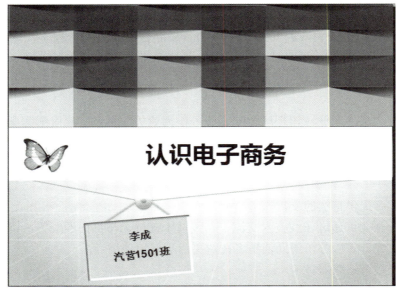

图 1.1.8　PPT 封面参考

图 1.1.9　PPT 目录参考

传统商品加工流通的主要环节如图 1.1.10 所示。

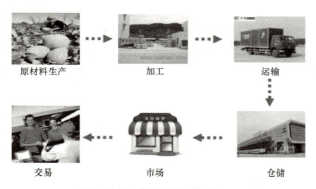

图 1.1.10　PPT 正文参考

假定自己是李成，与学习小组成员商讨和训练，并在课堂上进行汇报展示。

一、简答题

1. 请简单说一下电子商务模式的选择与定位。
2. 请简单说一下什么是 O2O。

二、思考题

某 4S 店出于集客目的想开展电子商务，你建议他选择自建站点还是第三方平台？为什么？

任务 1-2　电子商务技术基础

　任务引入

李成在学习了一段时间后，对电子商务有了初步认知。李成家里开了一间汽车配件商店，家人听说从"阿里巴巴"（www.1688.com）上批发要便宜得多，这次他们想批发 50 套"路探 D90 7 寸后视镜行车记录仪"，每套价格不超过 510 元。因为怕被骗，就让李成帮忙看一下哪个商家可靠。一时间，李成也不知道怎么判断，为此，他决定先学习了解电子商务的一些简单技术知识。他要搞清楚 IP、域名等常见的专业术语是什么意思，为什么自己在网上收集信息时总比别人慢，网上支付和第三方支付有什么不一样，网上交易有哪些风险。李成认为，了解这些知识后，才能做出判断。通过本项目的学习，李成可以具备基本的电子商务技术基础并能进行实际应用。

　任务描述

本任务要求在阿里巴巴上找到一家可靠的卖家，批发 50 套"路探 D90 7 寸后视镜行车记录仪"，每套价格不超过 510 元。需要新建 Word 文档，将实施过程和判断依据截图，包括：

① 用引号检索阿里巴巴的截图；
② 在阿里巴巴任选一种方法找到卖家的截图；
③ 查看阿里巴巴平台上的工商注册信息；
④ 查看政府工商平台上的工商注册信息；
⑤ 查看交易信用记录；
⑥ 每个截图要给出简单说明；
⑦ 写出最终结论。

项目一 汽车电子商务概述

 学习目标

- 专业能力

1. 能够快速、高效地进行信息收集整理；
2. 了解计算机网络及 Internet 的主要功能与应用，熟悉网上支付，掌握安全识别与风险防范等汽车电子商务的基础知识与技能点。

- 社会能力

1. 树立进取意识、效率意识、规范意识；
2. 强化动手能力、市场开拓能力；
3. 维护组织目标实现的大局意识和团队能力；
4. 爱岗敬业的职业道德和严谨、务实、勤快的工作作风；
5. 自我管理、自我修正的能力。

- 方法能力

1. 利用多种信息化平台独立自主学习的能力；
2. 制订工作计划、独立决策和实施的能力；
3. 运用多方资源解决实际问题的能力；
4. 准确的自我评价能力和接受他人评价的能力；
5. 自主学习与独立思维能力。

 相关知识

一、计算机网络与 Internet

计算机网络是指将若干地理位置不同并具有独立功能的多个计算机，通过通信设备和传输线路连接起来，实现信息交换和资源共享的系统。

（一）计算机网络的分类

1. 按地理范围分类

计算机网络常见的分类依据是网络覆盖的地理范围，按照这种分类方法，可将计算机网络分为局域网、广域网和城域网 3 类。

局域网（Local Area Network，LAN），是连接近距离计算机的网络，覆盖范围从几米到数千米。例如办公室或实验室的网、同一建筑物内的网及校园网等。

广域网（Wide Area Network，WAN），其覆盖的地理范围从几十千米到几千千米，覆盖一个国家、地区或横跨几个洲，形成国际性的远程网络。例如我国的公用数字数据网（China DDN）、电话交换网（PSDN）等。

城域网（Metropolitan Area Network，MAN），它是介于广域网和局域网之间的一种高

速网络，覆盖范围为几十千米，大约是一个城市的规模。

2. 按拓扑结构分类

拓扑结构就是网络的物理连接形式。如果不考虑实际网络的地理位置，把网络中的计算机看作一个节点，把通信线路看作一根连线，就可以抽象出计算机网络的拓扑结构。局域网的拓扑结构主要有星形、总线形和环形三种，如图 1.2.1 所示。

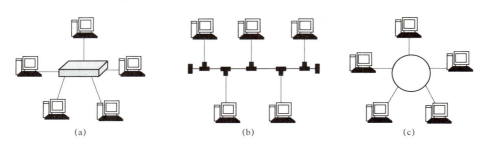

图 1.2.1 局域网的拓扑结构
（a）星形；（b）总线形；（c）环形

3. 按传输介质分类

传输介质就是指用于网络连接的通信线路。目前常用的传输介质有同轴电缆、双绞线、光纤、卫星、微波等有线或无线传输介质，相应地，可将网络分为同轴电缆网、双绞线网、光纤网、卫星网和无线网。

4. 按带宽速率分类

带宽速率指的是"网络带宽"和"传输速率"两个概念。传输速率是指每秒钟传送的二进制位数，通常使用的计量单位为 b/s、Kb/s、Mb/s。按网络带宽，可以分为基带网（窄带网）和宽带网；按传输速率，可以分为低速网、中速网和高速网。一般来讲，高速网是宽带网，低速网是窄带网。

5. 按通信协议分类

通信协议是指网络中的计算机进行通信所共同遵守的规则或约定。在不同的计算机网络中采用不同的通信协议。在局域网中，以太网采用 CSMA 协议，令牌环网采用令牌环协议，广域网中的报文分组交换网采用 X.25 协议，Internet 网采用 TCP/IP 协议，采用不同协议的网络可以称为"×××协议网"。

（二）计算机网络常用术语

1. IP 地址

IP 地址是指互联网协议地址（Internet Protocol Address，又译为网际协议地址），是 IP Address 的缩写。IP 地址是 IP 协议提供的一种统一的地址格式，它为互联网上的每一个网络和每一台主机分配一个逻辑地址，以此来屏蔽物理地址的差异。

IP 地址被用来给 Internet 上的电脑一个编号。日常见到的情况是每台联网的计算机上都需要有 IP 地址，才能正常通信。如果可以把"个人电脑"比作"一台电话"，那么"IP 地址"就相当于"电话号码"，而 Internet 中的路由器，就相当于电信局的"程控式交换机"。

IP 地址是联网计算机和设备的唯一标识。IP 地址为 4 字节长,每字节用十进制数表示,并用圆点分隔(形如:×××.×××.×××.×××),例如 210.37.44.253。如图 1.2.2 所示。

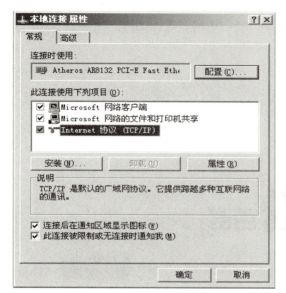 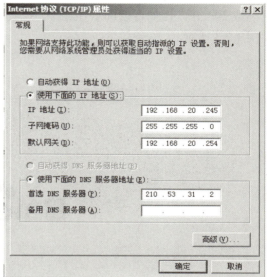

图 1.2.2　IP 设置界面

2. 域名

域名(Domain Name),是由一串用点分隔的名字组成的 Internet 上某一台计算机或计算机组的名称,用于在数据传输时标识计算机的电子方位(有时也指地理位置,地理上的域名,指代有行政自主权的一个地方区域)。一个域名是便于记忆和沟通的一组服务器的地址(网站、电子邮件、FTP 等)。世界上第一个注册的域名是在 1985 年 1 月注册的。

以一个常见的域名为例进行说明。百度网址是由两部分组成的,标号"baidu"是这个域名的主体,而最后的标号"com"则是该域名的后缀,是顶级域名,代表这是一个商业国际域名,见表 1.2.1。

表 1.2.1　机构类别顶级域名

域名缩写	机构类型	域名缩写	机构类型
com	商业系统	fim	商业或公司
edu	教育系统	store	提供购买商业的业务部门
gov	政府机关	wed	主要活动与 WWW 有关的实体
mil	军队系统	arts	以文化为主的实体
net	网管部门	rec	以消遣和娱乐为主的实体
org	非营利性组织	inf	提供信息服务的实体

3. DNS

DNS（Domain Name System，域名系统），因特网上作为域名和 IP 地址相互映射的一个分布式数据库，能够使用户更方便地访问互联网，而不用去记住能够被机器直接读取的 IP 地址。每个 IP 地址都可以有一个域名，域名由一个或多个字符串组成，字符串之间用小数点隔开。比如百度的 IP 地址为 61.135.169.125，访问百度网站时，可以直接输入，如图 1.2.3 所示。

图 1.2.3　百度 IP 地址

很显然 IP 地址并不好记，一般更容易记住的百度域名是 baidu.com，DNS 将易于记忆的域名与不容易记忆的 IP 地址作转换。有了域名，就不用死记硬背每台设备的 IP 地址，只要记住相对直观、有意义的域名就行了。这就是 DNS 协议所要完成的功能。

（三）Internet

Internet，中文名为因特网、国际互联网，它是由那些使用公用语言互相通信的计算机连接而成的全球网络。因特网是世界上发展速度最快、应用最广泛和最大的公共计算机信息网络系统，它提供了数万种服务，被世界各国计算机信息界称为未来信息高速公路的雏形。

1. Internet 起源

Internet 是在美国早期的军用计算机网 ARPANET（阿帕网）的基础上经过不断发展变化而形成的。Internet 的起源主要可分为以下几个阶段。

（1）Internet 的雏形阶段

1969 年，美国国防部高级研究计划局（Advance Research Projects Agency，ARPA）开始建立一个命名为 ARPANET 的网络。当时建立这个网络是出于军事需要，计划建立一个计算机网络，当网络中的一部分被破坏时，其余网络部分会很快建立起新的联系。人们普遍认为这就是 Internet 的雏形。

（2）Internet 的发展阶段

美国国家科学基金会（National Science Foundation，NSF）在 1985 开始建立计算机网络 NSFNET。NSF 规划建立了由 15 个超级计算机中心及国家教育科研网组成的，用于支持科研和教育的全国性规模的 NSFNET，并以此作为基础，实现同其他网络的连接。NSFNET 成为 Internet 上主要用于科研和教育的主干部分，代替了 ARPANET 的骨干地位。1989 年 MILNET（由 ARPANET 分离出来）实现和 NSFNET 连接后，就开始采用 Internet 这个名称。自此，其他部门的计算机网络相继并入 Internet，ARPANET 就宣告解散了。

（3）Internet 的商业化阶段

20 世纪 90 年代初，商业机构开始进入 Internet，使 Internet 开始了商业化的新进程，成为 Internet 大发展的强大推动力。1995 年，NSFNET 停止运作，Internet 彻底商业化。

2. 互联网最常用的几个功能

（1）万维网（WWW）

WWW，也叫作 Web，是登录 Internet 后最常用到的 Internet 的功能。人们连入 Internet 后，有一半以上的时间都是在与各种各样的 Web 页面打交道。基于 Web 方式，可以浏览、搜索、查询各种信息，可以发布自己的信息，可以与他人进行实时或者非实时的交流，可以游乐、娱乐、购物等。

（2）电子邮件 E-mail

在 Internet 上，电子邮件或称为 E-mail 系统，是使用最多的网络通信工具。E-mail 已成为备受欢迎的通信方式。可以通过 E-mail 系统同世界上任何地方的朋友交换电子邮件。不论对方在哪个地方，只要他也可以连入 Internet，那么你发送的 E-mail 很快就可以到达对方的手中了。

（3）远程登录（Telnet）

远程登录就是通过 Internet 进入和使用远距离的计算机系统，就像使用本地计算机一样。远端的计算机可以在同一间屋子里，也可以远在数千千米之外。其使用的工具是 Telnet。在接到远程登录的请求后，它就试图把你所在的计算机同远端计算机连接起来，如图 1.2.4 所示。一旦连通，你的计算机就成为远端计算机的终端。你可以正式注册（login）进入系统成为合法用户，执行操作命令，提交作业，使用系统资源。在完成操作任务后，通过注销（logout）退出远端计算机系统，同时也退出 Telnet。

（4）文件传输（FTP）

FTP（文件传输协议）是 Internet 上最早使用的文件传输程序。它同 Telnet 一样，使用户能登录到 Internet 的一台远程计算机，把其中的文件传送回自己的计算机系统，或者反过来，把本地计算机上的文件传送并装载到远方的计算机系统。利用这个协议，就可以下载免费软件，或者上传自己的主页了。

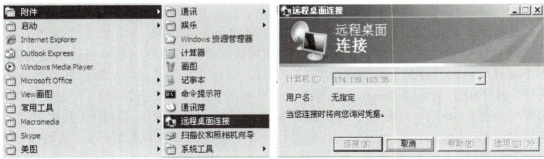

图 1.2.4 远程登录

二、网络信息搜索

网络信息搜索是指采用 Internet 信息发布技术,通过 Internet 发布的信息进行的检索,主要利用搜索引擎、网络机器人和门户站点等来完成。

(一)网络信息资源的种类

1. 按网络信息资源的性质和加工深度划分

(1) 一次信息资源

一次信息资源即原始信息,是指网络上出现的反映最原始的科研、思想、过程、成果及对原始信息进行分析、综合、评价、总结的信息资源,如科研网站、企业网站、电子期刊、电子图书、统计资料等。用户可以直接利用一次信息中的具体内容为自己服务。

(2) 二次信息资源

也就是检索指引。通过对网络上一次信息进行搜集、整理、加工,把大量的信息按主题或学科集中起来,形成相关信息的集合,向用户指明信息的产生和出处,帮助用户有效地利用一次信息。如目录搜索引擎的分类指南、学科网络信息资源导航、各类索引数据库等。

(3) 三次信息资源

指借助于二次信息的帮助对大量的一次信息进行搜集、分析、加工、整理的信息资源,如网络上存在的大量电子字典、词典等。

2. 按照发布范围划分

(1) 正式出版物信息

正式出版物信息也可称商用信息资源,是指由正式出版机构或出版商发行的,受到一定知识产权保护、信息质量可靠、大多数必须购买才可使用的收费信息资源,包括各种网络数据库、大部分电子期刊、电子图书等,如我国用户使用较多的 SDOS、EBSCO 等英文数据库及万方数据库、重庆维普数据库、中国期刊网等中文数据库、Apabi 电子图书、超星电子图书等,都属于收费的正式出版物;也有部分正式出版物不用付费就可以自由使用,如大部分的图书馆目录、部分网上电子报刊等。

(2) 半正式出版物信息

半正式出版物信息又称灰色信息,是指受到一定的知识产权保护但没有纳入正式出版物系统的信息，完全面向用户开放，免费使用，如各企业、政府机构和国际组织、学术团体、教育研究机构、行业协会等各种网站所提供的尚未正式出版的信息。其他有一些资源，如图书馆、教育机构、政府机关的一些特色制作，如特色数据库、教学课件等，在一定的范围内分不同层次发行，不完全向用户开放，这也属于半正式出版物。

（3）非正式出版的信息

非正式出版的信息是指那些随意性强、流动性较大、质量和可信度难以保证的动态信息，不受任何知识产权保护，如BBS、新闻组、网络论坛、电子邮件等上面的信息。

3. 按主题划分

网络资源按主题划分比较复杂，对具体信息的划分也没有统一的标准，因而不同网站对信息主题的划分也各有自己的特点，但总体来讲大同小异，总结起来有以下几类信息：

（1）新闻

互联网改变了人们获取新闻信息的方式，互联网在同一时间内向全世界传播最新发生的新闻，人们可以不受限制地获取世界上任何地区的新闻，各类门户网站和新闻网站是人们获取新闻的主要途径，如我国的互联网三大门户网站网易、新浪与搜狐，凤凰卫视、大洋网等新闻网站可以浏览国内、国际的政治、体育、娱乐、财经、教育、军事等行业新闻。

（2）政府信息

包括政府预算、政府资助项目、政府基金信息、各类政府公告、政府网站上有关标准、专利、统计资料、法律和知识产权等信息。

（3）商业贸易和金融

商业信息是互联网上非常重要也非常庞大的网络信息资源。它包括金融、股票、证券市场、贸易、房地产、商品广告、公司名录、天气预报等。

（4）科学技术与教育

包括科学技术信息、数学、物理、化学、天文学、航天与航空、农业、生物学、医疗卫生、环境保护、地质科学、计算机科学等，以及高校网站、教育机构、教育网站上的各类信息资源。

（5）参考工具书和书目期刊索引

参考工具书和书目期刊索引主要包括各类字典、词典、百科全书、指南、索引等。

（6）娱乐

娱乐包括音乐、明星、动漫、游戏、笑话、旅游等。

（二）搜索引擎基础

搜索引擎（Search Engine）是指根据一定的策略，运用特定的计算机程序，从互联网上搜集信息，在对信息进行组织和处理后，为用户提供检索服务，将用户检索相关的信息展示给用户的系统。

1. 工作原理

第一步：爬行

搜索引擎是通过一种特定规律的软件跟踪网页的链接，从一个链接爬到另外一个链接，像蜘蛛在蜘蛛网上爬行一样，所以被称为"蜘蛛"，也被称为"机器人"。搜索引擎蜘蛛的爬行是被输入了一定的规则的，它需要遵从一些命令或文件的内容。

第二步：抓取存储

搜索引擎是通过蜘蛛跟踪链接爬行到网页，并将爬行的数据存入原始页面数据库。其中的页面数据与用户浏览器得到的 HTML 是完全一样的。搜索引擎蜘蛛在抓取页面时，也做一定的重复内容检测，一旦遇到权重很低的网站上有大量抄袭、采集或者复制的内容，很可能就不再爬行。

第三步：预处理

搜索引擎将蜘蛛抓取回来的页面进行各种步骤的预处理。

① 提取文字；

② 中文分词；

③ 去停止词；

④ 消除噪声（搜索引擎需要识别并消除这些噪声，比如版权声明文字、导航条、广告等）；

⑤ 正向索引；

⑥ 倒排索引；

⑦ 链接关系计算；

⑧ 特殊文件处理。

除了 HTML 文件外，搜索引擎通常还能抓取和索引以文字为基础的多种文件类型，如 PDF、Word、WPS、XLS、PPT、TXT 文件等。在搜索结果中也经常会看到这些文件类型。但搜索引擎还不能处理图片、视频、Flash 这类非文字内容，也不能执行脚本和程序。

第四步：排名

用户在搜索框输入关键词后，排名程序调用索引库数据，计算排名显示给用户。

2. 常用的搜索引擎语法

搜索引擎的语法很多，这里只介绍一些最常用的语法。

（1）引号的用法

将关键字打上引号后，把引号部分作为整体来搜索。例如搜索网站推广策划和"网站推广策划"，效果是不一样的。后者是搜索"网站推广策划"整个名字，此外，还会屏蔽一些百度推广；而前者可能会将"网站推广"和"策划"分开来搜索。注意引号为英文状态下的引号。加上双引号后，获得的结果就全是符合要求的了，如图 1.2.5 所示。

（2）加减号的用法

加号是搜索同时包含两个关键字的内容，相当于空格和 and。减号是让某一关键字不要出现在搜索结果里面。

（3）or 的用法

如果想用或的方法搜索两个或更多关键字，可以用 or 语法。比如搜索：seo or 深圳 seo，在搜索的结果中就可能出现其中的一个关键字，也可能两个都出现，如图 1.2.6 所示。掌握好 or 的用法可以轻松找到自己想要的资料。

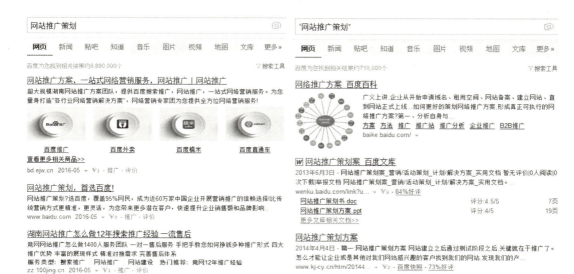

图 1.2.5　关键词加引号和不加引号的检索结果对比

图 1.2.6　or 的用法

（4）intitle 的用法

搜索网页标题里含有"关键词"的网页。如果在百度中输入"网络推广 intitle:马云"（冒号在英文状态下输入），那么结果如图 1.2.7 所示。

图 1.2.7　intitle 的用法

（5）site 的用法

搜索特定网页。如查找某人在某网站中出现的相关页面，可以这样搜：马云 site：taobao.com，如图 1.2.8 所示。

图 1.2.8　site 的用法

（6）filetype 的用法

这个语法可以帮搜索想要的电子书，可以搜索文件的格式。例如，想搜索 doc 文件，就写"filetype:doc"。再加上其他的语法可以更精确地搜索。例如，想找"演讲"的相关 Word 文档，就输入：演讲 filetype:doc，如图 1.2.9 所示。现在大多数搜索引擎都支持这个语法，但并不是所有的格式都会支持。现在百度支持的格式有 pdf、doc、xls、all、ppt、rtf，其中，all 表示搜索所有百度支持的文件，这样返回的结果就会更多。

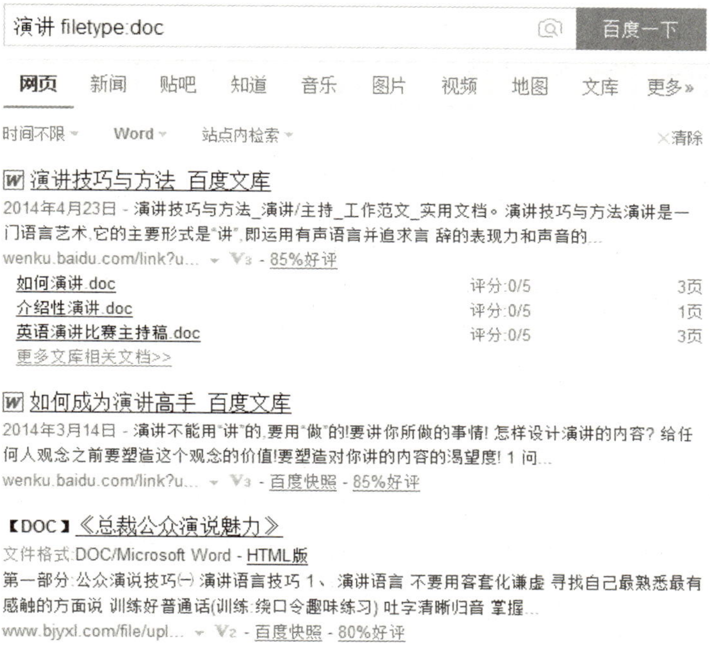

图 1.2.9　filetype 的用法

三、网上支付

（一）网上支付概述

1. 网上支付的概念

网上支付是电子支付的一种形式，它是通过第三方提供的与银行之间的支付接口进行的即时支付方式。这种方式的好处在于可以直接把资金从用户的银行卡中转账到网站账户中，汇款马上到账，不需要人工确认。客户和商家之间可采用信用卡、电子钱包、电子支票和电子现金等多种电子支付方式进行网上支付。采用在网上电子支付的方式节省了交易的开销。

2. 网上支付方式

（1）网银支付

直接通过登录网上银行进行支付的方式。要求：开通网上银行之后才能进行网银支付，

可实现银联在线支付、信用卡网上支付等。这种支付方式是直接从银行卡支付的。

(2) 第三方支付

第三方支付本身集成了多种支付方式，流程如下：

① 将网银中的钱充值到第三方；

② 在用户支付的时候通过第三方中的存款进行支付；

③ 花费手续费进行提现。

第三方支付手段是多样的，包括移动支付和固定电话支付，最常用的第三方支付是支付宝、财付通等。

(二) 网上银行

1. 网上银行概念

网上银行又称网络银行、在线银行，是指银行利用 Internet 技术，通过 Internet 向客户提供开户、查询、对账、行内转账、跨行转账、信贷、网上证券、投资理财等传统服务项目，使客户足不出户就能够安全便捷地管理活期和定期存款、支票、信用卡及个人投资等。可以说，网上银行是在 Internet 上的虚拟银行柜台。网上银行又被称为"3A 银行"，因为它不受时间、空间限制，能够在任何时间（Anytime）、任何地点（Anywhere），以任何方式（Anyway）为客户提供金融服务。

2. 网上银行的分类

① 一是完全依赖于互联网的无形的电子银行，也叫虚拟银行。所谓虚拟银行，就是指没有实际的物理柜台作为支持的网上银行，这种网上银行一般只有一个办公地址，没有分支机构，也没有营业网点，采用国际互联网等高科技服务手段与客户建立密切的联系，提供全方位的金融服务。

以美国安全第一网上银行为例，它成立于 1995 年 10 月，是在美国成立的第一家无营业网点的虚拟网上银行，它的营业厅就是网页画面，当时银行的员工只有 19 人，主要的工作就是对网络进行维护和管理。

② 另一种是在现有的传统银行的基础上，利用互联网开展传统的银行业务交易服务。即传统银行利用互联网作为新的服务手段为客户提供在线服务，实际上是传统银行服务在互联网上的延伸，这是目前网上银行存在的主要形式，也是绝大多数银行采取的网上银行发展模式。

我国还没有出现真正意义上的网上银行，也就是虚拟银行，国内现在的网上银行基本都属于第二种模式。

3. 网上银行业务介绍

一般来说，网上银行的业务品种主要包括基本业务、网上投资、网上购物、个人理财、企业银行及其他金融服务。

① 基本网上银行业务：银行提供的基本网上银行服务包括在线查询账户余额、交易记录、下载数据、转账和网上支付等。

② 网上投资：由于金融服务市场发达，可以投资的金融产品种类众多，如银行基金、

外汇买卖、债券、银行保险、贵金属、银行理财产品等多种金融产品服务。

③ 网上购物：商业银行的网上银行设立的网上购物协助服务，大大方便了客户网上购物，为客户在相同的服务品种上提供了优质的金融服务或相关的信息服务，加强了商业银行在传统竞争领域的竞争优势。

④ 个人理财助理：个人理财助理是国外网上银行重点发展的一个服务品种。各大银行将传统银行业务中的理财助理转移到网上进行，通过网络为客户提供理财的各种解决方案，提供咨询建议，或者提供金融服务技术的援助，从而极大地扩大了商业银行的服务范围，并降低了相关的服务成本。

⑤ 企业银行：企业银行服务一般提供账户余额查询、交易记录查询、总账户与分账户管理、转账、在线支付各种费用、透支保护、储蓄账户与支票账户资金自动划拨、商业信用卡等服务。此外，还包括投资服务等，部分网上银行还为企业提供网上贷款业务。

⑥ 其他金融服务：除了银行服务外，大型商业银行的网上银行均通过自身或与其他金融服务网站联合的方式，为客户提供多种金融服务产品，如保险、抵押和按揭等，以扩大网上银行的服务范围。

（三）第三方支付

1. 第三方支付概念

所谓第三方支付，就是一些和产品所在国家及国内外各大银行签约，并具备一定实力和信誉保障的第三方独立机构提供的交易支持平台。在通过第三方支付平台的交易中，买方选购商品后，使用第三方平台提供的账户进行货款支付，由第三方通知卖家货款到达、进行发货；买方检验物品后，就可以通知付款给卖家，第三方再将款项转至卖家账户。

2. 第三方支付流程

在第三方支付交易流程中，支付模式使商家看不到客户的信用卡信息，同时又避免了信用卡信息在网络上多次公开传输而导致信用卡信息被窃。以 B2C 交易为例：

① 客户在电子商务网站上选购商品，最后决定购买，买卖双方在网上达成交易意向；
② 客户选择利用第三方作为交易中介，客户用信用卡将货款划到第三方账户；
③ 第三方支付平台将客户已经付款的消息通知商家，并要求商家在规定时间内发货；
④ 商家收到通知后按照订单发货；
⑤ 客户收到货物并验证后通知第三方；
⑥ 第三方将其账户上的货款划入商家账户中，交易完成。

四、网络交易风险识别与防范

随着网络经济的迅速增长，网络交易安全等问题也日益凸显，网络陷阱不断，网络与信息安全形势严峻，黑客攻击事件时有发生。网络交易具有不可实地目测商品、不能当面验货等诸多不利因素，因而也就出现了诸如刻录机变成普通光驱、承诺积分换赠品却不兑现，甚至还有冒充网络银行网站、骗取账号与密码等诸多行骗勾当，这也直接导致了不少网友害怕、拒绝网络交易。

（一）网络诈骗案例回顾

网络诈骗的手段并不新鲜，他们大都利用网络克隆某公司或者某官方网站的页面，假冒网站管理人员向网民发布虚假的中奖信息，以奖品手续费、所得税为借口欺骗受害人往其指定的银行账户上汇款。实际上，只要了解这些行骗陷阱，就可以放心享受网络交易。

1. 案例一：网银大盗深圳被捕，18人团伙骗取上亿元资金

（1）案发——170万元巨款不翼而飞

根据深圳市公安局刑侦局局长罗威介绍，2018年11月15日，香港人刘某到深圳市公安局刑侦局报案称：他通过对方短信和网站得知深圳富达公司开展所谓快速贷款业务，对方开出的放款条件极低，为低息或无息且放款速度快捷，他因手头资金周转吃紧，遂马上联系富达公司请求贷款。在得知刘某意图后，对方要求其表示借款诚意和体现还款能力，刘某对对方的提问一一作答，并按要求输入银行信息。最后，刘某在自己的账户上按要求存入保证金、授信费、律师费、手续费共计170余万元，但不久后，刘某即发现存在自己银行账户上的这笔钱不翼而飞，他随即报案。

（2）侦破——团伙引入智能型犯罪手段

自2018年12月25日至2019年1月8日，以台湾人彭某崇（男，34岁）、王某达（男，37岁）等7人为首的网上盗骗团伙头目先后在广东、湖南、湖北等地落网，团伙成员何某莉（女，20岁，湖北人）等11人也同时落网。后据警方调查，彭某崇等人从台湾引进作案技术和工具，然后在大陆通过人才市场以公司名义招聘年轻女性，针对网上诈骗进行专门培训后，彭某崇等人将诈骗程序进行精心设计，以能够提供免息或快速贷款为诱饵，通过短信和网站骗取一些急需资金周转生意人的信任。当有事主与虚假的富达公司联系时，案犯就以贷款为由要求事主按设定格式输入提供个人或公司资料、账户信息等，当贷款方在自己电脑上输入自己的信息时，案犯通过语音网关及相关软件获取该信息，案犯很快骗取事主的账号和密码信息。由于贷款方急于得到贷款，彭某崇等人不断要求对方在自己账户上存钱，由于贷款方认为钱是存在自己的账户上的，因此没有任何戒备，于是不断存钱进账户，不想自己账户已被该团伙控制，该团伙成员得手后迅速将事主账户内的资金全部盗走。

（3）分赃——业务员成功施骗有奖励

后据深圳市公安局刑侦局大队长李龙等人介绍，该团伙按公司化运作，从人才市场招进业务员后，分配到该团伙控制的分布在多个城市的窝点，分配至窝点的成员经过统一培训，然后一方面由老板分配不同的手机号码的号段，接到任务的业务员不断地向所持号段的手机发送骗人信息；另一方面，在网站设置骗人程序，诱使他人逐步上当。

每个业务员跟定所谓客户后，然后一直"跟单"到底，骗金一旦到账，团伙成员人手持一卡很快将数百万现金通过转账方式分批转走。如果团伙最后成功拿到骗金，业务员都有不同程度的奖励。

深圳警方在深圳、东莞、珠海、湖南岳阳等地抓获包括彭某崇在内的18名成员，当场缴获作案工具银行卡509张、U盾（网上银行电子证书）93个、语音网关12个、假身份

证 167 张，另有包括假印章在内的作案工具一大批。

（4）警示

罗威在会上发出警示，经过深圳警方审查，该团伙作案手法繁多，网上盗窃防不胜防，极易上当。深圳市公安局提醒广大市民，需要贷款应到银行申请，通过合法正当的途径办理，所谓提供免息、快速贷款的个人或公司，以及中奖、退税、消费等短信息，极有可能就是不法分子设计的圈套，收到这类短信可向 110 举报。

当需要查询有关账户信息时，一定要到银行指定网点或拨打银行唯一服务电话查询，发现被骗被盗后，应立即向公安机关报案。同时，呼吁被该团伙诈骗盗窃的事主积极到公安机关配合取证。

2. 案例二：网络购物——一分钱订单设下的陷阱

张先生在网上买书时，卖家要求他进入一个"新世纪购物网站"，下载一个 1 分钱的订单。张先生按照订单的要求，把银行卡号和密码都输进去，但过了很长一段时间，还是没看到书，然后到银行查账，发现卡上的一万多块钱都没了。

与张先生的经历相似，上海警方陆续接到许多网民的举报。国内一些银行也向上海警方报案，同时告知网民"新世纪购物网"和它们没有任何网上合作关系，提醒网民警惕。

据上海市公安局侦查员介绍，好多网民觉得这一分钱很少，比较疏忽，到网站上张贴的一个假的银行支付页面，把自己银行卡的账户和密码输进去了，这个时候，卡上的账号和密码也就被犯罪嫌疑人窃取到了。

经过侦查，警方将以李波为首的 3 名犯罪嫌疑人全部抓获。李波供认，他们以 1 分钱的网上订单为诱饵，诱骗网民将银行卡号和密码输入虚假的支付页面，盗取卡号和密码后，迅速提走现金。

警方提醒大家，网上购物应保持警惕，不要贪便宜，更不要轻易泄露银行账户和密码。

3. 案例三：女大学生玩网游遭遇中奖陷阱，白白被骗 600 元

3 月 5 日下午，山东工商学院大四学生小朱来到烟台市区文化宫附近的一家网吧，玩起网络游戏"跑跑卡丁车"。没多久，屏幕右下角就不断弹出一个加好友的对话框，小朱单击"确定"按钮后，网上出现一条"幸运"提示："恭喜你被系统抽中为跑跑无限惊喜活动幸运玩家，你将获得世纪天成科技有限公司送出的惊喜奖金 32 000 元及三星公司赞助的 Q40 笔记本电脑一台。"小朱非常兴奋，就打开所谓的官方网站，网站上清楚地写着"需要预先支付 600 元手续费"，为了能尽快得到奖金和奖品，小朱匆匆到网吧附近的银行，给对方提供的银行账号汇去了 600 元钱。按照网页上的要求，小朱拨打区号为 0898 的客服电话确认时，一操南方口音的男子接电话称需再汇 6 400 元的个人所得税，此时小朱才觉得不对劲儿。

警方提醒大家，不要轻信中奖信息，要多方查实后再做决定。

4. 案例四：江苏三案犯涉嫌网络诈骗 60 多万，被判有期徒刑

在网站上进行虚假宣传，以投资高额返利、推荐会员可获奖等为诱饵，诈骗 70 余人投资款 60 多万元，江苏省丰县人民法院日前以集资诈骗罪一审分别判处牛广军等 3 人有期徒刑 6 年至 2 年不等,并处罚金。

2017 年 12 月,朱思沛等人找到牛广军,要求其制作"美国富尔基金"网站(www.EFORMOR.com)。随后的两个月里,朱思沛等人打着"投资理财"的旗号虚构"富尔基金"的高回报率实施诱骗,在网站上宣传"富尔基金"是美国一家大型投资集团,涉及房地产、黄金、股票、基金等领域,同时采取高额返利、推荐会员可得奖金等手段,吸引渠某等 40 余人投资这个基金网站,集资诈骗金额共计 52 万余元,然后关闭网站。

2018 年 1 月,牛广军又邀刘振球合伙开通了"英国皇家汇丰基金"网站(www.E-pound.com),采取同样的手段,集资诈骗 30 余名不明真相的群众 13 万余元。

法院审理认为,牛广军、朱思沛、刘振球 3 人以非法占有为目的,使用诈骗手段非法集资,侵犯了国家正常的金融管理秩序和公私财产所有权,其行为均已构成集资诈骗罪。根据 3 人的犯罪情节及对社会的危害程度,法院依法做出上述判决。

(二)风险识别

与传统商务相比,电子商务具有很多优势,但是,这种新兴的网络交易模式同样也存在风险,这些风险主要包括网络诈骗、钓鱼网站、木马病毒等。

1. 网络诈骗

网络交易风险识别

网购不断发展,不法分子为了牟取利益,也在网上进行网络诈骗。部分商家没有商品,但却在网络上声明销售商品,因为绝大多数的网络销售是先付款后发货,等收到款项后便销声匿迹,消费者无法联系经销商,这些网站以此为手段来骗取顾客的钱财。

从目前情况看,网购诈骗主要有以下 8 种方式:

① 谎称其货品为走私物品或海关罚没物品,要求网民支付一定的保证金、押金、定金;
② 谎称网民下订单时卡单,要求网民重新支付或重新下订单;
③ 谎称支付宝系统正在维护,要求网民直接将钱汇到其指定的银行账户中;
④ 谎称购物网站系统故障,要求网民重新支付;
⑤ 谎称网店正在搞促销、抽奖活动,需要交纳一定的手续费等,如图 1.2.10 所示;

图 1.2.10 网络诈骗

⑥ 网民在网购飞机票时,嫌疑人谎称网民提供的身份信息有误,要求网民重新支付购票款;

⑦ 谎称需要进行资质验证,要求网民支付验证资质费;

⑧ 谎称店内无货,朋友的店里有货,于是推荐一个看似差不多的网址。

2. 钓鱼欺诈网站

钓鱼网站通常指伪装成银行及购物网站,通过窃取用户提交的银行账号、密码等私密信息的网站,如图1.2.11所示。"钓鱼"是一种网络欺诈行为,指不法分子利用各种手段,仿冒真实网站的URL地址及页面内容,或利用真实网站服务器程序上的漏洞在站点的某些网页中插入危险的HTML代码,以此来骗取用户银行或信用卡账号、密码等私人资料。

图1.2.11 冒充淘宝的钓鱼网站

互联网上活跃的钓鱼网站传播途径主要有8种:

① 通过QQ、MSN、阿里旺旺等客户端聊天工具发送传播钓鱼网站链接;

② 在搜索引擎、中小网站投放广告,吸引用户单击钓鱼网站链接,此种手段被假医药网站、假机票网站常用;

③ 通过E-mail、论坛、博客、SNS网站批量发布钓鱼网站链接;

④ 通过微博、Twitter中的链接散布钓鱼网站链接;

⑤ 通过仿冒邮件,例如冒充"银行密码重置邮件",来欺骗用户进入钓鱼网站;

⑥ 感染病毒后弹出模仿QQ、阿里旺旺等聊天工具窗口,用户单击后进入钓鱼网站;

⑦ 恶意导航网站和下载网站弹出仿真悬窗,诱导用户单击进入钓鱼网站;

⑧ 伪装成用户输入网址时易发生的错误,如gogle.com、sinz.com等,一旦用户写错,就误入钓鱼网站。

3. 木马病毒

木马病毒是指通过一段特定的程序（木马程序）来控制另一台计算机，如图1.2.12所示。木马通常有两个可执行程序：一个是客户端，即控制端；另一个是服务端，即被控制端。植入被种者电脑的是"服务器"部分，而所谓的黑客，正是利用"控制器"进入运行了"服务器"的电脑。运行了木马程序的"服务器"以后，被种者的电脑就会有一个或几个端口被打开，使黑客可以利用这些打开的端口进入电脑系统，安全和个人隐私也就全无保障了！木马的设计者为了防止木马被发现，而采用多种手段隐藏木马，使普通用户很难在中毒后发觉。

图1.2.12 木马病毒

（三）风险防范

1. 技术防范

（1）定期备份数据

备份工作可以手工完成，也可以自动完成。现有的操作系统一般都带有比较初级的备份系统，如果对备份要求高，应购买专用的系统备份产品。由于备份本身含有不宜公开的信息，备份介质也是偷窃者的目标，因此，计算机系统允许用户的某些特别文件不进行系统备份，而做涉密介质备份。

（2）安装杀毒软件

杀毒软件是一种可以对病毒、木马等一切已知的对计算机有危害的程序代码进行清除的程序工具。通常集成监控识别、病毒扫描、清除和自动升级等功能，有的杀毒软件还带有数据恢复等功能，是计算机防御系统（包含杀毒软件、防火墙、特洛伊木马和其他恶意软件的查杀程序、入侵预防系统等）的重要组成部分。集成防火墙的"互联网安全套装""全功能安全套装"等用于消除电脑病毒、特洛伊木马和恶意软件的一类软件，都属于杀毒软件范畴。杀毒软件通常集成监控识别、病毒扫描、清除和自动升级等功能，有的反病毒软件还带有数据恢复、防范黑客入侵、网络流量控制等功能。

对于利用"网络钓鱼"等技术性手段来实施骗局的情况，可以通过安装带有反恶意网站、漏洞扫描及隐私保护功能的正版杀毒软件，及时打好漏洞补丁，开启病毒实时监控，从技术层面封堵此类"网络钓鱼"。

2. 非技术防范

（1）看清卖家人品信誉

以淘宝网为例，经常在上面购物的买家要尽可能地选择信誉比较好的卖家，这里要强调的是，不要一味只注意卖家拥有几颗星钻、几个皇冠，还应该重点考虑评价的质量，看看这个卖家有无中评、差评，这种情况是什么原因造成的，这些信息在店铺评价中可以一一查到。在弄清信用评价之后，也要大体浏览一下对该店铺评价信用的具体内容、卖家的人品、售后服务质量。

卖家的信用评价体系，是评判一个卖家信誉如何的基础，也是购买商品前所必须研究的。淘宝网的信用评价由好评、中评、差评三部分组成。好评的数量－差评的数量＝信用点的分数。（总评价数量－差评数量）／总评价数量＝好评率。大家可以采取"四步法"来研究卖家的信用评价：

第一步：看第一个评价。卖家得到的第一个评价，是指它作为卖家，从买家那儿得到的第一个评价。从买家所给的第一个评价中，可以看出这个卖家是什么时候开始在淘宝网卖东西的。一个开店时间较长的资深卖家无疑是要加分的。

第二步：看评价分数。评价分数的多少，基本可以反映卖家交易频繁度，一个信用评价分值高的卖家也是要加分的。但是一定要注意，如果只看卖家的信用分数，那么离"上当"就不远了。在淘宝网的信用评价体系中，好评是可以用不正当的手段获得的，比如通过不正当的方式来"刷信誉"，以此提高卖家的信用评价分数。

第三步：看好评率。信用分数有可能充满水分，而好评率则可以较准确地反映卖家的信誉情况。一般来说，在淘宝网，当好评分数达到100之后，仍然能保持99%的好评率，是比较难得的。

第四步：看中评和差评。就算卖家利用各种不正当的方式为好评做假，那么他要为差评做假的可能性却低得多。研究一个卖家的信誉到底怎样，关键是看中评和差评的多少和内容。同时，还要仔细研究中评和差评的内容，从中评和差评及卖家对此的解释中，能够看出卖家的商品质量和服务质量。

（2）看清商品的价格

若发现购物网站的商品价格与市场售价差距过于悬殊或者不合理时，要小心求证，切勿贸然购买，坚持"一分钱一分货"的原则不动摇。除非该商品是在参加淘宝网的特价活动（如"周末购物狂"）或者有很多卖家出售该商品的售价都比较低，这样才可以列为考虑购买对象。如果只有个别卖家价格出奇的低，就要特别小心。在了解清楚电子商店退货与换货原则及所支付费用总额（包括预付运费与税金等）等问题后，再决定是否购买。

（3）坚持自己的购买原则

大家在购买产品前，不要被铺天盖地的广告所迷惑，不要轻信卖家对产品近乎完美的描述，不要相信什么赠品积分及需要注册浏览才能交易的勾当。"羊毛出在羊身上"，累计积分就是放长线钓大鱼的做法，况且很多赠品是过期的劣质产品。在进行交易时，应列印出交易内容与确认号码的订单或将它存入电脑，并妥善保存交易相关记录，必要时截图保存证据。

在线测验 1-2

本任务要求在阿里巴巴上找到一家可靠的卖家，批发 50 套"路探 D90 7 寸后视镜行车记录仪"，每套价格不超过 510 元。在做好技术防范措施（如安装杀毒软件、防火墙等）后，接下来要做非技术防范，防止被欺诈、被钓鱼等。

一、为了防止被钓鱼网站欺诈，必须从阿里巴巴官网进入

用"搜索引擎语法"中讲到的知识，在用百度检索时，把阿里巴巴打上引号后，把引号部分作为整体来搜索。这样是搜索"阿里巴巴"四个字，此外，还会屏蔽一些百度推广，以降低干扰。

如图 1.2.13 所示，检索出来的第一个网站就是阿里巴巴官网。

图 1.2.13　加引号检索阿里巴巴

二、进入阿里巴巴后，找商品和价格符合要求的卖家

有两种方法可以找卖家：第一种是单击左侧目录"汽车用品"里的"记录仪"进入，如图 1.2.14 所示；第二种是直接在阿里巴巴自带的搜索引擎中输入"行车记录仪"进入，如图 1.2.15 所示。

图 1.2.14　通过目录找卖家

图 1.2.15　通过阿里巴巴自带的搜索引擎找卖家

检索结果如图 1.2.16 所示，第二个卖家就是卖"路探 D90 7 寸后视镜行车记录仪"的，并且一次批发 50 套的话，每套售价刚好 510 元，价格符合要求。

图 1.2.16 检索结果

三、查询工商信息

判断卖家是否为虚假公司或空壳，必须查看工商信息。有两个渠道可以查询：第一个是在阿里巴巴上查看经过认证的信息，第二个是在工商局网站上直接查询。当两者信息不一致时，以工商局网站上查询到的信息为准。

1. 单击公司档案，查看工商注册信息

单击公司档案，查看工商注册信息，如图 1.2.17 所示。

图 1.2.17 查看阿里巴巴平台上的工商注册信息

结果显示，这家名为"深圳奥华兴科技有限公司"的卖家，工商注册信息完整，且通过认证，如图 1.2.18 所示。

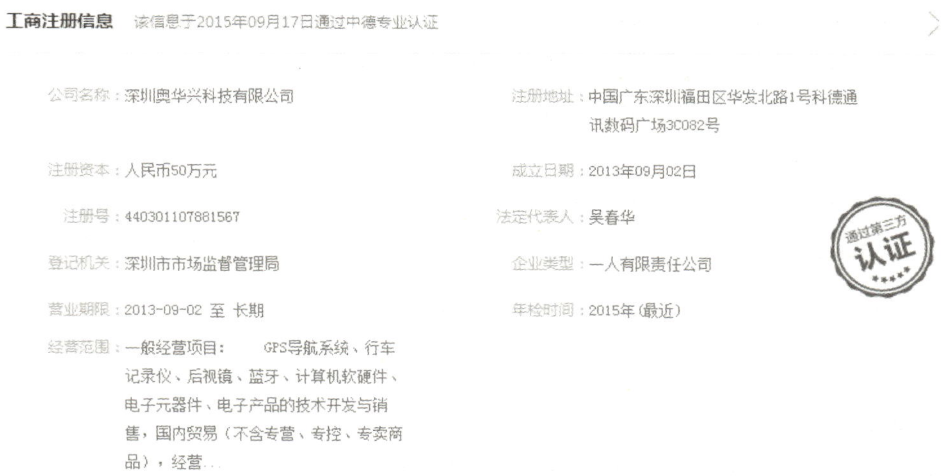

项目一 汽车电子商务概述

工商注册信息　该信息于2015年09月17日通过中德专业认证

公司名称：深圳奥华兴科技有限公司
注册地址：中国广东深圳福田区华发北路1号科德通讯数码广场3C082号

注册资本：人民币50万元
成立日期：2013年09月02日

注册号：440301107881567
法定代表人：吴春华

登记机关：深圳市市场监督管理局
企业类型：一人有限责任公司

营业期限：2013-09-02 至 长期
年检时间：2015年（最近）

经营范围：一般经营项目：GPS导航系统、行车记录仪、后视镜、蓝牙、计算机软硬件、电子元器件、电子产品的技术开发与销售，国内贸易（不含专营、专控、专卖商品），经营……

图 1.2.18　阿里巴巴平台上通过认证的工商注册信息

2. 进入全国企业信用信息公示系统，查看工商注册信息

进入全国企业信用信息公示系统（http://gsxt.saic.gov.cn/），其中"gov"为"government"的简写，说明这个网站是政府性质的网站，可以通过百度找到，但一定要注意，不要被相似网站"钓鱼"。

（1）选择企业机关所在地区

进入系统后，右侧便是选择公司所在地区的选项，上面有"请选择企业登记机关所在地区"的字样，如图1.2.19所示。需要查询一个深圳的公司，深圳隶属广东，这里选择广东。

图 1.2.19　全国企业信用信息公示系统

（2）输入企业名称或企业注册号

在打开的页面中，可以看到输入框，用于输入企业名称或企业注册号，此处可以输入"深圳奥华兴科技有限公司"，如图1.2.20所示。

图1.2.20　输入企业名称或企业注册号

（3）查看结果

搜索出来的结果如图1.2.21所示。可以查询到注册号、法定代表人（法人）及成立时间。

图1.2.21　搜索结果列表

单击链接进去可以看到非常多的详情，通过和阿里巴巴平台上卖家自己公布的信息相比较，可以确定这是一家真实存在的公司，如图1.2.22所示。

图1.2.22　详细的工商信息

(4）信息对比

为了防止"移花接木"，还需要对卖家在阿里巴巴平台上留下的联系方式与工商注册信息进行比较判断，如图1.2.23所示。

图1.2.23　阿里巴巴平台上卖家留下的联系方式

通过比较，如果卖家在阿里巴巴平台上留的联系方式与工商注册信息完全吻合，说明该卖家是真实存在的。

四、查看交易信用记录

有时，即使卖家是真的，也不代表没问题了。为预防不良卖家网络诈骗，还需要查看交易信用记录。

1. 查看交易情况

查看交易情况，如图1.2.24所示。

图1.2.24　交易情况

结果显示，累计成交数、累计买家数和重复采购率均高于行业均值，说明交易情况较好，有些买家比较满意，会重复购买。

2. 查看服务情况

查看服务情况，如图1.2.25所示。

服务情况 （近90天）

平均发货速度	0.21天	低于	行业平均值	2.2754天 ↓
平均退款速度	3.31天	高于	行业平均值	0.7508天 ↑
近90天退款率	5.00%	低于	行业平均值	6.07% ↓
近90天投诉率	0.00%	低于	行业平均值	0.15% ↓
近90天纠纷率	0.00%	低于	行业平均值	0.02% ↓

近90天退款总次数：95 笔

因质量问题退款：9 笔

买家无理由退款：21 笔

与卖家协商一致退款：62 笔

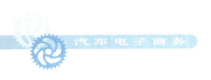

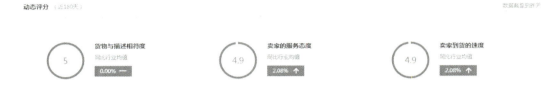

图 1.2.25　服务情况

结果显示，发货速度比行业平均值慢，但退款速度比行业平均值快，退款率、投诉率和纠纷率都比行业平均值低，说明客户服务工作较好，产品质量较高。

3. 查看动态评分

查看动态评分，如图 1.2.26 所示。

图 1.2.26　动态评分

结果显示，货物与描述相符度、服务态度和到货速度均高于行业平均值，进一步佐证了上面的判断。

4. 店铺总体满意度

查看店铺总体满意度，如图 1.2.27 所示。

店铺总体满意度　　数据截至到昨天

来自买家的评价（16898条）　　信息评价体系规则 →

星级	最近1周	最近1月	最近6月	半年以前	总计
☆☆☆☆☆	225	1045	3403	13313	16716
☆☆☆☆☆	0	2	14	79	93
☆☆☆☆☆	1	2	4	26	30
☆☆☆☆☆	0	0	0	6	6
☆☆☆☆☆	0	0	4	49	53
总计	226	1049	3425	13473	16898

5

店铺总体满意度

非常满意

图 1.2.27　店铺总体满意度

结果显示，中评和差评较少。

 拓展提升

一、简答题

1. 常用的搜索引擎语法有哪些？
2. 如何识别和防范网络风险？

二、实操题

请利用学习到的知识，在网上找一些网络交易风险识别与防范的技巧和经验，并写成报告与大家分享。

任务 1-3　汽车电子商务市场描述

任务引入

李成利用假期到某品牌汽车企业实习，这家企业希望通过互联网将业务进行拓展，加强品牌推广、增加产品销售、提升客户服务。于是，经理希望他能写一份汽车电子商务的市场分析说明报告作为参考。李成接到任务之后，喜中有忧。喜的是刚上班就能接到领导亲自指派的任务，忧的是不知道该怎么开头，李成决定先看一下相关资料，再撰写报告。通过本项目的学习，李成应该对汽车电子商务有了初步的了解，并能进行简单的描述。

任务描述

本任务需要撰写一份汽车电子商务市场分析报告（Word 版），内容自拟，要求如下：
① 报告应该包含封面、目录和正文 3 个部分；
② 封面应有标题和制作人；
③ 目录逻辑清晰，要求自动生成；
④ 正文文字通顺，格式规范，排版美观；
⑤ 为了保证报告的质量，建议从政府官网、专业调研平台、知名企业官网、大型门户网站等渠道获取信息资源；
⑥ 报告信息来源要多样化，不允许直接下载现成的报告提交。

学习目标

● 专业能力
1. 能够快速高效地进行信息收集整理；
2. 了解"汽车电子商务运营模式"和"汽车电子商务盈利模式"，熟悉"汽车电子商务发展现状与未来趋势"等汽车电子商务的基础知识与技能点。

- 社会能力
1. 树立进取意识、效率意识、规范意识；
2. 强化动手能力、市场开拓能力；
3. 维护组织目标实现的大局意识和团队能力；
4. 爱岗敬业的职业道德和严谨、务实、勤快的工作作风；
5. 自我管理、自我修正的能力。
- 方法能力
1. 利用多种信息化平台独立自主学习的能力；
2. 制订工作计划、独立决策和实施的能力；
3. 运用多方资源解决实际问题的能力；
4. 准确的自我评价能力和接受他人评价的能力；
5. 自主学习与独立思维能力。

一、汽车电子商务发展现状及趋势分析

汽车电子商务是指包含新车销售、配件、后市场、二手车等服务于一体，基于电子商务平台，针对网络用户的一种营销方式。国外的汽车电子商务发展成熟度要比国内的高。

（一）国外汽车电子商务发展现状

汽车电子商务在国外已经得到践行和发展。数据显示，美国网络购车的比重已经从 2000 年的 0.1%增长到 2014 年的 10%，代表性的公司是 TrueCar 和 Autobytel；在欧洲已经开始实现跨国网上购车，进行车型选择、经销商选择，并办理汽车保险和贷款业务；在日本，汽车已经在一定程度上实现了网上的订单化生产，马自达、三菱等品牌已经开始根据网上订单安排生产计划。

其中，欧美的汽车网站大多是以新车和二手车的销售为主体赢利模式，以资讯作为主要载体的模式并不多。目前美国在线汽车经销商渐成气候，众多新车和二手车经销商在网上卖车。据美国汽车经销商协会（NADA）调查，83%的经销商有自己的网站，有网站的经销商中，62%已进行了网上售车，98%的交易网站是互动式的，消费者可以发 E-mail 在线订货，在线现金交易，并能够按消费者需求组装并在数天内供货。可以说，已经完全实现了汽车电子商务的商业模式。

1. 交易平台

Ebay 是此类交易平台的典型代表，如图 1.3.1 所示。它的特点在于汽车同所有商品一样，实现在线交易；网站可提供新车及二手车的卖家。用户通常只要完成"寻找车型、联系买家、在线付款"，然后等着送货上门即可。

图 1.3.1　Ebay 网站界面

2. 信息中介

以 Kelley Blue Book（kbb.com）为例，这是一家提供新车和二手车价格资讯的网站，如图 1.3.2 所示。公司已经有 80 多年的历史，随着时代的发展，1996 年将线下的价格手册实现线上展示，大约一半的购车者在购车时会浏览该网站的价格。操作流程也十分简单，选车、查询价格、线下交易即可。

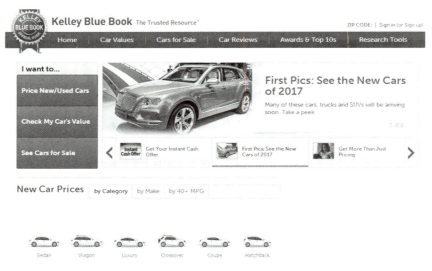

图 1.3.2　Kelley Blue Book 网站界面

3. 经销商在线平台

Dave Smith.com 是美国最大的 GM 轿车和卡车经销商的网站，其汽车网上销售业务大约占到总业务的一半左右，如图 1.3.3 所示。在该网站上，不仅可以买到新车，还可以买到二手车及汽车用品和配件，可谓一站式服务，并且提供送货上门服务。操作流程共分三步：选车→在线支付→到店提车或送货上门。

图 1.3.3　Dave Smith.com 网站界面

4. 试驾平台

以 Tred 为代表的这类试驾平台能提供上门试驾服务，消费者有真实感受。消费者只需选车、上门试驾（19 美元/辆，新能源车免费）、砍价、线下付款、提车即可完成交易，如图 1.3.4 所示。

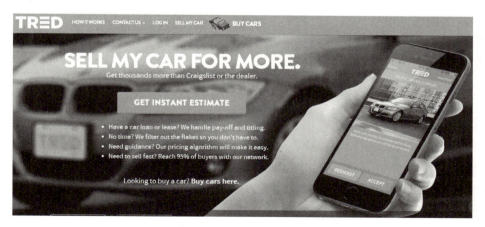

图 1.3.4　Tred 网站界面

5. 价格+助理平台

Truecar 作为美国新兴的电子商务模式，旨在使购车过程简单、公平和富有乐趣，如图 1.3.5 所示。该网站提供透明的价格，提供经销商底价的方式曾一度受到美国汽车经销商的抵制。除了提供最低的价格外，还提供销售助理电话服务，协助消费者完成整个购买过程。消费者通过 Truecar 买车很简单，只要 3 个步骤。第一步，选择一款车型信息，输入你所在的地区邮政编码。你会在第一屏看到这款车的近期实际交易价格，然后是车辆配置参数等信息。第二步，输入电子邮箱，完成注册，获得认证经销商的优惠价格。第三步，你会收到一份 Truecar 提供的可打印凭证，拿着它去经销商处直接以此价格买车。

图 1.3.5　Truecar 网站界面

美国其他垂直类汽车网站，比如 Edmunds.com 和凯莉蓝皮书（Kelly Blue Book），消费者也可以找到汽车和价格的信息，同样也可以从就近的经销商处寻得报价。不过，这两家通过向经销商导入购买意向客流来获利，但并不在意这些客流量最后有多少转化为实际销量。这也是目前中国绝大多数垂直类汽车网站的做法。Truecar 打破了这一模式，免费向经销商导入客流，只在每一笔有 Truecar 凭证的交易达成后，经销商才付给 Truecar 钱。

6. 代理模式

One Swoop 是这种模式的典型代表，在欧洲，不同国家汽车价格存在差异，由此催生了这种可实现跨国购车、可提供代办海关手续服务的电子商务网站。由消费者指定车型、经销商、保险等，网站代为购车、买保险并办理海关手续，最终消费者在本国提车。通过这种方式，英国消费者可节省 20%～25% 的费用。流程：选车→选经销商→选保险→付款→办理海关各种手续→提车。

（二）国内汽车电子商务发展现状

国内最早的网上购车出现在 2000 年，之后就销声匿迹了，2007 年上海车展期间，奇瑞 A1 开创了线下试驾体验、网上提交订单、经销商送货上门的新的营销模式。自此，网上购车逐渐活跃了起来，包括"买""卖""选""用"4 个方面，如图 1.3.6 所示。

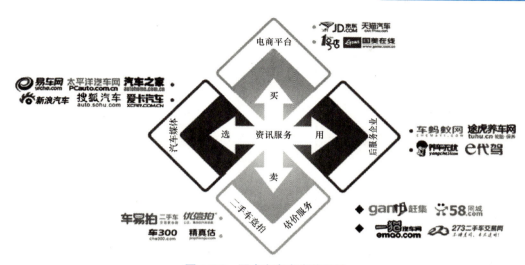

图 1.3.6　国内汽车电商的现状

但目前国内的汽车电子商务大多仍停留在"商家通过互联网平台发布汽车车型、价格信息，消费者看到信息后，填写询价资料或直接电话询价"这一阶段，线上至多是支付订金，很少有线上下单全款支付环节。汽车电商市场目前主流的购买流程如图 1.3.7 所示。

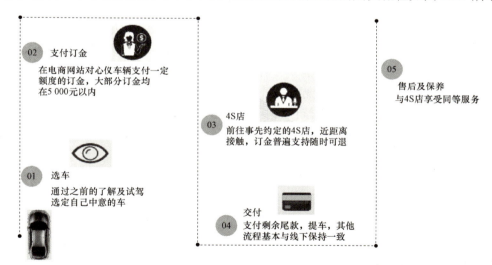

图 1.3.7　汽车电商市场目前主流的购买流程

1. 汽车电子商务应用现状

传统的汽车销售模式以 4S 为核心，电商模式下客户成为核心，用户的地位得到显著提高；电商模式下信息传递更加高效，但线下的 4S 店依然扮演着重要角色，如图 1.3.8 所示。就目前而言，汽车电商主要应用在宣传、导流和集客上。

（1）产品官方宣传

① 独立官网上设置车型产品图文介绍。

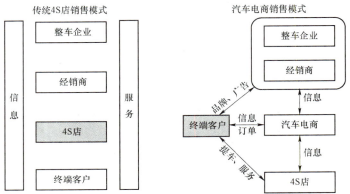

图 1.3.8　传统 4S 店和汽车电商销售模式区别

② 主机厂的网络宣传,更是以产品宣导、品牌格调为主。

③ 经销商在官网上也是以产品介绍为主,电商购车体验均非常弱。不定期以试驾体验等活动吸引人报名。

(2) 门户网站导流

各大汽车门户网站,如汽车之家、爱卡、易车、太平洋、车讯网等,也包含四大综合门户网站的汽车频道,主要有以下导流方式:

① 每日发布软文、促销信息。导流方式为 400 电话或微信二维码。

② 车型资料的本地经销商报价。导流方式以电话为主,询价表单填写为辅。

③ 经销商会员网站,汇总以上软文信息及车型报价。

④ 汽车门户网站汽车商城。现在的门户网站都逐步开设汽车商城,经销商的汽车产品以各种合作形式入驻到商城,这样可以利用汽车门户网站的大流量实现转化。

除此之外,门户网站会给出很多广告产品或活动产品给经销商,也让主机厂分配给经销商的广告费有"合理"的去处。

(3) 电商平台收集潜客

这部分有些接近真正的汽车电商,但事实上在线下单的数量有限,并存在刷单的可能。

① 综合电商平台。

如淘宝、天猫、京东等综合网站平台。这是标准的电商模式,具有店铺首页、详情页、预付订金的说明。但实际线上成交不多,大部分是看到介绍后,到门店去看车。

② 专业的汽车特卖网和本地团购平台。

前者通过各种渠道拿到车源或与经销商合作,以保证特价车源的供货;后者则与门店合作,通过公布特定日期、特定价格,批量吸引潜客到达门店。计费方式一般按推荐到店客户数量收费或按实际成交后佣金提取。

2. 制约汽车电商发展的因素

(1) 产品单价高

一辆车的总价一般在 10 万～100 万元,消费者一般不太愿意直接在线支付成交,商家

项目一
汽车电子商务概述

往往只能通过订金或预付意向金形式获得用户信息。

（2）品质不易判断

汽车虽是标准产品，很多品质问题无法通过肉眼判断的。一方面，工业化批量生产本身存在一定比例的不良率，大部分商家是会隐瞒的；另一方面，有不良商家以次充好，将试驾车、试制车、涉水车等当成新车出售。消费者也不能太贪便宜，拿生命开玩笑。

（3）区域化限制

一方面是品牌授权管理体系下，主机厂限制跨区域窜货，通过各种手段来管控，因品牌强势程度不同，管控力度不同；另一方面是大部分车本身不赚钱，通过成交之后绑定的保险、装潢、质保、保养、维修等必须归属到本地的服务来获得利润。

除去以上因素，缺乏完善的物流配送体系、网络支付体系、售后服务体系和契约社会的信用体系，以及主机厂本身需要线上线下的收益平衡、人为限制线上部分的快速增长也是重要原因。

（三）汽车电子商务发展趋势

趋势一：O2O 模式

在互联网+时代，汽车企业可以通过线上和线下整合，搭建 O2O 平台。根据汽车的特殊性，可实施"线上推广交易+线下体验"。目前，汽车整车流通领域的 O2O 主要有 5 种类型：电商大户（如天猫、京东）、汽车垂直网站（如汽车之家、易车）、汽车制造商集团（如上汽集团的车享网）、跨界合作平台（如阿里与广汇共建的二手车 O2O 平台）、大型汽车经销商集团自建平台（如庞大集团的电子商城）等。此外，汽车后市场 O2O 也发展迅猛，目前主要有 4 种类型，包括加盟型：网上商城+特约店服务（如途虎养车网、特维轮）；平台型：线上+线下资源整合平台（如百车宝、车易安养车网）；虚拟型：网上预约服务+上门服务（如车发发、homecar、爱洗车、赶集易洗车）；自营型：网上自营商城+自营店服务（如黑虎网）。

趋势二：跨界融合

跨界是变革、开放，是重塑融合。敢于跨界，才能快速缩短传播到效果的路径。汽车跟旅游的融合、汽车跟交通的融合等，1+1=3 的融合模式是在整个互联网+下的重要手段。例如，上汽与阿里巴巴共同宣布合资设立总额约 10 亿元人民币的"互联网汽车基金"；北汽与乐视正式签订战略合作协议，共同打造互联网智能汽车生态系统；腾讯、富士康与和谐汽车宣布携手探索"互联网+智能电动车"的商业模式及开发产品，在郑州设厂生产智能互联网电动汽车。

趋势三：重塑结构

汽车市场正在步入增速减缓阶段，中国汽车工业进入了从渐变到突变、从量变到质变的转折点。在互联网+时代，汽车主要产生了四大变化：一是消费向体验化方向转化；二是产品形态向智能化方向发展；三是产业格局向圈层化方向发展；四是商业模式向多样化方向发展。

趋势四：链接一切

Google 曾对车联网定义：车联网是指车与路、车与车、车与人、车与基础设施之间实

现联网、信息互通,从而对车、人、物、路、位置等进行有效的智能监控、调度、管理的网络系统。在互联网世界中,人与人是可连接的,人与物可连接的,物与物也是可连接的,连接一切是互联网+的最终目标。车联网创新的是生活方式,而不仅仅是驾驶方式,它将成为大众生活的一个重要入口。

趋势五:形式创新

互联网与汽车的结合给汽车行业带来的变革已经延伸到营销、渠道、运营、产品4个维度,"互联网汽车""互联网汽配城""互联网维修店""互联网4S店"等创新形式全面铺开。车联网产业链主要包括终端软硬件提供商、电信运营商、整车厂商、互联网厂商、第三方IT提供商、行业应用提供商、大众及行业客户。上游以终端为主,主要是软、硬件提供商,负责车辆数据的收集及交互;中游以运营商为主,主要是提供数据的传送,是连接车与应用平台的通道;下游主要是应用与服务,由平台为用户提供主要内容。

二、汽车电子商务供应链管理

电子商务作为一个新兴的商务活动,依托先进的和强大的信息优势,将会引起汽车行业供应链管理的一次革命。

(一)中国汽车行业供应链现状

1. 汽车产业链长、灵敏性差

由于我国汽车企业的地理分布不均衡,供应商的地理分布范围广,并且数量众多,再加上汽车产品本身零部件数量繁多,使得我国汽车产业整体供应链的效率不高,反应不灵敏。

2. 整车制造企业业务外包意识不强

由于我国汽车零部件企业长期以配套厂商的形式出现,我国汽车整车制造企业具有很强的自主生产加工零部件能力,一般大型汽车集团内配率均维持在60%~80%。纵然也有汽车外配厂进行交易,但是不占主导。"大而全""小而全"的思维方式至今仍在各级企业领导者头脑中占据主要位置。许多制造业企业拥有从毛坯铸造、零件加工、装配、包装、运输、销售等一整套设备、设施、人员及组织机构。而美国的通用、福特等汽车巨头的零部件外购一般达到60%~70%,他们把更多的精力放在整车企业的研发,培养形成基于自身专业化生产能力的核心竞争力。

3. 汽车整车企业缺乏核心竞争力

我国汽车工业经历了长期的计划经济时代,造就了现在汽车产业的垂直化分工不足,大型的独立专业化零部件生产商较少,而且实力也相当薄弱。整车企业难以形成基于自身能力的核心技术、核心品牌,也难以与零部件企业达成双赢机制。

4. 汽车企业信息化平台建设各自为政

企业信息化建设投资较大,但平台不统一,形成各个信息孤岛,效率不高,协调性差。在各供应商之间没有协调一致的计划,每个部门都各搞一套,只顾安排自己的活动。甚至对于同一种业务(如设备管理),不同的二级厂家请不同的机构开发,形成互不兼容的业务系统。集团公司迫切需要每个业务系统在公司内的统一和各业务系统的信息集成。

（二）基于电子商务的中国汽车行业供应链管理内容

真正的电子商务是企业经营各个环节的信息化过程，是围绕电子技术和网络应用，在科学管理和科学经营两个方面展开的。管理的内容触及企业的各方面，如采购管理、销售管理、库存管理、物流管理、客户关系管理等。

1. 采购管理

在传统采购方式下，由于采购的对象数量有限，又受到地域限制，采购的效率和采购的成本都很难达到较为理想的水平。随着市场竞争压力的加大，汽车企业尽可能少安排库存与尽可能快速地响应市场需求已经成为一对日益增加的矛盾。而通过电子商务中心交易平台，将会彻底改变传统汽车行业的采购部门的管理和运作模式，在电子商务供应链管理环境下为库存而进行采购的传统行为不再具有实际意义，采购活动的基本思想演变成与供应链上的供应商签订在需要的时候提供所需数量的合格产品协议。在电子商务交易平台中，企业与企业之间可以实现资源共享、信息的快速传递，扩大了原有采购的范围，降低了采购的业务成本，提高了采购的准确性与效率。

2. 销售管理

基于电子商务的销售网络，把销售渠道扩大到了世界范围内，满足了客户个性化的需求，有效地降低了销售成本。销售管理包括以下几个方面的内容：

（1）在线销售过程管理

基于B2C的电子商务支持汽车企业支出报告、输入订单、检查库存和订单履行情况、管理分销商、跟踪销售线索、管理客户等。

（2）在线远程营销管理

可选择有价值的客户、管理激发需求的活动、处理客户反应、提供宣传品、跟踪促销活动的效果等。

（3）销售人员报酬管理

销售管理人员往往不了解销售人员的效率，无法根据员工业绩给予恰当的补偿。如果企业的销售人员遍布各地，这个问题就更难解决了。因此，管理人员必须能通过渠道报告和预测报告跟踪了解市场活动，为不同销售渠道制定适当的激励和补偿方案。

（4）营销管理

设计和管理销售区域，分析不同地域、产品、客户、价格和渠道等营销和销售计划。

3. 库存管理

在传统汽车供应链中，每个节点企业从自身出发做到最好，也就是说，销售商管理好自己的库存而不考虑对供应商的影响；供应商则是确立对应的策略，在满足销售商需要的条件下使自己的成本最优化。而在电子商务供应链管理的环境下，汽车行业出现了一种新的库存管理方式——供应商管理库存（Vendor Managed Inventory，VMI）。它的出现打破了汽车行业库存管理各自为政的管理模式，体现了电子商务环境下供应链集成化管理思想，

适应市场变化的要求。VMI 的主要思想是供应商在用户的允许条件下设立库存，确定库存水平和补给策略，拥有库存控制权。

4. 物流管理

在供应链库存管理上，还应大力推行社会化的物流配送服务。供应链的载体就是物流，没有良好的物流管理方式，就谈不上真正的电子商务。汽车业的物流管理包括订单管理、订货处理、分销运作、货物运输等。近两年，随着汽车工业的快速发展，为汽车制造企业提供专业化服务的汽车物流企业迅速崛起。这些第三方汽车物流企业，在汽车制造企业生产的汽车下生产线后，将新下线车直接运送至各地区汽车销售商，对客户实现零公里承诺。由于汽车物流企业的出现，使社会分工更趋专业化，促进了汽车的流通，推动了中国汽车工业的发展。

5. 客户关系管理

客户关系管理是一个通过详细管理企业与客户之间的关系来实现客户价值最大化的方法。客户关系管理源于以客户为中心的新型商业模式，是一种旨在改善企业与客户之间关系的新型管理机制。为应付日益激烈的竞争，一些汽车企业已经通过实施客户关系管理在汽车企业与客户之间建立一种长期、良好的战略伙伴关系，并通过对客户信息资源的快速处理和分析，提高客户满意度和忠诚度。

三、汽车电子商务运营模式

汽车电商目前主要的 3 种运营模式，包括厂商自建平台、综合电商平台和专业垂直媒体平台。

（一）厂商自建平台：经销商数据和消费者直接对接模式

典型代表：车享网

车享网是上汽集团自有电商平台，其最大优点是可以帮助消费者直接获得来自经销商的车型、车价等第一手数据，免去了四处奔波收集这些资料的辛苦。车享网通过让经销商自己运营活动，直接提高了经销商的主动性，降低了网站本身的运营成本。

不过，车享网的局限性也十分明显。比如，网站所有经销商及车型都来自上汽集团，选择有限，并且车享网的 8 个城市多集中在长三角地区，无法覆盖全国。其经销商活动多集中在店内，所有活动都由独立的经销商自己完成，仍未出离经销商促销的范畴，只不过借助了一下网络而已。

（二）综合电商平台：店中店、品牌曝光效应模式

典型代表：天猫、京东

天猫、京东等作为国内规模最大和最成熟的综合性电商平台，一直试图把传统 B2C 电商模式复制到汽车电商领域。但汽车作为大宗商品，具有特殊性，使得汽车品牌商们在天猫上开启旗舰店的目的不是做销售，而是品牌展示和宣传。

天猫没有垂直汽车网站所具有的精准用户，以及庞大的汽车经销商和汽车品牌商资源，在价格、线下服务的把控力上十分有限，几次"汽车购物节"，包括"双十一"促销，业绩

平平，和汽车垂直网站完全不是一个等级。不过，京东和天猫在汽车电商支付环节上的尝试还是值得肯定的。

（三）专业垂直媒体平台：销售线索模式

典型代表：易车特卖、汽车之家"车商城"

专业垂直媒体平台是目前汽车电商最常见的模式，其绕过了价格、支付等难点，实现了汽车电商的部分流程。其中，易车网以固定频道形式上线的，以限时特价为特色的电商产品——"易车特卖"就是一个典型。易车依托强大的汽车品牌商及经销商、区域服务市场等资源和十多年的深耕，通过"易车特卖"这一产品，实现了限量款推广、团购促销、限时抢购、区域促销、秒杀活动、清理库存等多元化汽车促销模式，不仅给予消费者更多选择和实惠，营销效果也获得极大提升。

类似的还有汽车之家推出的"车商城"，消费者先在网站上购买一个专享券，凭借这个专享券再去 4S 店进行砍价，本质还是 O2O 线下导流。总之，易车特卖和"车商城"的这种电商模式仍以销售线索输出为主。消费者在线上下订单，可以享受厂商或经销商提供的限时优惠，但仍要到线下经销商处才能完成交易，这种模式仍然停留在 O2O 的阶段。用销售线索的思路来做汽车电商，为消费者带来的用户体验与传统购车方式并无明显差别，实际价格的操控权仍然掌握在汽车经销商手中，消费者网购之后依然到 4S 店斗智斗勇地砍价。

四、汽车电子商务盈利模式

（一）交易费用收费模式

交易费用收费模式是指企业从授权或者进行的交易中收取费用。网站平台交易收费模式可以分为企业商铺收费和物品收费两种。当卖家在平台上注册商铺时，可以收取费用；当物品上架和交易成功时，网站平台也可以根据产品或物品标的大小收取不同的费用（佣金）。有些平台收取了商铺费用，就不再收取物品交易费用，有些平台不收取商铺费用，而收取交易时的费用。对于店铺类型的不同，制定不同的抽成比例，对其销售额抽成并从中获益。因此，每个商户产品的销售都与他们的利润挂钩。比如天猫商城，其在引入商铺时，会规定一个分成比例，商铺盈利会按此比例与天猫商城分配。

（二）网络广告服务模式

网络广告是指广告主利用一些受众密集或有特征的网站，以图片、文字、动画、视频或者与网站内容相结合的方式传播自身的商业信息，并设置链接到某目标网页的过程。网络广告一般按照时间或播放数量来计费，即按天（全流量）或按 CPM（千人成本）购买某广告位。企业网站平台可以通过自行销售和寻找广告代理商出售广告位，并对广告位明码标价。作为拥有大量客户点击量的网站，自然会吸引诸多客户的注意力，也因此其刊登的广告会被许多的客户所看到，因此，针对厂商和服务提供者的付费广告业务自然会成为其盈利来源之一。从盈利角度看，付费广告业务具有优秀的发展潜力。

在各媒体类型中，汽车网站是各车企投放广告的首选，占比超六成；其次是门户网站（21.3%）和视频网站（9.3%），如图 1.3.9 所示。在广告投放前 10 名的网站中，汽车网站——汽车之家、门户网站——腾讯、视频网站——优酷最受广告主青睐。

图 1.3.9　汽车网站是各车企广告投放主阵地

（三）会员制收费模式

会员制收费模式是企业采用系统的管理和长远的渠道规划，利用企业的产品、视觉标志、品牌、管理模式、利益机制等给会员提供包含网上店铺出租、产品信息推荐、公司认证等多种服务而收取一定费用的服务，这种模式可以和会员进行利益共享、模式共享、沟通信息及交流经验。会员制是为了增加会员的忠诚度，对会员与非会员进行差别服务，为会员提供更为便捷、周到的服务而设置的。一个汽车电子商务网站的收益大小和推广力度都通过会员数量来体现。

在线测试 1-3

本任务需要撰写一份汽车电子商务市场分析报告（Word 版），虽然内容自拟，但为了写出让经理满意的报告，还需要从网上借鉴一些资料。首先通过查看其他报告范文来规范报告框架，其次通过不同渠道查找汽车电子商务相关信息，最后把收集到的信息进

项目一 汽车电子商务概述

行整理、美化。

（一）搜索调研报告范文

要了解调研报告的撰写要求，可以以"调研报告"或"调查报告"等关键字在不同的搜索引擎上进行查找，如百度等搜索引擎。

（二）搜索汽车电子商务定义

关键字分析：可以考虑将"汽车电子商务定义""汽车电子商务概念""什么是汽车电子商务"作为关键字进行搜索。

搜索引擎分析：可选择常用的百度、360、搜狗等搜索引擎，再将其返回结果进行分析、汇总、整理出来即可。

（三）利用百度新闻搜索汽车电子商务最新新闻

通过对主要搜索引擎的访问，发现它们可供搜索的信息类型是不尽相同的，要将同一方向的新闻进行加工整理，如图 1.3.10 所示。

图 1.3.10　新闻搜索

（四）利用第三方平台调查汽车电子商务状况

艾瑞网（http://www.iresearch.cn/）是专注于提供电子商务研究的第三方平台，这里可以查询汽车电子商务的相关研究数据、新闻和报告，如图 1.3.11 所示。

（五）登录各类车企查看电子商务开展情况调研

登录各类车企（如进口大众汽车官网），查看其开展电子商务的情况，如图 1.3.12 所示。

059

图 1.3.11　第三方平台搜索

图 1.3.12　企业平台搜索

（六）利用百度文库搜索汽车电子商务相关资源

通过百度文库查看他人写的汽车电子商务相关资源，如图 1.3.13 所示。

项目一
汽车电子商务概述

图 1.3.13　百度文库搜索

（七）利用学术期刊门户网站搜索相关学术文档

实际上，要获得更为专业的学术方面信息，可以访问一些期刊网或学术期刊数据库，如中国知网（http://www.cnki.net/index.htm）（图 1.3.14）、维普资讯网（http://www.cqvip.com/）等。

图 1.3.14　知网搜索

061

拓展训练

除了前面讲到的盈利模式外,请你再找找看,还有哪些典型的盈利模式,并说出它们之间的异同。

项目二

汽车网络营销与推广

随着信息技术和网络技术的发展,互联网已经全面改变了人们的生活和购物习惯。汽车技术服务与营销也受到其影响,逐渐从传统的营销方式向新型的网络营销进行转变。在企业中,汽车电子商务专员需要了解、掌握汽车网络营销与推广的基础知识与技能点,作为汽车营销人员与汽车服务人员,也同样需要知晓,并以此为基础将日常的工作信息化、网络化,提升自身的工作效率与效果。本项目分为网络调研、搜索引擎优化、网络整合营销、软文推广、效果与评估5个任务。

通过学习和训练,将了解汽车网络营销与推广的技术方法并熟练运用。同时,自己还要查阅大量资料,掌握调研的一些方法、具备PPT或报表的制作技能。

任务 2-1　汽车电子商务网络调研

 任务引入

小明是某企业的汽车电子商务专员，公司希望他提交一份汽车配件电子商务的网络调研报告，其中需要包含汽车电子商务网络平台的使用、问卷设计、调研报告等相关数据，为此，他决定认真了解汽车电子商务网络调研的相关知识：首先他需要了解汽车电子商务网络调研基本概念；然后熟练应用网络调研的平台，并能正确进行网络调研问卷的设计；最后根据需要写出质量较好的网络调研报告。

 任务描述

本任务要求利用网络调研平台进行在线设计问卷、发送问卷、回收及分析问卷，然后根据分析结果制作一份网络调研报告书。要求如下：
① 报告应该包含封面、目录、正文和附录4个部分；
② 封面应有标题和制作人；
③ 目录逻辑清晰，要求自动生成；
④ 正文应文字通顺，格式规范，排版美观；
⑤ 附录可以放入在线设计的问卷；
⑥ 不允许直接下载现成的报告提交。

 学习目标

● 专业能力
1. 了解网络市场调研的含义和内容，掌握网络市场调研的类型；
2. 能熟练应用网络调研的平台；
3. 能正确进行网络调研问卷的设计；
4. 根据需要写出质量较好的网络调研报告。

● 社会能力
1. 树立进取意识、效率意识、规范意识；
2. 强化动手能力、市场开拓能力；
3. 维护组织目标实现的大局意识和团队能力；
4. 爱岗敬业的职业道德和严谨、务实、勤快的工作作风；
5. 自我管理、自我修正的能力。

● 方法能力
1. 利用多种信息化平台独立自主学习的能力；
2. 制订工作计划、独立决策和实施的能力；
3. 运用多方资源解决实际问题的能力；
4. 准确的自我评价能力和接受他人评价的能力；
5. 自主学习与独立思维能力。

相关知识

一、汽车电子商务网络调研基本概念

汽车电子商务网络调研是指借助网络工具和平台系统地进行汽车营销信息的收集、整理、分析和研究的过程，以及利用各种搜索引擎寻找竞争环境信息、客户信息、供求信息的行为。

尽管电话调研法和上门调研法依然在进行，但是人们对网上调研法的兴趣在不断上涨。与传统的调研方法比较，网络市场调研具有及时性、共享性、准确性、交互性、经济性、可控制性和无时空限制的特点。

二、网络调研平台

网络调研平台是指为方便市场调研，专门针对企业和消费者在线进行调查问卷设计、发布、填写、数据分析与统计、生成调研报告等功能而设计的系统平台。常用的网络调研平台有以下几个：

（一）爱调研

爱调研是网络调查及用户反馈管理系统提供商，其中部分内容收费，它能为企业提供SAAS方式网络调研在线服务，利用互联网技术提高企业市场调研、管理用户反馈的效率。

SAAS软件即服务是英文Software-as-a-service的意译，国外称为SaaS，国内通常叫作软件运营服务模式，简称为软营模式。

爱调研提供以下产品及服务（图2.1.1）：

1. 网络调查系统

主要通过在线服务的方式使用。有以下版本：

① 爱调研网络调查系统iSurveylink标准版：搜索爱调研标准版，登录即可使用；

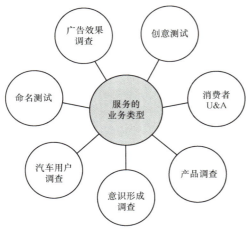

图 2.1.1 爱调研服务的业务类型

② 爱调研网络调查系统 iSurveylink 企业版和专业版：isurveylink，登录即可使用。

2. 样本库服务

爱调研同时提供样本库服务，有以下优势：

① 样本数量巨大：截至 2010 年 6 月，拥有在线会员 371 万（包括在线招募和合作会员）。通过与中国众多知名网站的合作，样本库基本能代表中国网民甚至中国消费者的特征属性。

② 样本地域分布广泛：一级城市如上海、北京、广州等，分布数量大，同时，二级城市如武汉、合肥、宁波等，数量分布也非常均匀，并覆盖到数十个三级城市。

③ 建立了专业的样本子库：包括车主样本库、高端样本库、母婴样本库等。

④ 严格的质量控制体系：通过独特的三重质量控制方法，保证会员的唯一性及会员的信用度。

（二）问卷星

问卷星成立于 2006 年，是一个专业的在线问卷调查、测评、投票平台，专注于为用户提供在线问卷调查、在线考试、360 度评估、报名表单、在线测评、在线投票等系列服务，如图 2.1.2 所示。

图 2.1.2 问卷星调研平台

与传统调查方式和其他调查网站或调查系统相比，问卷星具有快捷、易用、低成本的明显优势，已经被大量企业和个人广泛使用，典型应用包括：

企业：客户满意度调查、市场调查、员工满意度调查、企业内训、需求登记、人才测评等。

高校：学术调研、社会调查、在线报名、在线投票、信息采集。

个人：讨论投票、公益调查、博客调查、趣味测试。

问卷星使用流程分为下面几个步骤：

① 在线设计问卷：问卷星提供了所见即所得的设计问卷界面，支持多种题型及信息栏和分页栏，并可以给选项设置分数（可用于量表题或者测试问卷），可以设置跳转逻辑，同时还提供了数十种专业问卷模板供选择。

汽车电子商务网络调研知识

② 发布问卷并设置属性：问卷设计好后，可以直接发布并设置相关属性，例如问卷分类、说明、公开级别、访问密码等。

③ 发送问卷：通过发送邀请邮件，或者用 Flash 等方式嵌入公司网站或者博客中邀请受访者填写问卷。

④ 查看调查结果：可以通过柱状图和饼状图查看统计图表，以卡片方式查看答卷详情，分析答卷来源的时间段、地区和网站。

⑤ 创建自定义报表：自定义报表中可以设置一系列筛选条件，不仅可以根据答案来做交叉分析和分类统计（例如，统计年龄在 20～30 岁女性受访者的数据），还可以根据填写问卷所用时间、来源地区和网站等筛选出符合条件的答卷集合。

⑥ 下载调查数据：调查完成后，可以下载统计图表到 Word 文件保存、打印，或者下载原始数据到 Excel，导入 SPSS 等调查分析软件做进一步的分析。

除了以上两个调研平台以外，还有许多比较有特色的调研平台，如调研吧、众调网、京东调研等。

三、网络调研问卷设计

问卷调查是现代社会市场调查的一种十分重要的方法，而在问卷调查中，问卷设计又是其中的关键，问卷设计的好坏，将直接决定着能否获得准确、可靠的市场信息。本部分将详细介绍问卷设计的有关概念和基本技巧。

1. 问卷设计概述

调查问卷，又称调查表，是调查者根据一定的调查目的精心设计的一份调查表格，是现代社会用于收集资料的一种最为普遍的工具。

按照不同的分类标准，可将调查问卷分成不同的类型。

网络调研

① 根据市场调查中使用问卷方法的不同，可将调查问卷分成自填式问卷和访问式问卷两大类。

所谓自填式问卷，是指由调查者发给（或邮寄给）被调查者，由被调查者自己填写的问卷；而访问式问卷则是由调查者按照事先设计好的问卷或问卷提纲向被调查者提问，然后根据被调查者的回答进行填写的问卷。一般而言，访问式问卷要求简便，最好采用两项选择题进行设计；而自填式问卷由于可以借助于视觉功能，在问题的制作上相对可以更加详尽、全面。

② 根据问卷发放方式的不同,可将调查问卷分为送发式问卷、邮寄式问卷、报刊式问卷、人员访问式问卷、电话访问式问卷和网上访问式问卷6种。其中前3种大致可以划归为自填式问卷范畴,后3种则属于访问式问卷。

网上访问式问卷是在因特网上制作,并通过因特网进行调查的问卷类型。此种问卷不受时间、空间限制,便于获得大量信息,特别是对于敏感性问题,相对而言更容易获得满意的答案。

2. 问卷的基本结构

（1）问卷的基本要求

一份完善的问卷调查表应能从形式和内容两个方面同时取胜。

从形式上看,要求版面整齐、美观,便于阅读和作答,这是总体上的要求,具体的版式设计、版面风格与版面要求,这里暂不赘述。

从内容上看,一份好的问卷调查表至少应该满足以下几方面的要求:

① 问题具体、表述清楚、重点突出、整体结构好。

② 确保问卷能完成调查任务与目的。

③ 调查问卷应该明确正确的政治方向,把握正确的舆论导向,注意对群众可能造成的影响。

④ 便于统计整理。

（2）问卷的基本结构

问卷的基本结构一般包括4个部分,即说明信、调查内容、编码和结束语。其中调查内容是问卷的核心部分,是每一份问卷都必不可少的内容,而其他部分则根据设计者的需要可取可舍。

① 说明信。

说明信是调查者向被调查者写的简短信,主要说明调查的目的、意义、选择方法及填答说明等,一般放在问卷的开头。

② 调查内容。

问卷的调查内容主要包括各类问题、问题的回答方式及其指导语,这是调查问卷的主体,也是问卷设计的主要内容。

问卷中的问答题,从形式上看,可分为开放式、封闭式和混合型三大类。开放式问答题只提问题,不给具体答案,要求被调查者根据自己的实际情况自由作答。封闭式问答题则既提问题,又给出若干答案,被调查者只需在选中的答案中打"√"即可。混合型问答题,又称半封闭型问答题,是在采用封闭型问答题的同时,再附上一项开放式问题。至于指导语,也就是填答说明,用来指导被调查者填答问题的各种解释和说明。

③ 编码。

编码一般应用于大规模的问卷调查中。因为在大规模问卷调查中,调查资料的统计汇总工作十分繁重，借助于编码技术和计算机，则可大大简化这一工作。

编码是将调查问卷中的调查项目及备选答案给予统一设计的代码。编码既可以在进行问卷设计的同时就设计好，也可以等调查工作完成以后再进行。前者称为预编码，后者称为后编码。在实际调查中，常采用预编码。

④ 结束语。

结束语一般放在问卷的最后面，用来简短地对被调查者的合作表示感谢，也可征询一下被调查者对问卷设计和问卷调查本身的看法和感受。

3. 问卷设计的过程

问卷设计的过程一般包括 10 个步骤，即确定所需信息、确定问卷的类型、确定问题的内容、确定问题的类型、确定问题的措辞、确定问题的顺序、问卷的排版和布局、问卷的测试、问卷的定稿、问卷的评价。

（1）确定所需信息

确定所需信息是问卷设计的前提工作。调查者必须在问卷设计之前就把握所有达到研究目的和验证研究假设所需要的信息，并决定所有用于分析使用这些信息的方法，比如频率分布、统计检验等，并按这些分析方法所要求的形式来收集资料，把握信息。

（2）确定问卷的类型

制约问卷选择的因素很多，并且研究课题不同，调查项目不同，主导制约因素也不一样。在确定问卷类型时，先必须综合考虑这些制约因素：调研费用、时效性要求、被调查对象、调查内容。

（3）确定问题的内容

确定问题的内容似乎是一个比较简单的问题，然而，事实上不然，这其中还涉及一个个体的差异性问题，也许你认为容易的问题，对他来说是困难的问题；也许你认为熟悉的问题，对他来说是生疏的问题。因此，确定问题的内容，最好与被调查对象联系起来，分析一下被调查者群体，有时比盲目分析问题的内容效果要好。

（4）确定问题的类型

问题的类型归结起来分为 4 种：自由问答题、两项选择题、多项选择题和顺位式问答题，其中后 3 种均可以称为封闭式问题。

① 自由问答题。

自由问答题，也称开放型问答题，只提问题，不给具体答案，要求被调查者根据自身实际情况自由作答。自由问答题主要限于探索性调查，在实际的调查问卷中，这种问题不多。自由问答题的主要优点是被调查者的观点不受限制，便于深入了解被调查者的建设性意见、态度、需求问题等。主要缺点是难以编码和统计。自由问答题一般应用于以下几种场合：作为调查的介绍；某个问题的答案太多或根本无法预料时；由于研究需要，必须在研究报告中原文引用被调查者的话。

② 两项选择题。

两项选择题，也称为做题，是多项选择的一个特例，一般只设两个选项，如"是"与

"否"，"有"与"没有"等。

两项选择题的特点是简单明了。缺点是所获信息量太少，两种极端的回答类型有时往往难以了解和分析被调查者群体中客观存在的不同态度层次。

③ 多项选择题。

多项选择题是从多个备选答案中选择1个以上。这是各种调查问卷中采用最多的一种问题类型。多项选择题的优点是便于回答，便于编码和统计，缺点主要是问题提供答案的排列次序可能引起偏见。这种偏见主要表现在3个方面：

第一，对于没有强烈偏好的被调查者而言，选择第一个答案的可能性远远高于选择其他答案的可能性。解决问题的方法是打乱排列次序，制作多份调查问卷同时进行调查，但这样做的结果是加大了制作成本。

第二，如果被选答案均为数字，没有明显态度的人往往选择中间的数字，而不是偏向两端的数字。

第三，对于A、B、C字母编号而言，不知道如何回答的人往往选择A，因为A往往与高质量、好等相关联。解决的办法是用其他字母如L、M、N等进行编号。

④ 顺位式问答题。

顺位式问答题，又称序列式问答题，是在多项选择的基础上，要求被调查者对询问的问题答案，按自己认为的重要程度和喜欢程度顺位排列。

在现实的调查问卷中，往往是几种类型的问题同时存在，单纯采用一种类型问题的问卷并不多见。

（5）确定问题的措辞

很多人可能不太重视问题的措辞，而把主要精力集中在问卷设计的其他方面，这样做的结果有可能降低问卷的质量。

下面是几条法则，不妨试试。

① 问题的陈述应尽量简洁。

② 避免提带有双重或多重含义的问题。

③ 最好不用反义疑问句，避免否定句。

④ 注意避免问题的从众效应和权威效应。

（6）确定问题的顺序

问卷中的问题应遵循一定的排列次序，问题的排列次序会影响被调查者的兴趣、情绪，进而影响其合作积极性。所以，一份好的问卷应对问题的排列做出精心的设计。

问卷的开头部分应安排比较容易的问题，这样可以给被调查者一种轻松、愉快的感觉，以便于他们继续答下去。中间部分最好安排一些核心问题，即调查者需要掌握的资料，这一部分是问卷的核心部分，应该妥善安排。结尾部分可以安排一些背景资料，如职业、年龄、收入等。个人背景资料虽然也属事实性问题，也十分容易回答，但有些问题，诸如收入、年龄等，同样属于敏感性问题，因此一般安排在末尾部分。当然，在不涉及敏感性问题的情况下，也可将背景资料安排在开头部分。

还有一点就是注意问题的逻辑顺序,有逻辑顺序的问题一定要按逻辑顺序排列,即使打破上述规则。这实际上就是一个灵活机动的原则。

(7) 问卷的排版和布局

问卷的设计工作基本完成之后,便要着手问卷的排版和布局。问卷的排版和布局总的要求是整齐、美观,便于阅读、作答和统计。

(8) 问卷的测试

问卷的初稿设计工作完毕之后,不要急于投入使用,特别是对于一些大规模的问卷调查,最好的办法是先组织问卷的测试,如果发现问题,及时修改。测试通常选择 20~100 人,样本数不宜太多,也不要太少。如果第一次测试后有很大的改动,可以考虑是否有必要组织第二次测试。

(9) 问卷的定稿

当问卷的测试工作完成,确定没有必要再进一步修改后,可以考虑定稿。问卷定稿后,就可以交付打印,正式投入使用。

(10) 问卷的评价

问卷的评价实际上是对问卷的设计质量进行一次总体性评估。对问卷进行评价的方法很多,包括专家评价、上级评价、被调查者评价和自我评价。

专家评价一般侧重于技术性方面,比如说对问卷设计的整体结构、问题的表述、问卷的版式风格等方面进行评价。

上级评价则侧重于政治性方面,比如说在政治方向方面、在舆论导向方面、可能对群众造成的影响等方面进行评价。

被调查者评价可以采取两种方式:一种是在调查工作完成以后再组织一些被调查者进行事后性评价;一种方式则是调查工作与评价工作同步进行,即在调查问卷的结束语部分安排几个反馈性题目,比如,"你觉得这份调查表设计得如何?"

四、网络调研分析统计

问卷调查完成之后,有效问卷会被回收并进行数据分析统计,然后按照一定的格式生成调研分析统计报告。报告具体内容应包含以下信息:

1. 封面

应包括标题、报告实施者、项目委托者、日期等。

报告题目应简明、准确地表达报告的主要内容。

其格式可以只有正标题,也可以采用正、副标题形式。

题目下方应注明报告人或单位、报告日期,然后另起一行注明报告呈交的对象。

2. 目录

目录应逻辑清晰,与正文一致,只要正文设定好标题,目录就可以自动生成。

3. 正文

正文应包括市场调查的目的、调查方法的说明、市场调查的背景资料、市场调查的结果、局限性、意见和建议等。

4. 附录

附录包括调查报告的论证、说明、分析，具体内容有：

① 各种统计表和统计图；

② 资料来源的单位和个人名单；

③ 调查问卷的副本；

④ 调查选定样本的详细资料；

⑤ 谈话记录；

⑥ 二手资料的文件。

在充分调研的基础上，通过网络调研分析统计报告，可以明确在汽车营销过程中存在的问题，从而能快速地进行相应的调整和完善。

1. 明确问题与确定调研目标

如了解北京汽车在株洲市场的知名度。

2. 制订调研计划

明确做什么？——调研活动的任务内容。

明确如何做？——达到调研活动目的的路径、所用手段及调研活动样式（方式、方法）。

3. 搜集信息

通过问卷星平台设计、发布调查问卷并回收调查问卷。

（1）注册并登录。

（2）创建问卷，如图2.1.3所示。

（3）单击"创建"按钮进行问卷调查，如图2.1.4所示。

图2.1.3　创建问卷　　　　　　图2.1.4　单击"创建"按钮

（4）选择合适模板创建，如图2.1.5所示。

（5）修改模板，完成编辑，如图2.1.6所示。

（6）发布问卷，如图2.1.7所示。

图 2.1.5　选择合适模板创建

图 2.1.6　修改模板，完成编辑

图 2.1.7　发布问卷

（7）回收并统计问卷。

4. 分析信息

通过对网络调研搜集的信息数据进行加工和整理，形成定性、定量的分析，如图 2.1.8 所示。

5. 提交报告

在明确调研目的、制订调研计划和搜集信息、分析信息的基础上提交书面的有价值的报告。

图 2.1.8　分析信息

本项目通过任务练习，学习了汽车电子商务网络调研基本概念、网络调研平台、网络

调研问卷设计和网络调研分析统计。通过本项目的学习，用户应该对汽车电子商务网络调研有一个总体的了解，并能运用所学的知识开展网络调研。

在线测验 2-1

 拓展提升

1. 汽车电子商务网络调研的方法有哪些？步骤是什么？
2. 网络调查问卷的内容有哪些？
3. 网络市场调研对企业的作用主要表现在哪几个方面？

项目二
汽车网络营销与推广

任务 2-2 汽车商务网站的搜索引擎优化

 任务引入

北京汽车股份有限公司成立于 2010 年 9 月，是北京汽车集团有限公司乘用车整车资源聚合和业务发展的平台，是北京市政府重点支持发展的企业。2014 年 12 月 19 日，其在香港联交所主板挂牌上市，旗下有北京分公司、株洲分公司和广州分公司。公司准备对网站进行搜索引擎优化，小红是公司的汽车电子商务专员，她打算从"分析当前企业网站存在的问题""网站优化的方法与技巧""网站推广" 3 个方面来开展此项工作。

 任务描述

本任务需要撰写一份北京汽车官网存在的问题、改进措施的报告，并从 Title、Keywords、Description 3 个方面给出搜索引擎优化建议。

 学习目标

● 专业能力
1. 能分析当前企业网站存在的问题；
2. 掌握企业网站优化的方法和技巧；
3. 熟悉网站诊断的方法与技巧；
4. 了解企业网站推广的方法和技巧。
● 社会能力
1. 树立进取意识、效率意识、规范意识；
2. 强化动手能力、市场开拓能力；
3. 维护组织目标实现的大局意识和团队能力；
4. 爱岗敬业的职业道德和严谨、务实、勤快的工作作风；
5. 培养学生有效利用身边的工具自主解决学习、生活中遇到问题的能力；

6. 自我管理、自我修正的能力。

● **方法能力**

1. 利用多种信息化平台独立自主学习的能力；
2. 制订工作计划、独立决策和实施的能力；
3. 运用多方资源解决实际问题的能力；
4. 准确的自我评价能力和接受他人评价的能力；
5. 自主学习与独立思维能力；
6. 培养学生主动探究知识和获取信息的兴趣；
7. 充分认识到搜索引擎在获取信息过程中的重要性，培养学生在学习、生活中充分运用网络工具的意识。

相关知识

一、搜索引擎优化概述

（一）搜索引擎优化的概念

搜索引擎优化（Search Engine Optimization，SEO），是指通过对网站内部调整优化及站外优化，使网站满足搜索引擎收录排名需求，在搜索引擎中提高关键词的自然排名，从而把精准用户带到网站，获得免费流量，产生直接销售或品牌推广。

（二）用户如何浏览网页

1. 尼尔森的网页浏览模式

根据尼尔森发布的《眼睛轨迹的研究》报告显示，人们大多不由自主地以"F"字母形状的模式来阅读网页。包括下面3个方面（图2.2.1）：

第一，读者的眼睛首先是水平运动，常常是扫过网页内容的最上半部分。这样就形成了一条横向的运动轨迹。这是F字母的第一条横线。

第二，读者的眼光略微下移，很典型地扫描比第一步范围较短的区域。这就又画了F字母中的第二条横线。

第三，读者朝网页左边的部分进行扫描。有时候，这个举动很慢，并且很

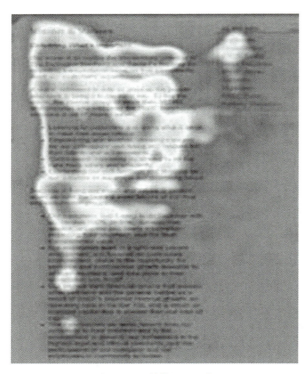

图 2.2.1 浏览网页习惯

有系统性,这样就画了F字母中的一条竖线。

2. F形状模式的意义

① 读者不会非常仔细地一个字一个字看网页的内容,所以,每一页不一定要填充非常多的内容,也就是说,每个网页不要过长。

② 网页的头两段文字非常重要,读者基本上最关注这部分。所以,这两段写作的好坏会直接决定读者是否有兴趣继续待在此页吸收信息。

③ 将重要的关键词尽可能地在标题、副标题和段落的前部显示给读者。

④ 人们对搜索引擎的反应也是F形的,换句话说,将你的网站排名在搜索结果页的前一两位,直接决定了你的网站受关注的程度。

⑤ 搜索引擎竞价排名广告,除非能被放置在搜索引擎结果页的最顶端或右边广告区的第一位,否则,无法得到搜索引擎者的关注。

二、如何进行搜索引擎优化

通俗地讲,搜索引擎优化可分为两个部分:一是站内优化,二是站外优化。站内优化就是通过优化手段使网站的搜索引擎友好度和站内用户的良好体验度上升。这样做的目的很简单,就是让网站在搜索引擎中排名靠前并且得到很好的客户转换率。站外优化通过优化手段帮助网站和网站所属企业进行品牌推广,这个过程可能涉及的方式有百度竞价、谷歌广告、自然推广等。

要做好网站优化,必须先了解一些相关知识,掌握一些相关技巧。

汽车商务网站的搜索引擎优化知识

(一)注重网站本身的用户体验

为了提升用户体验,一定要关注以下几点:

1. 网站首页展示很重要

网站首页是进入网站的大门,它会给浏览者留下网站的第一印象,对于网站的其他内容而言,有时起着统帅作用。基于其重要性,许多企业就在网站首页设计上下了功夫。然而目前多数企业都没有电子商务部门或者网络营销团队,更没有能独立设计和维护网站的技术人员,其主要问题如下:

① 主页的下载速度慢,导致浏览者等不到页面完全打开而走人;

② 浏览者不能对网站的内容和服务一目了然;

③ 图片占据了有效的网页空间,信息量少;

④ 这样的网站不利于搜索引擎收录,不利于网站推广。

2. 信息量适度,质量要高

企业网站上的信息量少,这样的网站就像一条快要干涸的小河,浏览者能一眼洞穿网站全部,即刻就会发现该网站对他没有意义而迅速离开。重技术而轻内容是导致网站信息量有限而质量粗糙的最主要原因。

3. 访问速度必须快

许多网站的访问速度很慢，大大影响了浏览者对它的访问，进而影响了网站的营销效果。网站访问速度慢的原因主要有 3 个：

① 硬件设施的原因。Web 服务器的性能、带宽及各种网络设备的性能和质量，对该网站的访问速度都会产生影响，用户的设备性能及带宽也会影响其访问网站的速度。

② Web 页面的大小。当 Web 服务器的各项性能指标及网络带宽确定后，Web 页面的大小会成为影响用户访问网站速度的最主要的原因。

③ 动态网页技术的过多应用。在进行网页设计时，会涉及静态网页设计技术和动态网页设计技术。因为动态网页的显示必须经过服务器的响应才能完成，所以速度远远低于静态网页。因此，企业的网站建设过程如果能用静态网页设计技术实现，就尽可能不要用动态网页设计技术实现。

4. 沟通渠道要畅通

网站提供的沟通功能是留住用户并使其建立起对企业忠诚度的重要工具。然而很多企业的网站都没有提供这种沟通的渠道，使用户与企业沟通无门。最常见的情况有以下几种：

① 联系信息不全或者干脆没有。
② 把企业的联系信息做成"酷图"，使顾客不能轻易拷贝和存储。
③ 有"联系我们"之类的链接，单击进去，却只有一个表格让客户填写。
④ E-mail 地址成摆设，回复不及时。
⑤ 顾客留言板无效，更没有论坛。

5. 网站服务尤其是在线顾客服务要方便

通过网站可以为用户提供各种在线服务和帮助信息，例如，常见问题解答（FAQ）、电子邮件咨询、在线表单、通过即时信息实时回答用户的咨询等。一个设计水平较高的常见问题解答，应该可以解答 80%以上用户关心的问题，这样不仅为顾客提供了方便，也提高了用户服务效率，降低了服务成本。

6. 企业网站对销售和售后服务的促进作用要得到合理发挥

虽然网上销售目前还不是企业开展网络营销的主流，但网络营销可以对线下销售及售后服务提供良好的支持，这需要通过网站的信息、服务等方面来给予支持，如详细的售后服务联系信息、关于产品购买和保养知识、产品价格和销售网络查询等。调查发现，很多企业网站对此没有足够重视，因而难以发挥应有的作用。

7. 企业网站栏目规划要合理、导航系统要完善

主要表现在栏目设置有重叠、交叉或者栏目名称意义不明确，容易造成混淆，使得用户难以发现需要的信息，有些网站则栏目过于繁多和杂乱，网站导航系统又比较混乱。如果网站毫无章法地安排大量内容，没有明确的导航，就会导致浏览者转移站点，因而无法快速找到所需信息，从而导致用户流失。

8. 体现企业资质

版权信息、备案信息、工商执照、广告许可证、拍卖许可证等信息可以证明企业网站

的合法性和权威性，一般放在网站首页的下端，主要提供网站和企业相关的法律文件。然而有的企业对此不够重视，这些信息处理不合理，影响了网站的权威性。

9. 信息更新要及时

企业建设网站的目的就是及时发布企业产品服务信息，让用户能第一时间了解企业的情况。网站就好比我们每天阅读的报纸，报纸所发布的信息必须是天天更新且有可读性的。很多企业网站建设起来以后就不去管理和维护了，信息基本不更新，即使更新，也是转载一些别人的信息。浏览者在访问网站的时候，第一次可能会浏览一下。但是第二次访问的时候，发现网站上的信息和第一次访问时的一样，就会给浏览者留下一个不好的印象，从而失去潜在用户。

（二）站内 SEO

1. 关键词（Keywords）

关键词就是潜在客户通过搜索引擎检索找到你的网站所输入的查询条件，通常与网站的产品或服务相关。通俗来讲，就是用户通过在搜索引擎中搜索什么词能够找到你的网站。

（1）如何找到并定位出自己的核心关键词

核心关键词就是平时所说的主要关键词，是网站产品和服务的目标客户可能用来搜索的关键词。要想找到并定位出自己的核心关键词，可以列出关键词表单。一个做萨摩耶饲养的网站是不可能把自己站点关键词定位为"电子商务发展"。所以必须先根据网站的主题来初步定义一个范围。如某软件公司所提供的是电子商务教学软件、网络营销教学软件等教学产品，可以列一个关键词表单，见表 2.2.1。

表 2.2.1 关键词表单

产品类别	产品全称	直接关键词	联想关键词	数量
电子商务系列	无忧电子商务教学实验系统	电子商务教学系统 电子商务教学实验系统	电子商务教学软件 电子商务_教学 电子商务_教学系统 电子商务_教学软件 电子商务_教学实验_软件	7
	无忧网络营销教学实验系统	网络营销教学系统 网络营销教学实验系统	网络营销教学软件 网络营销_教学 网络营销_教学系统 网络营销_教学软件 网络营销_教学 网络营销_教学实验_软件	8

1 个系列的 2 个产品就能够衍生出 15 个关键词，接下来需要明确核心关键词。要懂得换位思考，公司的产品谁会买？谁来买？怎么卖？怎么判断？怎么找到？打开百度推广（http://e.baidu.com/），利用关键词检索的功能，键入关键词，得到结果，如图 2.2.2 所示。

图 2.2.2　关键词获取推荐

根据搜索量和竞争激烈程度确定核心关键词。相对来讲，竞争激烈程度越高，难度越大，因此选择适合自己优化的网站关键词指数是才是明智的选择，见表 2.2.2。

表 2.2.2　核心关键词

产品类别	产品全称	核心关键词
电子商务系列	无忧电子商务教学实验系统	电子商务教学软件 电子商务教学系统
	无忧网络营销教学实验系统	网络营销教学软件 网络营销教学系统

（2）明确普通关键词

普通关键词包含间接关键词和长尾关键词。

间接关键词多为核心关键词的拆分和重新组合。以"无忧电子商务教学实验系统"为例，其核心关键词为"电子商务教学软件""电子商务教学系统"，可拆分为无忧/电子商务/教学/软件/系统 5 个词汇。除了"无忧"这个品牌词汇外的 4 个词汇，又可组成电子商务教学–软件、电子商务–教学软件/系统、电子商务–教学–软件/系统。

长尾关键词比较长，往往由 2～3 个词组成，甚至是短语。以"无忧电子商务教学实验系统"为例，其长尾关键词可以是"什么电子商务教学软件比较好"。

（3）关键词密度

一个符合搜索引擎优化的网站一定会精心地部署网站关键词的，通常首页部署核心关键词，栏目页部署核心关键词，内容页部署普通关键词。关键词密度可以通过站长工具进行查询，就搜索引擎优化而言，应该将网站关键词密度尽量控制在 2%～8%，网站关键词密度太低的话，权重不高，密度太大，又可能被视为作弊。根据网站不同的情况，可能网站关键词密度都不一样，如果达不到这个标准，也不要刻意去设置一些没有意义的版块增加关键词出现率，一定要做到尽量自然出现关键词。

2. 标题（Title）

标题与关键词类似，用短语描述出页面的重点内容。由于搜索引擎的蜘蛛（Spider）在检索页面的时候，首先抓取到的结果便是标题，因此，在 SEO 过程中，标题也占有重要作用。当关键词确定后，基本的标题也就较为清晰了。如"无忧教学实验系统_无忧_无忧教学实验网"，用_来连接，不用|，也不能用–。标题别太长，别超过 35 个汉字，标题内最好带有关键词。

3. 描述（Description）

描述就是用简短的话语来说明页面的内容。网站描述不要复制别人的描述，要原创；简洁明了，有重点；不要太长。搜索引擎对于描述的展现数量是有限制的，跟标题一样，写得太长了，会被省略号所替代；尽量不要把关键词全部堆砌到这里，最好形成一段语句通畅的话；要包括主题的关键词及网站的特色，并把用户搜索线索中的焦点放大及特色突现，吸引用户点击。对比一下图 2.2.3 所示的两个描述，孰优孰劣一目了然。

图 2.2.3　描述

4. 网站结构

网站结构是指层级关系，包括目录深度、目录命名、页面属性 3 个部分。每个页面在用户看来光鲜亮丽，但在搜引的蜘蛛面前就是代码。代码书写中，要求减少空格、默认属性代码、注释语句、空语句等不必要的代码；加强代码之间连贯性，减少代码量。目的是让搜索引擎的蜘蛛抓取页面时候更流畅；严格控制页面大小，确保页面在 100 KB 之内，宗旨就是越小越好。试想，一个 200 KB 的页面和一个 10 KB 的页面，相同网速下，哪个的打开速度更快？用户希望尽快看到页面内容，搜索引擎的蜘蛛也一样；确保代码闭合完整，形成有效作用，如图片的宽度和高度设置、文字颜色与属性设置、图片注释设置等。让搜索引擎的蜘蛛检索到最完整的页面；尽量减少使用 JS，一定不能使用 Frame；不能含有隐

藏的代码、覆盖代码，减少弹窗代码及会隐藏的滑动条。

（1）目录深度

URL就像家门钥匙一样，紧紧地与页面和SEO联系在一起。如果钥匙丢了，就无法回家。如果URL变更了，搜索引擎也找不到你。比如http://www.boxingzhuoyue.com/product/shangwu/133.html，www.boxingzhuoyue.com是域名，或者可以认为就是首页或根目录。133.html是博星卓越电子商务教学实验系统的表现页面。中间包含了product和shangwu两个层级。层级越简单越好。

（2）目录命名

常见的有四种形式——英文、拼音、中文、无规则。英文和拼音是首选。尽量不用拼音缩写，如WLYX。

（3）页面属性

简单而言，html、htm、asp、jsp、php、aspx等都可以是页面属性。Google就曾明确表示过，虽然其他形式的页面搜索引擎可以抓取，但它们更偏好于html这样的静态页。这也正是网站一般都要静态化的原因，不仅仅便于收录，也便于加载。

5. 内部链接

搜索引擎的工作方式是通过蜘蛛程序抓取网页信息，追踪所写的内容和通过网页的链接地址来寻找网页，抽取超链接地址。故而为了便于让蜘蛛抓取，要让网站成为一张布满了链接的网。因此导航的链接要准确，页面内的所有链接要有价值和作用，最好做一个网站地图。

6. 日常更新

网站不能没有变化，日程更新是保持蜘蛛热情的原因之一。相对而言，网站更新的次数越频繁，搜索引擎蜘蛛爬行得也就越频繁。这意味着网站新文章几天甚至几小时内就可以出现在索引中，而不需要等几个星期。这是网站最好的受益方式。这个更新不是只通过程序采集或人工复制信息，而是原创或伪原创的更新频率。搜索引擎会对站点进行判断，如果一个从来都是复制信息的站点陡然出现了一篇原创，更容易被蜘蛛抓取。如果一个从来都是复制信息的站点每天都复制1 000条内容，则意义不大。

7. 内容为王

有价值的网站才是好网站。你为什么会上天涯？上猫扑？上网易？上新浪？上人人？上微博？因为那里面有你想看的东西！在SEO里就是要善于制造有价值的内容。

（1）原创或伪原创

内容最好原创。内容重点突出、详略得当，关键词有密度，通过内部链接引导用户阅读更多，在页面内促成用户评论/留言等。如果是伪原创，则标题要变；段落顺序要变；一定要有提纲挈领的摘要，里面要突出关键词；语言组织要变；甚至有可能的话，观点也要变。总之，让搜索引擎看上去，这就是个新内容。

（2）主题要紧凑

一个页面的主题越紧凑，搜索引擎对它的排名就越好。有时发现你写了很长的文章，覆盖了一些不同的话题，它们的相关性并不高，所以在搜索引擎上的排名也不好。如果你关心搜索引擎的排名，那么最好把这样的文章切块，分成几个主题更密切的文章。

（3）长度要适宜

太短的文章不能获得较高的排名，一般控制每篇文章至少有 300 个字。另外，也不要让文章显得太长，因为这将不利于保持关键词的密度，文章看上去也不紧凑。研究显示，过长的文章会急剧减少读者的数量，读者在看第一眼的时候就选择了关闭文章。

（三）站外 SEO

站外 SEO，也可以说是脱离站点的搜索引擎技术，命名源自外部站点对网站在搜索引擎排名的影响，这些外部的因素是超出网站的控制的。最有用、功能最强大的外部站点因素就是反向链接，即我们所说的外部链接。可以偏执地理解为需要非常多的高质量的站点来链接你的网站。那么如何产生高质量的反向链接呢？

1. 高质量的内容

产生高质量的外部链接最好的方法就是写高质量的内容，让你的网站内容使读者产生阅读的欲望。你可以和别的网站交换链接，也可以注册自动生成链接的程序，还可以去其他的站上买链接。

2. 跟你内容相关的网站发邮件

如果你在某个话题下写了篇有质量的文章，并且觉得会使其他的网站感兴趣，那么给这些网站发一封短小而礼貌的邮件让他们知道你的文章。如果对方单击了，就为链接产生了直接的流量，从而你的网站将在搜索引擎里得到较好的分数。

3. 分类目录

另一个产生高质量的反向链接的方法是把你的网址提交到分类目录。很多站长都对这个方法的效果深信不疑，当建立一个新站点的时候，他们做的第一步就是围绕分类目录做工作，选择合适的关键词提交到相关页面进行链接。有很多分类目录，大部分是免费的，这里推荐部分分类目录：DMOZ、Yahoo！、ODP 等。

4. 社会化书签

将网站加入百度收藏、雅虎收藏、Google 书签、QQ 书签等社会化书签。

5. 发布博客，创建链接

目前获取外部链接最有效的方式之一就是发布博客文章。

6. 论坛发帖或签名档

在论坛中发布含有链接的原创帖或者在签名档中插入网址。

任务实施

① 登录 http://www.baicmotor.com/index.html。

② 进行网页用户体验整体评价，完成表 2.2.3。

表 2.2.3 网页用户体验整体评价

网站问题通病举例	北汽是否存在（配截图）	改进建议
1. 网站首页存在问题		
2. 信息量有限，质量粗糙		
3. 访问速度慢		
4. 缺少沟通板块，沟通不利		
5. 网站服务尤其是在线顾客服务比较欠缺		
6. 企业网站对销售和售后服务的促进作用未得到合理发挥		
7. 企业网站栏目规划不合理、导航系统不完善		
8. 体现企业资质的信息不全		
9. 信息更新不及时		

③ 利用站长工具 http://tool.chinaz.com/ 就北京汽车官网的 Title、Keywords、Description 给出搜索引擎优化建议，见表 2.2.4。

表 2.2.4 搜索引擎优化建议

标签	改进前内容	改进建议
Title（标题）		
Keywords（关键词）		
Description（描述）		

任务小结

1. 随着网络的发展，网站的数量已经数以亿计，互联网上的信息量呈爆炸性增长，加大了人们寻找目标信息的难度，而搜索引擎的出现给人们寻找信息带来了极大的便利，已经成为不可或缺的上网工具。

2. 根据人们的使用习惯和心理，在搜索引擎中，排名越靠前的网站，被单击的概率就越大；相反，排名越靠后，得到的搜索流量就越少。据统计，全球 500 强的公司中，有 90% 以上的公司在公司网站中导入了 SEO 技术。

3. 一般的网络公司因缺乏专业的营销知识和理念，仅从技术的角度出发建设网站，美工只管将网站设计得漂亮，程序员只管实现要求的功能模块，这样做出来的网站是有缺陷的，不符合搜索引擎的收录要求，所以必须对网站进行全面的针对性优化。

在线测验 2-2

请自选某汽车商务网站，做一个完整的 SEO 方案。

任务 2-3　汽车商务企业的网络整合营销

 任务引入

小张是长安福特公司的销售人员，公司让他整合网络资源，利用"事件营销""病毒营销""恐吓营销""口碑营销"等方式，根据目前不同车型的不同特性采取相应的网络营销方式，利用网络与顾客沟通，并且要求一定要附上相应的案例说明。

 任务描述

将此次任务"汽车商务企业的网络整合营销"划分为 4 个模块："事件营销""病毒营销""恐吓营销""口碑营销"，请针对 4 个模块收集整理相关资料信息，然后制作营销策划方案。

 学习目标

- 专业能力
1. 了解网络整合营销的概念和基本知识；
2. 掌握事件营销的方法与技巧；
3. 掌握病毒营销的方法与技巧；
4. 掌握恐吓营销的方法与技巧；
5. 掌握口碑营销的方法与技巧。
- 社会能力
1. 树立进取意识、效率意识、规范意识；
2. 强化动手能力、市场开拓能力；
3. 维护组织目标实现的大局意识和团队能力；
4. 爱岗敬业的职业道德和严谨、务实、勤快的工作作风；
5. 有效利用身边的工具自主解决学习、生活中遇到问题的能力；

6. 自我管理、自我修正的能力。
- **方法能力**
1. 利用多种信息化平台独立自主学习的能力；
2. 制订工作计划、独立决策和实施的能力；
3. 运用多方资源解决实际问题的能力；
4. 准确的自我评价能力和接受他人评价的能力；
5. 自主学习与独立思维能力；
6. 培养学生主动探究知识和获取信息的兴趣。

相关知识

一、汽车网络整合营销的基本概念

汽车网络整合营销是近年来新发展起来的一种营销模式，是利用互联网特性和技术，更加有效、高性价比地完成整合营销计划，达到传统的整合营销传播（Integrated Marketing Communications，IMC）不能达到的高效客户关系管理等，从而精准地实施营销策略，实现企业营销的高效率、低成本、大影响。可以按两种意思来理解：汽车网络整合营销是利用网络技术和网络特性最大化、最快速、最有效、最精准地进行整合营销；汽车网络整合营销是以客户提供有价值的信息为基础，由客户创造、传播为主导，整合营销理念进行的汽车网络营销。

汽车网络整合营销基于信息网络（主要是互联网），其主要有3个方面的含义：

① 传播资讯的统一性，即企业用一个声音说话，消费者无论从哪种媒体获得的信息，都是统一的、一致的。

② 互动性，即公司与消费者之间展开富有意义的交流，能够迅速、准确、个性化地获得信息和反馈信息。

汽车商务企业的网络整合营销

③ 目标营销，即企业的一切营销活动都应围绕企业目标来进行，实现全程营销。

汽车网络整合营销从理论上离开了在传统营销理论中占中心地位的 4P（产品策略（Product）、定价策略（Pricing）、渠道策略（Place）、促销策略（Promotion））理论，而逐渐转向以 4C（顾客策略（Customer）、成本策略（Cost）、沟通策略（Communication）、便捷策略（Convenience））理论为基础和前提。

二、事件营销

事件营销英文为 Event Marketing，国内有人将其直译为"事件营销"或者"活动营销"。事件营销是企业通过策划、组织和利用具有名人效应、新闻价值及社会影响的人物或事件，引起媒体、社会团体和消费者的兴趣与关注，以求提高企业或产品的知名度、美誉度，树立良好品牌形象，并最终促成产品或服务的销售目的的手段和方式。简单地说，事件营销就是通过把握新闻的规律，制造具有新闻价值的事件，并通过具体的操作，让这一新闻事件得以传播，从而达到广告的效果，如图 2.3.1 所示。

图 2.3.1　沃尔沃之尚格·云顿"劈腿"

（一）事件营销的特点

1. 目的性

事件营销应该有明确的目的，这一点与广告的目的性是完全一致的。事件营销策划的第一步就是要确定自己的目的，然后明确通过什么样的新闻可以让新闻的接受者达到自己的目的。通常某一领域的新闻只会有特定的媒体感兴趣，并最终进行报道，而这个媒体的读者群也是相对固定的。

2. 风险性

事件营销的风险来自媒体的不可控和新闻接受者对新闻的理解程度。

3. 成本低

事件营销一般主要通过软文形式来表现，从而达到传播的目的，所以事件营销相对于平面媒体广告来说成本要低得多。事件营销最重要的特性是利用现有的非常完善的新闻机器，来达到传播的目的。由于所有的新闻都是免费的，在所有新闻的制作过程中也是没有利益倾向的，所以制作新闻不需要花钱。事件营销应该归为企业的公关行为而非广告行为。虽然绝大多数的企业在进行公关活动时会列出媒体预算，但从严格意义上来讲，一件新闻意义足够大的公关事件应该充分引起新闻媒体的关注和采访的欲望。

4. 多样性

事件营销是国内外十分流行的一种公关传播与市场推广手段，它具有多样性的特性，它集合了新闻效应、广告效应、公共关系、形象传播、客户关系于一体进行营销策划，多样性的事件营销已成为营销传播过程中的一把"利器"。

5. 新颖性

事件营销往往是通过当下的热点事件来进行营销，其将当下最热的事情展现给客户，因此它不像许多过剩的宣传垃圾广告一样让用户觉得很反感,毕竟在中国体制下,创意广告不多,而事件营销更多地体现了它的新颖性,吸引用户点击。

6. 效果明显

一般通过一个事件营销就可以聚集到很多用户一起讨论这个事件,然后很多门户网站都会进行转载,效果显而易见。

7. 求真务实

网络把传播主题与受众之间的信息不平衡彻底打破,所以事件营销不是恶意炒作,必须首先做到实事求是,不弄虚作假,这是对企业网络事件营销最基本的要求。这里既包括事件策划本身要"真",也包括由"事件"衍生的网络传播也要"真"。

8. 以善为本

所谓以善为本,就是要求事件的策划和网络传播都要做到:自觉维护公众利益,勇于承担社会责任。

随着市场竞争越来越激烈,企业的营销管理也不断走向成熟,企业在推广品牌时,策划事件营销时,就必须走出以"私利"为中心的误区,不但要强调与公众的"互利",而且要维护社会的"公利"。自觉考虑、维护社会公众利益也应该成为现代网络事件营销工作的一个基本信念,而营销实践也证明自觉维护社会公众利益更有利于企业实现目标;反之,如果企业只是一味追求一己私利,反倒要投入更多的精力和财力去应付本来可以避免的麻烦和障碍。

9. 力求完美

所谓完美,就是要求网络事件策划要注重企业、组织行为的自我完善,要注意网络传播沟通的风度,要展现策划创意人员的智慧。

在利用网络进行事件传播时,企业应该安排专门人员来把控网络信息的传播,既掌握企业的全面状况,又能巧妙运用网络媒体的特性,还能尊重公众的感情和权利,保护沟通渠道的畅通完整,最终保护企业的自身利益。

(二)事件营销模式

1. 借力模式

所谓借力模式,就是组织将议题向社会热点话题靠拢,从而实现公众由对热点话题的关注向组织议题的关注的转变。要实现好的效果,必须遵循以下原则:相关性、可控性和系统性。

相关性就是指社会议题必须与组织的自身发展密切相关,也与组织的目标受众密切相关。

从2013年开始,越来越多的汽车厂商强势入驻各大热门电视综艺节目,几乎所有主流电视综艺节目的赞助榜单均能看到汽车品牌的一席之地:

《爸爸去哪儿》两季——英菲尼迪

《奔跑吧兄弟》第一季——大众凌渡

《中国好声音》第二季——通用雪佛兰科鲁兹

《中国好声音》第三季——本田全新飞度
《我是歌手》——东风日产天籁公爵
《中国梦之声》——长安福特翼虎
《出彩中国人》——长安汽车
《最强大脑》——沃尔沃 XC60
《开讲啦》——东风雪铁龙
《我爱记歌词》——东风日产
《奇迹梦工厂》——中华汽车

最具代表性的就是英菲尼迪于 2013 年 10 月赞助的湖南卫视亲子互动节目《爸爸去哪儿》的播出,作为赞助商的英菲尼迪迅速被大众熟悉,外界认为这是该品牌"进入中国市场最成功的一次商业赞助",如图 2.3.2 所示。

图 2.3.2　英菲尼迪借力《爸爸去哪儿》

可控性是指能够在组织的控制范围内。如果不能够在组织的控制范围内,有可能不能达到期望的效果。

系统性是指组织借助外部热点话题必须策划和实施一系列与之配套的公共关系策略,整合多种手段,实现一个结合、一个转化:外部议题与组织议题相结合;公众对外部议题的关注向组织议题的关注转化。

2. 主动模式

主动模式是指组织主动设置一些结合自身发展需要的议题,通过传播,使之成为公众所关注的公共热点,必须遵循以下原则:创新性、公共性及互惠性。

创新性就是指组织所设置的话题必须有亮点,只有这样,才能获得公众的关注。

公共性是指避免自言自语,设置的话题必须是公众关注的。

互惠性是指要想获得人们持续的关注，必须要双赢。

三、病毒营销

病毒营销（Viral Marketing）是指通过类似病理方面和计算机方面的病毒传播方式，即自我复制的病毒式的传播过程，利用已有的社交网络去提升品牌知名度或者达到其他的市场营销目的。病毒式营销是由信息源开始，再依靠用户自发的口碑宣传，达到一种快速滚雪球式的传播效果。它描述的是一种信息传递战略，经济学上称之为病毒式营销，因为这种战略像病毒一样，利用快速复制的方式将信息传向数以千计、数以百计的受众。

（一）病毒营销的特点

病毒营销是通过利用公众的积极性和人际网络，让营销信息像病毒一样传播和扩散，营销信息被快速复制传向数以万计、数以百万计的受众。它存在一些区别于其他营销方式的特点：

1. 有吸引力的病原体

天下没有免费的午餐，任何信息的传播都要为渠道的使用付费。之所以说病毒式营销是无成本的，主要指它利用了目标消费者的参与热情，但渠道使用的推广成本是依然存在的，只不过目标消费者受商家的信息刺激自愿参与到后续的传播过程中，原本应由商家承担的广告成本转嫁到了目标消费者身上，因此，对于商家而言，病毒式营销是无成本的。

目标消费者并不能从"为商家打工"中获利，那么他们为什么自愿提供传播渠道呢？原因在于，第一，传播者传递给目标群的信息不是赤裸裸的广告信息，而是经过加工的，具有很大吸引力的产品和品牌信息，而正是这一波在广告信息外面的漂亮外衣，突破了消费者戒备心理的"防火墙"，促使其完成从纯粹受众到积极传播者的变化。

大众新帕萨特汽车 2012 年上市前夕，大众特意为这款产品所拍摄了视频广告《The Force》（图 2.3.3），其结合了热播电影《星球大战》中的原力的觉醒和释放，视频中小孩天真可爱的模仿扮相和星球大战及新帕萨特结合在一起，这则视频广告激发了消费者的参与热情，在网络中被大面积地转发，从而使它像病毒一样蔓延，最终使新帕萨特大受欢迎。

图 2.3.3　大众新帕萨特视频广告《The Force》

2. 几何倍数的传播速度

大众媒体发布广告的营销方式是"一点对多点"的辐射状传播，实际上无法确定广告信息是否真正到达了目标受众。病毒式营销是自发的、扩张性的信息推广，它并非均衡地、同时地、无分别地传给社会上每一个人，而是通过类似于人际传播和群体传播的渠道，产品和品牌信息被消费者传递给那些与他们有着某种联系的个体。例如，目标受众读到一则有趣的 Flash，他的第一反应或许就是将这则 Flash 转发给好友、同事，无数个参与的"转发大军"就构成了呈几何倍数传播的主力。

3. 高效率的接收

大众媒体投放广告有一些难以克服的缺陷，如信息干扰强烈、接受环境复杂、受众戒备抵触心理严重等。以电视广告为例，同一时段的电视有各种各样的广告同时投放，其中不乏同类产品"撞车"现象，大大减少了受众的接受效率。而对于那些可爱的"病毒"，是受众从熟悉的人那里获得或是主动搜索而来的，在接受过程中自然会有积极的心态；接受渠道也比较私人化，如手机短信、电子邮件、封闭论坛等（存在多个人同时阅读的情况，这样反而扩大了传播效果）。以上方面的优势，使得病毒式营销尽可能地克服了信息传播中的噪声影响，增强了传播的效果。

4. 更新速度快

网络产品有自己独特的生命周期，一般都是来得快，去得也快，病毒式营销的传播过程通常是呈 S 形的，即在开始时很慢，当其扩大至受众的一半时，速度加快，而接近最大饱和点时又慢下来。针对病毒式营销传播力的衰减，一定要在受众对信息产生免疫力之前，将传播力转化为购买力，方可达到最佳的销售效果。

（二）传播策略

1. 口头传递

最普遍的口头传递病毒营销方式是"告诉一个朋友"或"推荐给朋友"，这也是大部分网站使用的方法。对这种方法，各种网站的使用率是不一样的。对于一些娱乐网站，"告诉一个朋友"的使用率可能会高一些。但对其他大型内容网站，这种方法是不够的。使用率主要取决于所推荐内容的类型和用户群特点。但这种病毒营销可以低成本并快速执行，其效果还可以通过引入竞赛和幸运抽签得以增强。

2. E-mail、微信、QQ 传递

对大部分用户来说，每当收到有趣的图片或很酷的 Flash 游戏的附件，通常把它发给朋友。而他们也依次把该附件发给他们的联系者。这种滚雪球效果可以轻松创建起一个分销渠道，在几小时之内，到达成百上千的人们那里。

例如，以 E-mail 病毒性营销为例，基本程序如下：

① 提供免费的 E-mail 地址和服务。
② 在每一件免费发出的信息底部加一个简单标签："Get your private、free E-mail"。
③ 人们利用免费 E-mail 向朋友或同事发出信息。
④ 接收邮件的人将会看到邮件底部的信息。

⑤ 这些人会加入使用免费 E-mail 的服务行业。
⑥ 提供免费的 E-mail 信息将在更大范围内扩散。

用 Flash 创建一个有趣的游戏，按地址簿中的地址把它发出去。Flash 中要包括你的网站地址，并邀请人们单击你的网站。同时，要让该游戏在你的网站上也可以下载。接下来就等着看它如何像病毒一般扩散出去。要成功地实施"传递下去"的病毒营销，必须创建一些人们想和其他人分享的东西，比如用 PowerPoint 制作的幻灯片、有趣的图形和小小的应用程序等。

四、恐吓营销

恐吓营销是指营销者（厂商或者是委托营销服务机构）通过广告、电话、信函、网络、营销人员上门洽谈等方式，向目标客户（消费者）告知某种显性的或者潜在的威胁、危害及严重后果，通过适当的夸大，以期达到销售其自身产品的目的的一种营销方式。

恐吓营销广泛存在，如软件行业、互联网、培训、医疗、保健、服务等领域，只要留心观察和分析，都能发现恐吓营销的踪影，汽车营销也可以适当采用这种方式，如图 2.3.4 所示。

图 2.3.4　汽车恐吓式营销

恐吓营销实施的核心要领就是"小题大做"，有时甚至是"无中生有"。恐吓营销在实施中需要寻找到与营销对象利益密切相关的利害点，这个利害点即恐吓营销的载体。通常情况下，载体的利害相关度与营销效果成正相关关系。

恐吓营销在逻辑上可表述为：分析产品→列举提出问题→渲染问题的严重性→从心理上恐吓→采取措施→潜在购买成为现实购买。

对于厂商，要采取恐吓营销，其产品要具有垄断性、难以替代性、权威性、法律保护性，价格高，否则，恐吓营销过度，会伤害客户，吓走客户。

对于消费者，碰到恐吓营销，要多理性地进行思考分析，权衡利弊，两害相权取其轻，然后最终做出符合自己的选择，千万不要上当受骗或被别人言辞蒙倒或吓倒。

五、口碑营销

口碑（Word of Mouth）源于传播学，由于被市场营销广泛应用，所以有了口碑营销。口碑营销是指企业通过朋友、亲戚的相互交流，将自己的产品信息或者品牌传播开来。

（一）特征

口碑是目标，营销是手段，产品是基石。但事实上，口碑营销一词的走俏来源于网络，其产生背景是博客、论坛这类互动型网络应用的普及，并逐渐成为各大网站流量最大的频道，甚至超过了新闻频道的流量。

1. 产品定位

很多营销人员希望口碑营销能够超越传统营销方法，但是如果营销的产品消费者不喜欢，很容易产生负面的口碑效果，不但没有起到促进作用，甚至导致产品提前退出市场。

2. 传播因子

传播因子具有很强的持续性、故事性，能够吸引消费者持续关注，并且容易引申和扩散。

3. 传播渠道

营销模型决定着传播渠道，传播渠道的选择主要由产品目标用户群特征决定，除了传统媒体和网络媒体，最具有影响力和最适合口碑营销的渠道是博客、论坛和人际交互。

（二）原则

1. 谈论者（Talkers）

谈论者是口碑营销的起点。

首先是需要考虑谁会主动谈论，是产品的粉丝、用户、媒体、员工、供应商还是经销商。这一环节涉及的是人的问题，需进行角色设置。口碑营销往往都是以产品使用者的角色来发起，以产品试用为代表。其实如果将产品放在一个稍微宏观的营销环境中，还有很多角色成为口碑营销的起点。其实，企业的员工和经销商的口碑建立同样不容忽视。

2. 话题（Topics）

话题给了人们一个谈论的理由，是产品、价格、外观、活动、代言人等。其实口碑营销就是一个炒作和寻找话题的过程，总要发现一点合乎情理又出人意料的噱头让人们，尤其是潜在的用户来说三道四。对于话题的发现，营销教科书中已经有很多提示，比如4P、4C、7S都可以当作分析和发现的工具。对于方法，大家能学到，然而关乎效果的却是编剧的能力、讲故事的水平。

3. 工具（Tools）

帮助信息更快传播的方式有网站广告、病毒邮件、博客、BBS等。网络营销最具技术含量的环节也是在这一部分，不仅需要对不同渠道的传播特点有全面的把握，而且广告投放的经验对工具的选择和效果的评估起到很大的影响。此外，信息的监测也是一个重要的环节，从最早的网站访问来路分析，到如今兴起的舆情监测，口碑营销的价值越来越需要一些定量数据的支撑。

4. 参与（Taking Part）

参与是指参与到人们关心的话题进行讨论，也就是鼓励企业主动参与到热点话题的讨论，其实网络中从来不缺乏话题，关键在于如何寻找到和产品价值及企业理念相契合的接触点，也就是接触点传播。

5. 跟踪（Tracking）

如何发现评论，寻找客户的声音？

这是一个事后监测的环节，很多公司和软件都开始提供这方面的服务。相信借助于这些工具，很容易发现一些反馈和意见。

（三）策略

1. 技巧

让每一位顾客都能传颂自己生意上的"美德"，是企业经营者梦寐以求的。麦肯锡公司驻伦敦管理营销专家热内·黛（Renee Dye）和她的同事们在研究分析 50 个销售案例后发现，口碑广告制造爆炸性需求，绝不是意外和巧合，而是有规律可循的。企业完全可以通过分析消费者之间的相互作用和相互影响来预见口碑广告的传播效果，使其网络化、知识化、全球化，这需要营销付出极大的智慧。

2. 广告朗朗上口

并非所有的商品都适合做口碑营销，口碑营销在不同商品中所发挥的作用也不尽相同。据权威调查公司分析，从人们乐于传播信息的产品种类来看，"服装鞋帽"（53.4%）、"日用百货"（46.7%）、"家用电器"（39.2%）和"食品/饮料"（37.1%）成为人们主要谈论的产品话题。进一步分析发现，不同年龄、不同性别的人交流的商品有所不同：年龄越低的人，越经常谈论有关"服装鞋帽"的信息，尤其在 18~25 岁的受访者中，"服装鞋帽"（61.7%）、"手机"（50.7%）、"化妆品"（41.5%）、"电脑"（40.9%）及"音像制品"（38.8%）的信息交流程度远远高于其他年龄层的人；随着年龄的增大，"日用百货""食品"及"住房"逐渐成为人们交流的主要产品。"服装鞋帽"（65.3%）、"日用百货"（54.8%）和"化妆品"（44.2%）是女性最爱交流的话题产品；而男性则经常谈论"家用电器"（50.6%）、"手机"（45.3%）及"住房"（42.0%）的有关信息。

因此，为了更有效地利用口碑，一切营销活动都应该针对更愿意传播这类产品的群体，在这些群体中首先传播他们最关注的信息。热内·黛建议营销专家注意两条标准：一是产品要有某种独特性，如外观、功能、用途、价格等；二是产品要有适合做口碑广告的潜力，将广告变得朗朗上口。

3. 顾客体验

顾客体验就是用户使用商品后的最直接的感受。这种感受包括操作习惯、使用后的心里想法等。汽车营销过程中的试乘试驾环节就是典型的顾客体验式营销的应用。

（1）汽车体验式营销的定义

汽车生产企业或经销商站在消费者的感官（Sense）、情感（Feel）、思考（Think）、行动（Act）、关联（Relate）5 个角度，重新定义、设计营销的思考方式，以汽车产品或服务为道具，激发并满足顾客体验需求，从而达到销量目标的营销模式。

（2）为什么要进行体验式营销

消费者需求多样化、个性化，希望寻找那些能够给其生活带来难忘、深刻体验乐趣的产品和消费方式。给他们创造更多体验的乐趣、提供更多新颖的消费享受、设立更多奇特的消费经历、留下更多深刻铭心的消费记忆，是现代企业能够时刻抓住和引领消费市场的核心与关键。

（3）体验式营销四阶段

第一阶段：知觉体验阶段

知觉体验即感官体验，将视觉、听觉、触觉、味觉与嗅觉等知觉器官应用在体验营销上。感官体验可以强化消费者对公司产品认知、引发消费者购买动机和增加产品的附加价值等。回到汽车体验营销中，早期的赏车会、车展可以归为这个阶段。

第二阶段：思维体验阶段

思维体验即以创意的方式引起消费者的惊奇、兴趣，对问题进行集中或分散的思考，为消费者创造认知和解决问题的体验。这种体验方式的关键点在于用户的互动，传统的汽车命名、汽车涂鸦设计等可以归入其中。

第三阶段：行为体验阶段

行为体验指通过增加消费者的身体体验，指出他们做事的替代方法、替代的生活形态与互动，丰富消费者的生活，从而使消费者被激发或自发地改变生活形态。传统的试乘试驾可以归属到这个阶段。

第四阶段：情感体验阶段

情感体验即体现消费者内在的感情与情绪，使消费者在消费中感受到各种情感，如亲情、友情和爱情等。这一阶段的内容比较广，也可以说，要达到情感体验的目的，厂商要设计除了以上体验之外的体验环节与内容。例如，对企业服务的体验、对企业文化的体验等，上升到了品牌文化内涵，而不局限于产品本身，这种体验实际上是考验企业自身全面能力的一种方式，最终的目的是完成用户对品牌黏度的建设。这也为汽车企业开展体验营销留出了广度和深度。

体验式消费所带来的感受是深刻难忘的。正由于此，越来越多的产品选择了体验式消费，运用这种古老而又神奇的营销方式引导企业在营销中走得更稳，走得更远，如图 2.3.5 所示。

4. 品牌推荐

让优秀的品牌推荐一些尚未建立良好美誉度的品牌，会收到意想不到的效果。对于一个新产品来说，知名品牌的推荐，无疑会帮助消除消费者心头的疑虑。

可以设想，如果某一品牌的汽车发动机，被奔驰、丰田、宝马等品牌联合推荐说，它们的汽车使用的发动机就是某一品牌，那么可以断言：全世界的用户都会放心大胆地使用，这一品牌面对的将会是供不应求。

图 2.3.5　梅赛德斯–奔驰 E 级轿车体验网站首页

5. 传播故事

故事是传播声誉的有效工具，因为它们的传播带着情感。如梅赛德斯–奔驰三叉星车徽的演变史和背后的故事让人津津乐道的同时，使消费者对其价值产生了强烈的认同感。梅赛德斯–奔驰是一个值得我们尊敬的伟大品牌。闪闪发亮的三叉星车徽背后，奔驰与戴姆勒两家公司都走过了百年时间长廊，不但禁受住了种种考验，更是成为今天汽车界中首屈一指的品牌。梅赛德斯–奔驰之所以能有今天这样的成就，绝对不是因为奔驰发明了全世界公认的第一辆汽车这么简单，更多的是对其产品品质的坚持，这是公司的百年承诺，更是三叉星车徽的真正内涵，如图 2.3.6 所示。

6. 注意细节

影响消费者口碑的，有时不是产品的主体，而是一些不太引人注目的"零部件"等，如西服的纽扣、家电的按钮、维修服务的一句话等，这些"微不足道"的错误，却能够引起消费者的反感。更重要的是，品牌企业不易听到这些反感，难以迅速、彻底地改进，因此，

图 2.3.6　梅德赛斯–奔驰三叉星车徽演变史

往往销量大幅减少，却不知道根源究竟在哪里。据专业市场研究公司调查得出的结论，只有 4% 的不满顾客会对厂商提出他们的抱怨，16% 的不满顾客不会向任何人抱怨，高达 80% 的不满顾客会对自己的朋友和亲属谈起某次不愉快的经历。

因此汽车电子商务更应该注意细节营销，细节营销就是指企业营销工作的每一细节设身处地为消费者着想，借以最大限度地满足其物质和精神需求的营销工作。细节营销的产

生，有着深刻的社会背景。细节营销是在产品设计和生产过程中除了满足消费者基本需要外，同时在细节上做足文章，使消费者在购买商品时更加简便、安全、舒适和高性价比的工作。商品设计和生产中的细节营销，归根结底，就是充分考虑消费者多层次需求，使企业营销工作更加人性化，如图 2.3.7 所示。

图 2.3.7　卡罗拉双擎，比细节见功夫

7. 服务周到

值得提醒的是，赢得知名度，只需要投入大量资金，进行密集性广告轰炸，短期内就能形成；而赢得口碑，就需要对各项基础工作做得非常细致、到位并持之以恒，只有产品和服务水平超过顾客的期望，才能得到他们的推荐和宣传，而那些领先于竞争对手或别出心裁的服务和举措，更会让消费者一边快乐地享受，一边绘声绘色地传播。

① 提供有价值的产品或服务，制造传播点。企业首先必须能提供一定的产品或服务，这样才能开展口碑营销，要根据所提供的产品或服务，提炼一个传播点。

② 简单快速的传播方法。找到传播点，要巧妙地进行包装并传播，要简单、方便，利于传播。

③ 找到并赢得意见领袖的支持，重视和引导意见领袖。

④ 搭建用户沟通平台和渠道。

要全面理解"汽车商务企业的网络整合营销"所涉及的"事件营销""病毒营销""恐吓营销""口碑营销"等基础知识，并很好地解决本项目任务，建议参照以下步骤完成本次任务：

一、市场调查

知己知彼，方能百战百胜，只有了解了竞争对手、了解消费者真实的消费需求，才能结合企业的资源和现状，制订有针对性的竞争策略，这是成功的前提，而这一切营销策略制订的依据，都来源于市场调查。市场调查包括针对企业的内部调查和针对外部市场环境调查两部分。

二、SWOT 分析（企业的优势、劣势、机会和威胁）

通过对市场调查信息的整理，明确企业的优势、劣势，明确市场机会和竞争威胁。结合自己的实际情况，理性地认识自己的优势和不足之处，同时还要看到来自竞争对手的威胁，这样才能制定出有竞争性的营销战略和策略，见表 2.3.1。

表 2.3.1　SWOT 分析

优　势	劣　势
1. 预定种植模式，区域独有 2. 供应商更多，农产品有更多选择且价格相对低廉 3. 区域性，物流成本较低 4. 中心辐射，发展较为稳妥，相对资金投入少	1. 资金、技术还未成熟 2. 人力投入较大 3. 平台相对弱势
机　会	威　胁
1. 市场内还未形成大的品牌，寡头垄断等还未出现，竞争较为公平 2. 株洲区域还未有类似的平台 3. 国家政策支持，市场环境良好	1. 京东、阿里巴巴等巨头逐渐关注这一方面 2. 大众创业的兴起，农业电商作为热点被更多关注，市场竞争者将呈现井喷式发展

三、市场定位和经营战略

有目标才有动力，才有努力的方向，经营战略的确定不是简单的销售额目标和利润指标，具体包括年度销售目标、赢利目标、产品规划战略、竞争战略、品牌战略、市场推广战略、渠道战略等，如图 2.3.8 所示。

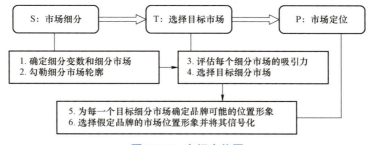

图 2.3.8　市场定位图

四、制订针对性的营销策略

缺乏有效的营销策略是许多企业在市场上处于推广困境的主要原因。营销策略的制订，要结合竞争对手和消费者的需求，需要制订企业的产品策略、价格策略、渠道策略，以及针对经销商和消费者的促销策略、终端策略等。

五、品牌规划与低成本企业整合营销传播策略

品牌建设不是简单地进行一下广告宣传而短期速成的，品牌建设是企业一切营销活动的积累，是企业长期系统营销活动的结果。品牌建设对于企业销量的提升不言而喻，许多企业在完成了企业的原始积累而进行发展跨越时，品牌就成了一道坎，败就败在从初期就缺乏系统的品牌规划和品牌传播。品牌规划包括品牌定位、品牌诉求、品牌视觉形象识别等，而品牌的传播要结合企业现实的资源来确定，在企业资金有限的情况下，要考虑低成本的品牌营销传播活动，比如终端、软文等地面渗透传播，在企业具备一定的实力后，再考虑电视等的"高空轰炸"。如图 2.3.9 所示。

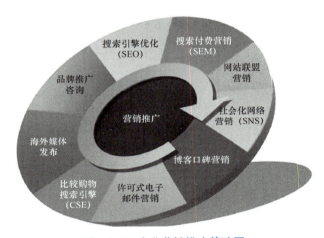

图 2.3.9　企业营销推广策略图

六、制订竞争性的区域市场推广策略

在经过市场调查，并了解了竞争品牌的市场策略及市场机会和现状后，企业就要制订自己的市场推广策略，是采取聚焦目标市场策略，先建立根据地，以点带面地进行稳步市场推广，还是实行市场全面开花的战术；是采取与竞争对手正面抗衡的跟随市场策略，还是避开与竞争对手的正面冲突而另辟战场的战术等，具体要结合企业的实际资源情况确定。

七、招商规划和策略、经销商的管理

建立了完善的经销渠道，等于在战场上占据了有利的阵地。招商要进行系统的规划、准备和计划，许多企业因为在没有进行充分计划的基础上，就让销售人员带上简单的产品资料冲上招商的战场，最后的结果是一无所获。招商规划要明确招商目标、招商条件、企业政策支持、招商方式和途径、招商沟通规范、招商步骤和计划等系列因素。

八、营销团队建设及管理（人员、业务、信息等管理）

营销团队的组建要结合企业的战略和市场推广策略来确定。首先要完成营销组织架构规划，明确营销机构的部门组成、每个部门的职能职责，然后确定配置什么样的人，具体要明确到每个人的岗位描述，让每个营销人员都明确自己的职责和权利，比如大区经理、省级经理、城市经理、销售主管、市场策划员等，最后要制订每个人的职位说明书。

结合岗位描述，然后要确定每个职位的薪资体系。完善薪资体系的设计对稳定和培养一批能征善战的营销人员，并调动其主观能动性具有重要作用。针对营销团队的管理，要建立一套系统的针对人员、业务、信息反馈等的营销制度和流程，营销制度可以激励、监督、惩罚营销人员的行为；流程可以保障营销活动开展的效率，保证营销计划的执行力度和深度。

九、营销预算与年度营销实施计划（包括营销控制体系）

目标制订对应的是企业现有的资源，根据企业现实的资金、资源情况来进行营销预算和费用控制，并制订具体的年度营销计划和行动措施步骤等。

有了以上的"九步法则"，企业就能根据自身情况制订适合自己的整合营销规划。

网络整合营销是新发展起来的一种营销模式，是利用互联网特性和技术，更加有效、高性价比地完成整合营销计划，达到传统的 IMC 不能达到的高效客户关系管理等，从而精准地实施营销策略，实现企业营销的高效率、低成本、大影响。结合当前网络热点事件与企业新产品，完成营销创意及相关图片。通过本次任务的完成，我们应学会运用网络媒体进行网络营销的策略和方法，熟练掌握网络营销的各种技巧，能针对特定产品制订特定的创意策划方案。

结合目前的热点（自选），为某款新车（车型自选）设计一个事件营销创意。以组为单位提交 PPT，尽可能配图加以说明。

在线测试 2-3

根据汽车企业实际经营情况，有针对性地组织和开展"事件营销""病毒营销""恐吓营销""口碑营销"。

任务 2-4　汽车电子商务的软文推广

任务引入

对国内消费者而言,汽车电子商务早已不是新兴概念。2012年,奔驰合作发起Smart团购,这是中国网上卖车的首次尝试。同年,吉利开设网上旗舰店,成为国内首家网上开店的汽车厂商。此后,各种类似"双十一""双十二"的购物节里,总少不了汽车,而单日销售上万辆的成绩,又让人看到汽车电子商务蕴含的巨大能量。

然而,在很多人看来,这样红火的汽车电子商务,总是"形式大于内容",多了些炒作,少了些踏实。软文营销和推广在很大程度上改变了传统的汽车销售广告,随着电子商务的发展和人们观念的变化,汽车电子商务的接受程度和几年前相比已是天壤之别。

小张作为大众公司的员工,公司希望通过互联网将业务进行拓展,加强品牌推广、增加公司产品知名度和销售量。如果你是小张,你将会从哪些方面运用一些什么工具进行推广呢?

任务描述

将此次任务"汽车电子商务的软文推广"划分为4个模块:"微博推广""微信推广""邮件推广"和"论坛推广",针对4个模块收集整理相关资料信息,完成软文创作。通过本次项目任务的学习与完成,让学生采用自主、合作、探究、体验等学习方式,通过意义建构获得新知,充分体现学生的主体地位。本节任务的设计,结合学生的生活实际,体现了自主独立解决问题及获取新知识的能力。

学习目标

● 专业能力
1. 能够综合熟练运用各种推广方式;
2. 掌握"微博推广""微信推广""邮件推广"和"论坛推广"等软文推广的基本知识点。

● 社会能力
1. 树立进取意识、效率意识、规范意识；
2. 强化动手能力、市场开拓能力；
3. 维护组织目标实现的大局意识和团队能力；
4. 爱岗敬业的职业道德和严谨、务实、勤快的工作作风；
5. 自我管理、自我修正的能力。
● 方法能力
1. 利用多种信息化平台独立自主学习的能力；
2. 制订工作计划、独立决策和实施的能力；
3. 运用多方资源解决实际问题的能力；
4. 准确的自我评价能力和接受他人评价的能力；
5. 自主学习与独立思维能力。

相关知识

软文推广，顾名思义，它是相对于硬性广告而言的，是由企业的市场策划人员或广告公司的文案人员来负责撰写的"文字广告"。与硬广告相比，软文的精妙之处就在于一个"软"字，好似绵里藏针，收而不露，克敌于无形。等到你发现这是一篇软文的时候，你已经掉入了被精心设计过的"软文广告"陷阱中。

一、软文推广的要素

① 具有吸引力的标题是软文营销成功的基础。
② 抓住时事热点，以热门事件和流行词为话题。
③ 文章排版清晰，巧妙分布小标题，突出重点。
④ 广告内容自然融入，切勿令用户反感。
⑤ 带有锚文本或者用其他链接方式指向自己。

二、软文推广的分类

第一类：门户推广类软文。
（1）站长在软文中推荐店址

如果是宣传网站，门户网站的报道不仅具有以上全部作用，还能优化网站相关关键字权重、大幅度增加外链，从而增加网站权重。

（2）网店店主在文章中推荐店址

软文直接展示在门户网站上，这些大门户网站上，巨大的流量会带来最大的曝光度，门户网站软文发布可直接带来营销效果。

（3）在大型门户网站上发布信息

提高搜索引擎能见度，这些大型门户网站软文发布都是秒收的，并且权重高，排名好。当消费者想了解相关信息时，在百度/谷歌等搜索相关信息，门户媒体（特别是百度新闻源的媒体）的报道可以很好地提升形象和可信度。

（4）网页信函，大多数是一个域名只有一个网页的模式

软文不像广告需要长期投入，软文发布只做几次就可以长久地利用和操作，当然，长期投放效果是最佳的。

（5）以 E-mail 方式投放销售信函或者海报

通过 E-mail 方式来投放销售信函或者海报，能快速、低成本地锁定目标客户群体，根据用户的需求来传播产品信息。

（6）在报纸杂志上刊登文章

全方位地覆盖传播媒介，能更好地促进销售及宣传效果。软文是把广告用文章的形式展现出来，这样信誉度更高，客户更乐意接受传达的信息，效果更好，并且网络广告、电视广告价格都比较高，以软文形式推出，不但减少了高额的广告费用，而且效果也比较明显。

第二类：品牌力软文，为品牌量身定做全网整合营销解决方案。

软文推广是指以文字的形式对自己所要营销的产品进行推广，来促进产品的销售。

① 狭义的：指企业花钱在报纸或杂志等宣传载体上刊登的纯文字性的广告。这种定义是早期的一种定义，也就是所谓的付费文字广告。

② 广义的：指企业通过策划在报纸、杂志、DM、网络、手机短信等宣传载体上刊登的，可以提升企业品牌形象和知名度，或可以促进企业销售的一些宣传性、阐释性文章，包括特定的新闻报道、深度文章、付费短文广告、案例分析等。大部分报纸、杂志都会提供登一块广告，附送一大块软文的地方。有的电视节目会以访谈、座谈方式进行宣传，这也是软文。

把自己的产品、服务、技术、文化、事迹等通过传统的四大媒体（报纸、广播、电视、网络）广告让更多的人和组织机构等了解、接受，从而达到宣传、普及的目的。

三、软文的作用

软文推广究竟怎么样才能在企业的整个营销推广策略中起到很大的作用呢？

1. 软文的标题是关键

标题是整个文章的眼睛，也是文章的精华聚集之处，更是吸引网民的重要的引点。标题是否有吸引力，也是软文推广成功与否的一个关键因素。具有穿透力的标题，是让用户记住网站和产品的关键所在。只要能深深地吸引住用户，那软文也就成功了一半。

2. 写软文一定要质量好，并且一定要"软"

写软文毕竟和普通的文章不同，也和纯粹的广告贴不同，毕竟软文是要含有广告的性质，但是又不能过度，所以这个"度"确实是很难把握的。"软"，要求不能硬生生地把广

告放进去，这种方式确实令人头痛，看了生厌的广告文章起不到对品牌和服务的宣传作用，反而会起到负面作用。所以要求具有很强的资源整合能力和深厚的写作功底。

3. 软文要有创新

创新也是符合搜索引擎习惯的重要部分，搜索引擎喜欢原创的东西，只要蜘蛛觉得好的，它没见过的，一般都会收录进去，这也是软文达到目的的一种重要途径，所以要尽量原创。一篇优秀的软文要包含创新性的东西在里面。

4. 软文投放要有覆盖性

怎么样才能让企业的资讯在浩瀚的网络海洋中得到传播呢？这就需要大范围的覆盖，切莫以为一两家媒体的投放就是所谓的软文推广了，大范围的覆盖提出了高性价比的网络新闻发布会，让企业的资讯迅速覆盖到整个网络。

5. 对网络优化有帮助

如今大部分的软文都以网络的形式展现，而展示的平台大部分都是网站，一篇符合 SEO 的软文对网站帮助是非常大的，如标题含有关键词、首尾加上关键词并加粗、适当锚文本等。

6. 要持之以恒

软文的投放要持之以恒才能达到良好的效果，切勿三天打鱼两天晒网。企业在制订营销计划的时候，在软文推广上一定要有系统的营销策略，根据时事的变换而有针对性地营销策划。

四、软文推广优势

1. 性价比高

成本一般是硬性广告的 1/20。软文可以通过各大网站软文发布平台进行发布。

2. 更具公信力

当消费者想了解相关信息时，可以去各大搜索引擎搜索相关的信息，而通过各大门户网站的报道能够有效地提升形象和可信度。

3. 内容完整

新闻类软文可以将时间完整地报道、阐述，图文并茂，使得受众对时间信息能够进行全面、完整的了解。这类软文可以通过锚文本链接到公司的网站上，起到非常好的品牌烘托作用。

4. 时效性

新闻的基本特点就是新鲜性，将最新发生的事件，迅速、及时地报道给受众。这样，会使受众更有兴趣关注，并可能在短时间内成为热点。软文不像广告那样需要长期和大量金钱投入，其只要发布一次，就可以长久运用。

5. 连续性

新闻可以连续报道事件的发展进程，这样不仅使受众完整、全面地了解事件内容，更主要的是使新闻事件的主体得到受众持续的关注，这就是先了解，然后持续宣传的目的。

当搜索相关行业产品时,发布在门户网站的软文将会优先显示出来。

6. 保存价值

网络新闻可以简便、完整地长期保存,以便将来查阅所需之用。企业网站还可以把门户媒体的宣传报道截图,并放在印刷品或者是宣传册上给客户看,增加企业权威性和品牌度。

7. 多点传播

新闻易被转载,可进行二次或多次传播。软文比短期的投放广告更为有效,能够促进销售及达到宣传的效果。

8. 受众广泛

由于新闻的真实性和时效性,人们更愿意关注,因此受众更为广泛,包括消费者、投资者、媒体记者、编辑等。软文广告比电视广告和杂志广告更省钱、更为实用和方便。

五、软文推广效果

软文推广效果一般划分为3个境界:

① 原形毕露。如新闻类的软文,软文主要介绍产品的功能、效果、例子之类的真实内容,有很明显的广告痕迹。

② 笑里藏刀。如论坛的软文,一般开始只会通过事件、故事吸引受众,在不经意间插进产品的信息而达到宣传目的,明人能看出有广告痕迹,但受众会接受甚至会进行信息转载的传播。

③ 水过无痕。广告信息比较难被发现,但是广告产品在很明显的地方出现,受众不仅对软文的信息全盘接受,并且会做出病毒式的传播,这是最高境界。

六、软文推广形式

1. 悬念式

也可以叫设问式。核心是提出一个问题,然后围绕这个问题自问自答。例如,"人类可以长生不老?""什么使她重获新生?""牛皮癣,真的可以治愈吗?"等,通过设问引起话题和关注是这种方式的优势。但是必须掌握火候,提出的问题要有吸引力,答案要符合常识,不能漏洞百出。

2. 故事式

通过讲一个完整的故事带出产品,使产品的"光环效应"和"神秘性"给消费者心理造成强暗示,使销售成为必然。例如,"1.2亿买不走的秘方""神奇的植物胰岛素""印第安人的秘密"等。讲故事不是目的,故事背后的产品线索是文章的关键。听故事是人类最古老的知识接受方式,所以故事的知识性、趣味性、合理性是软文成功的关键。

3. 情感式

情感一直是广告的一个重要媒介,软文的情感表达信息传达量大、针对性强。如"老公,烟戒不了,洗洗肺吧""女人,你的名字是天使""写给那些战'痘'的青春"等。情感式最大的特色就是容易打动人，容易走进消费者的内心，所以"情感营销"一直是营销百试不爽的灵丹妙药。如图 2.4.1 所示。

图 2.4.1　驾驶你的车从古代走进现代

4. 恐吓式

恐吓式软文属于反情感式诉求。情感诉说美好，恐吓直击软肋——"高血脂，瘫痪的前兆！""天啊，骨质增生害死人！""洗血洗出一桶油"。实际上，恐吓形成的效果要比赞美和爱更令人记忆深刻，但是也往往会遭人诟病，所以一定要把握度，不要过火。

5. 促销式

促销式软文常常在上述几种软文见效时跟进——"北京人抢购×××""×××，在香港卖疯了""一天断货三次，西单某厂家告急""企通互联推广免费制作网站了"等。这样的软文或者是直接配合促销使用，或者就是使用"买托"造成产品的供不应求，通过"攀比心理""影响力效应"多种因素促使用户产生购买欲。

6. 新闻式

所谓事件新闻体，就是为宣传寻找一个由头，以新闻事件的手法去写，让读者认为仿佛是昨天刚刚发生的事件。但是，文案要结合企业的自身条件，不要天马行空地写，否则容易造成负面影响。

七、如何写软文

1. 九宫格思考法

拿一张白纸，用笔先分割成九宫格。中间格填上商品名，然后在其他 8 格填上可以帮助此商品销售的众多可能优点。这是强迫创意产生的简单练习法，也常用这种方式构思出企划案或演讲 PPT 的结构。

2. 型录要点延伸法

把该商品型录上的商品特点照抄下来，然后在每个要点后面加以延伸。只照抄型录商

品卖点也可以，但文字比较没有人情味，说服力稍差。

3. 三段式写作法

这是仿新闻学中"倒三角写作法"。第一段，精要地浓缩全文的主题句，因为多数人都没有耐心看全文。第二段，依照型录要点衍伸法，逐一说明该商品的众多特色。究竟是点列还是一段长文章较好，要看文字功力。当然，也可以找专门代写软文的营销机构帮忙。如果文字功力欠佳，则以点列式写出卖点即可。最后一段是"钩子"，主要任务是要叫人立即购买，所以一般是强化商品USP（Unique Selling Point，独特销售卖点）、价格优势或赠品。

4. 写网购商品文案时注重SEO友好性

不会写商品文案的人，文案是写给自己看的；会写商品文案的人，文案是写给目标对象看的；最会写商品文案的人，文案是同时写给目标对象与搜索引擎蜘蛛看的。因此文章中出现的商品名称要完整（包含品牌/中文/英文/正确型号），方便谷歌、百度等搜索引擎蜘蛛读取，且完整商品名的出现频率至少2～3次。

5. 好的商品文案需要搭配出色的图片

再动人的文案，不如一张有说服力的照片。长篇大论不如图文并茂地解说。商品文案不是写作，可以把它理解成"单页的电子型录"来思考。图片底下可加上一小排图片说明文字。新闻学研究已经证明，图片与图片底下的图说阅读率远胜过内文许多倍。另外，用小标题提纲挈领，阅读效果更佳。

6. 用文案诱导消费者照"你的建议"购买

优秀的销售员会用精彩的话术改变你刚进店里时心中预设的目标商品与预算。他会把顾客"洗"向高利润及他最想要销售的商品，而非你想要买的商品。你也可以挑战一下，以此境界为目标，操控消费者的心智：要他加购配件、买某种颜色商品、买更高等级的规格、接受你的预购项目等。

7. 最犀利的商品文案是说出有利的事实

这个商品曾得什么奖？源自哪个知名品牌？是哪个渠道的销售冠军？是哪个网站网友口碑最佳的商品？哪个当红名人代言这个商品？这个商品的绝对价格优势是什么（如全国最低价）？不管你文案功力如何，如果你的商品有这些优势，记得把这些事实强调出来。

8. 好的文案可以防御竞争对手的攻击

竞争对手的攻击包括耳语攻击、文案攻击及价格攻击。如果你觉得已经影响你的销售力道而必须有所动作，就可以在文案里四两拨千斤地还击，有技巧地化解对方的攻势，不必指名道姓正面冲突。比如，某知名竞争对手说他的精品包价格比你的卖价低许多，那么你可以强调你的商品的货源纯正、质量优异、服务口碑良好，并在文案指出"目前网络上有店家推出价格低于行情却来路可疑的同款商品，已有消费者吃亏上当了，提醒你千万要注意。"这样可以反将他一军，轻松化解你的价高窘境。

9. 谨慎地写每一篇文案

写网购商品文案等同建一个销售页面数据库，等同录一段推销该商品的影片。如果写一篇文案可以帮你卖出几百件商品，可想而知这篇商品文案的投资报酬率有多高了。

10. 商品文案可以随季节及销售数字修改

文案就像电视广告，可以有不同版本。在商品销售之前、全新上市时、商品热销时、商品销量衰退时、商品清仓时的文案都可以不同。这些差异化的文案会让你的卖场销售气氛十分到位，优化每一段的商品销售结果。

八、软文推广过程

软文推广作为一种新型的推广方式，以其价格低廉、推广范围不受局限、时效快等优势迅速被大众所接受，而软文推广的过程就是一个传播的过程，在这个传播的过程中，通常以国内外知名平面传媒、网络传媒为网络媒介，但对于普通人来说，无法利用这些资源，所以出现了大量的发布传播软文的公司团体，利用软文推广的形式，高效地利用无限新闻媒体资源，提供软文发布、推广策划、文案编辑等品牌建设服务。

软文推广过程详解：

① 确定推广方向、定位推广内容市场价值。

② 将推广的内容移交策划，由其制定具体发布资源渠道。

③ 策划确定推广计划，移交文案编辑推广软文。

④ 文案编辑由策划选定的推广软文，移交审核。

⑤ 审核通过后，将软文移交策划，策划确定后，移交新闻媒体，按照确定的时间、确定的栏目、确定的内容准确发布。

⑥ 将发布过后的效果进行总结，移交推广需求方。

任务实施

1. 软文写作

首先，软文必须有一个鲜明的标题（Title）；

其次，利用好关键词（Keywords）；

最后，最好能嵌入网页链接，让消费者更进一步了解产品。

2. 选择合适的平台和方式发布软文

首先，要了解主要目标客户最喜欢在什么平台、以什么方式查找信息；

然后，可以以不同的形式，如电子邮件、微博、微信、论坛等平台和方式投其所好发布软文。

汽车电子商务的电子邮件营销推广知识

汽车电子商务的论坛推广

汽车电子商务的微博推广知识

汽车电子商务的微信营销知识

3. 在平台顶帖或与活跃用户、粉丝互动

在平台顶帖或与活跃用户、粉丝互动能够增加软文的展现量，提升活跃程度，更容易让软文受到更多的关注。

4. 将发布过后的效果进行总结

软文推广完成之后进行数据分析与统计，以评估其效果，发现缺点与不足，以便下次在软文营销和推广过程中进行改进。

电子邮件营销推广测验

论坛推广测验

微博推广测验

微信推广测验

拓展提升

在中国有些人提出抵制日货，在此背景下，某4S店的丰田车销量下降，请你写一篇软文，尽量降低这种负面影响。

项目二
汽车网络营销与推广

任务 2-5　效果与评估

任务引入

长沙中南公司有两个品牌：北京现代和长安福特，为了进一步提升品牌形象，提高产品的销量，公司制订了一份网络营销推广方案，并有效地完成了这一网络推广任务，现在对网络推广方案实施的效果进行相应的评估。

如果你是中南公司的员工，你该从哪些方面进行效果评估呢？

任务描述

随着业务发展的需要，电子商务已经成为大多数汽车企业发展业务的主要方式，但很少企业真正了解其效果，更不知道如何有效地去改进。由于电子商务涉及的技术、手段比传统营销更复杂、更专业，因此，对电子商务网络营销效果的评估和优化不是一件容易的事，但却是企业经营者为提高经营业绩所需要重点关注的事。

在企业中，不仅汽车电子商务专员需要了解、掌握汽车电子商务的基础知识与技能点，汽车营销人员与汽车服务人员也同样需要知晓，并以此为基础将日常的工作信息化、网络化，提升自身的工作效率与效果。通过本项目的学习，要求学员通过使用先进的网络营销分析、评价、监测和优化工具，依靠在网络营销评价及优化领域形成的科学方法，结合网络营销评价及优化过程中的丰富经验，获取精确的用户行为分析数据，及时掌握网络营销活动的真实在线反馈，充分提升网站运营和市场营销活动的绩效，得到最佳的投资回报。

所以，本任务需要提交一份评估报告，来阐述项目"效果评估"及"效果优化"，要求将所有的数据量化。

学习目标

● 专业能力

1. 能够使用先进的网络营销分析、评价、监测和优化工具；

111

2. 了解"效果评估"等汽车电子商务的基础知识与技能点。
- 社会能力
1. 树立进取意识、效率意识、规范意识；
2. 强化动手能力、市场开拓能力；
3. 维护组织目标实现的大局意识和团队能力；
4. 爱岗敬业的职业道德和严谨、务实、勤快的工作作风；
5. 自我管理、自我修正的能力。
- 方法能力
1. 利用多种信息化平台独立自主学习的能力；
2. 制订工作计划、独立决策和实施的能力；
3. 运用多方资源解决实际问题的能力；
4. 准确的自我评价能力和接受他人评价的能力；
5. 自主学习与独立思维能力。

相关知识

网络营销与线下营销相比，最大的优势之一就是网络营销的投入/产出都可以相对精确统计和测量，而大部分线下营销方式很难准确评测营销效果。

广告界有一个著名的说法，即广告商都知道有50%的广告预算浪费了，但是却不知道浪费在哪里。进入网络营销领域，广告商可以在很大程度上精确测量投入及产出。

以线下最典型的广告——报纸及电视广告为例。广告媒介所能提供的只能是报纸发行量和电视节目收视率。但广告真实送达率有多高，却无从计算。看报纸的人，大部分会忽略分类广告版。其他版面的广告，能被多少人看到，也无法统计。

电视广告也类似。很多人都有同样的习惯，广告时间调到其他台看有什么节目，或者广告出现时，上厕所、聊天或做其他事。

当然，这不是说电视、报纸广告效果不好。正相反，由于电视、报纸的主流传媒地位，覆盖面非常广，信任度高，所达到的营销效果是其他方式不可替代的。甚至可以说大部分重要品牌，脱离开电视、报纸广告，就没有他们今天的地位。这里着重探讨的问题在于，线下广告的效果不能准确测量。至于由电视、报纸广告所带来的销量，就更无从测量。

线下销售活动也很难对用户进行跟踪监测，并相应地做出改善。一个用户去商场逛了半天，如果最后没有购买任何东西，那么商场根本就不知道这个用户来过。如果这个用户买了东西，商场能得到的数字只是销售额和所购买的商品，而对用户什么时候进入商场，浏览了哪些商品，也还是一无所知。

当然，这里说的是正常情况。聘请市场调查公司针对随机用户进行监测是例外。

与此相比，网络营销则是另外一个场景。用户怎样进入网站？什么时候进入网站？在网站上浏览了哪些页面？在页面上停留时间多久？直到最后购买了哪些产品？购买的金额是多少？这些都可以清楚地进行统计。即使用户没有购买，他在网站上的活动也都留下了踪迹，可以进行跟踪分析。网络营销推广效果评估究竟是怎么开展的呢？

一、网络营销效果评测的一般模式

（一）确定营销目标

一个网站必须明确定义网站目标。这个目标是单一的，是可以测量的。比如，如果是直接销售产品的电子商务网站，则网站营销目标就是产生销售额。

但网站的类型多种多样，很多网站并不直接销售产品。网站运营者需要根据情况，指定可测量的网站目标。如果网站是吸引用户订阅电子邮件，然后进行后续销售，那么用户留下 E-mail 地址，订阅电子杂志，就是网站的目标。

网站目标也可能是吸引用户填写联系表格，或者打电话给网站运营者，用户可能以某种形式索要免费样品，也可能下载白皮书或产品目录。

应该在网站页面上有一个明确的目标达成标志。也就是说，用户一旦达到访问某个页面，说明已经达成网站目标。对电子商务网站来说，目标完成页面就是付款完成后所显示的感谢页面。例如，电子邮件注册系统，目标完成页面就是用户填写姓名及电子邮件，提交表格后所看到的确认页面，或表示感谢的页面。如果是填写在线联系表格，则和订阅电子杂志类似，完成目标页面也是提交表格后的确认页面。如果是下载产品目录或白皮书，则是文件每被下载一次，标志着完成一次目标。

（二）计算网站目标的价值

明确了网站目标后，还要计算出网站目标达成时对网站的价值。如果是电子商务网站，计算非常简单，目标价值也就是销售产品所产生的利润。

其他情况可能需要站长下一番功夫才能确定。如果网站目标是吸引用户订阅电子杂志，那么站长就要根据以往统计数字，计算出电子杂志订阅者有多大比例会成为付费用户，以及这些用户平均带来的利润是多少。假设每 100 个电子杂志用户中有 5 个会成为用户，平均每个用户会带来 100 元利润，那么这 100 个电子杂志用户将产生 500 元利润。也就是说，获得一个电子杂志订阅者的价值是 5 元。

类似地，如果网站目标是促使用户打电话直接联系站长，站长就要记录有多少电话会最终转化为销售，平均销售利润又是多少，从而计算出平均每次电话的相应价值。

（三）记录网站目标达成次数

这个部分就是网站流量分析软件发挥功能的地方。延用上面的例子，一个电子商务网站，每当有用户来到付款确认网页，流量分析系统都会记录网站目标达成一次。有用户访问到电子杂志订阅确认页面或感谢页面，流量系统也会相应记录网站目标达成一次；有用户打电话联系客服人员，客服人员也应该询问用户是怎么知道电话号码的。如果是来自网站，应该做相应记录。

更重要的是，网站流量分析系统不仅能记录下网站目标达成的次数，还能记录这些达

成网站目标的用户是怎样来到网站的；如果是来自搜索引擎，则是哪个搜索引擎；搜索的关键词是什么；如果是来自其他网站的链接，则来自哪个网站等。这些数据都会被网站流量分析系统所记录，并且与产生的相应目标相连接。

（四）计算网站目标达成的成本

计算网站目标达成成本，最容易的是使用竞价排名 PPC。每个点击的价格，某一段时间的点击费用总额、点击次数，都在竞价排名后台有显示，成本非常容易计算。

对其他网络营销手段，则需要按经验进行一定的估算。有的时候比较简单，有的时候则相当复杂。如果网站流量是来自搜索引擎优化，那么需要计算出外部 SEO 顾问或服务费用，以及内部配合人员的工资成本。如果是进行论坛营销，则需要计算花费的人力、时间及工资水平，换算出所花费的费用。

有了上面 4 项数据，就可以比较清楚地计算网络营销的投资回报率 ROI。假设网站竞价排名在一天内花费 100 元，网站目标是直接销售。一天内销售额达到 1 000 元，扣除成本 500 元，毛利润为 500 元，那么这个竞价排名推广的投入产生比就是 5。

二、网络营销效果评测的重要性

网站需要密切监测营销效果及投入产出比，并不是为了给老板看，而是为了选出最有效的网络营销方式。

本书中介绍了很多网络营销手法，但针对特定网站，并不是每个网络营销手法都会有效。各种手法的效率也有所不同。只有站长进行各种尝试，同时计算出投入产出比，监控效果，才能找出最有效的方式，并重复这种方式。而无效或者投入产生比过低的，则不再使用。

像前面说的，线下广告往往不知道广告预算浪费在什么地方。而网络营销则可以通过效果监测，知道哪个营销活动是亏本的，哪个是盈利的。最重要的不在于成本高低，而在于投入产出比。

最典型的例子就是竞价排名。每次用户点击，都是实打实地花出现金。但是如果有足够高的投入产出比，网站就可以放心投入广告预算。这也就是为什么有的网站甚至有竞价排名预算花不出去的现象。经过监测和计算，知道哪些关键词必然带来效益。但是这些关键词被搜索的次数却是有限的，并不能无限扩张。所以很多做搜索竞价的公司，都要投入时间发现更多的关键词，监控这些关键词的效果，挑出效果好的词，并停止赔本的关键词。

进行网站流量统计分析时，除了要查看非常细微的东西，一般不会去看原始日志文件，一大长串的数据实在是很难辨认。

做流量统计分析时，通常会使用现成的软件，一般有两种：

一种是在网页中插进一段代码，比如 JavaScript 代码，这段代码会自动检测访问信息，并把这个信息写入信息库中。

这类最值得推荐的就是 Google Analytics。这个服务以前是要付费的，被 Google 买下后免费提供给站长，并且不需要在网页上显示 Google 的任何标记，统计信息也很全面。

另一种是用软件直接对原始日志文件进行分析。这种软件把日志文件作为输入，直接统计信息。既可以装在服务器上，也可以运行在自己电脑上。装在服务器上常见的有 Webalizer、AWStats、Analog；可以运行在自己的电脑桌面的，如 Azure Web Log Analyzer。

最著名的一个流量统计分析工具是 WebTrends。

这些流量软件统计一般会给出这些信息：

① 按月、日甚至小时列出的独立 IP 地址（Unique Visits），通常认为这个数字是访问你网站的人数。除非 Modem 重启，否则 IP 地址一般是不变的，同一个人多次访问时，会被统计为一个人。

② 总访问数（Total Visits），这个数字包含了同一个人多次访问。

③ 网页访问数（Page View），一个人访问一个网站通常都会访问多个网页。

④ 全部文件被访问的次数，包括网页文件、图片文件、JS 文件等所有文件。由于这些图片文件等的原因，全部文件被访问的次数会比网页访问数大。

⑤ 访问者所在地理位置，会按不同的国家列出访问者的 IP 地址。

⑥ 搜索引擎蜘蛛访问的次数。

⑦ 具体网页被访问的次数，可以看到被访问最多的前 10 页或前 20 页，也可以按次数列出所有的网页。

⑧ 用户的操作系统、浏览器类型等。

⑨ 来自搜索引擎的流量统计，按不同的搜索引擎分别列出次数。

⑩ 访问者来自哪些网页（referrer），比如来自其他搜索引擎或来自其他网站的链接。

⑪ 访问者找到你的网站所搜索的关键词。

三、网络广告费用预算常用指标

目前，网络广告的成本计算主要涉及以下几种方式：

（一）按时间所付出的成本（CPD）

即购买某广告位后按天计费（Cost Per Day）。也有采用包月计价的方式。目前，大多数国内网站的广告位都按时间购买。

（二）按千次广告展示所付出的成本（CPM）

即千人印象成本计费（Cost Per Mille）。通常以广告所在页面的曝光次数为收费依据。特别需要强调的是，不管用户看不看广告、是否点击广告，只要它显示在用户的浏览器上，就会产生费用。但是高显示率并不等于高回报率，所以，从单位成本角度来看，这种方式比较适合有实力的企业进行网上形象宣传。计算公式为

$$CPM=(广告费用/广告曝光次数)\times 1\,000$$

（三）按广告点击率付出相应的成本（CPC）

即广告每次被用户点击的费用（Cost Per Click）。CPC 是网络广告界一种常见的定价形式，是网络广告投放效果的重要参考数据。例如，关键词广告等依据效果付费的广告形式，一般采用这种定价模式。从性价比来看，CPC 比 CPM 要好一些，广告主也往往更倾向于

选择这种付费方式，但其单位费用标准却比 CPM 要高得多。计算公式为

$$CPC=广告费用/广告点击次数$$

（四）每次行动成本（CPA）

每次行动成本（Cost Per Action），即根据每个访问者对网络广告所采取的行动收费的定价模式。对用户行动有特别的定义，包括形成一次交易、获得一个注册用户、对网络广告的一次点击等。其计算公式为

$$CPA=广告费用/转化次数$$

例如，一定时期内一个广告主投入某产品的网络广告费用是 6 000 元，这则网络广告的曝光次数为 600 000，点击次数为 60 000，转化数为 1 200，那么这一网络广告采用不同方式的成本为

$$CPM=（6\ 000/600\ 000）\times 1\ 000=10（元）$$
$$CPC=6\ 000/60\ 000=0.1（元）$$
$$CPA=6\ 000/1\ 200=5（元）$$

那么如何判断花费多少才算适当呢？支出太少，达不到宣传目的，效果不明显，是一种浪费；支出太多，更是明显的浪费。因此，公司应该根据广告目标，为每个产品做出合理的广告预算。营销学家已经研究出多种广告预算方法，常用的有量力而行法、销售百分比法、竞争对等法、目标任务法等。对于目标任务法，要求营销人员通过确定特定目标、明确实现目标所要采取的步骤和完成的任务，以及估计完成任务的花费等来确定营销预算。由于这种方法可促使公司明确广告活动的具体目标，因此得到广泛的认同和使用。

四、网络广告效果评估

（一）广告曝光次数（Advertising Impression）

广告曝光次数是指网络广告所在的网页被访问的次数，这一数字通常利用计数器进行统计。当广告刊登在网页的固定位置时，在刊登期间获得的曝光次数越高，表示该广告被看到的次数越多，获得的注意力也就越多。

在运用广告曝光次数这一指标时，应该注意以下问题。

1. 广告曝光次数不等于实际浏览广告的人数

在广告刊登期间，同一位网民可能多次光顾刊登同一则网络广告的同一网站，这样他就可能不止一次看到了这则广告，此时广告曝光次数应该大于实际浏览人数，并不相等；还有一种情况是，当网民偶尔打开某个刊登网络广告的网页后，也许根本就没有看其内容就将网页关闭了，此时的广告曝光次数与实际阅读次数也不相等。

2. 广告刊登位置的不同，使每个广告曝光次数的实际价值也不相同

通常情况下，首页比内页得到的曝光次数多，但不一定是针对目标受众的曝光；相反，内页的曝光次数虽然较少，但目标受众的针对性更强，实际意义更大。

3. 广告曝光次数不等于广告受众

通常情况下，一个网页中很少只刊登一则广告，更多情况下会刊登几则广告。当网民浏览

该网页时，他会将自己的注意力分散到几则广告中，这样某一广告曝光的实际价值到底有多大就无从知道。总之，得到一个广告曝光次数，并不等于得到一个广告受众的注意。

（二）点击次数与点击率（Click & Click Through Rate）

网民点击网络广告的次数称为点击次数。点击次数可以客观、准确地反映广告效果。点击次数除以广告曝光次数可得到点击率（CTR），这项指标也可以用来评估网络广告效果，是评价广告吸引力的一个指标。如果刊登某则广告的网页曝光次数是 5 000，而网页上的广告点击次数为 500，那么点击率为 10%。点击率是网络广告最基本的评价指标，也是反映网络广告效果最直接、最有说服力的量化指标。一旦浏览者点击了某则网络广告，说明他已经对广告中的产品产生了兴趣，所以与曝光次数相比，这一指标对广告主的意义更大。不过，随着人们对这一网络广告的深入了解，点击率会变得越来越低。因此，从某种意义上来讲，单纯的点击率不能充分反映网络广告的真正效果。

（三）网络阅读次数（Page View）

浏览者在对广告产品产生一定兴趣后，将进入广告主的网站，当进一步了解了产品的详细信息后，他就可能产生购买欲望。当浏览者点击网络广告之后，即进入介绍产品信息的主页或者广告主的网站，浏览者对该页面的一次浏览阅读称为一次网页阅读。而所有浏览者对这一页面的总阅读次数就称为网页阅读次数。这个指标也可以用来衡量网络广告效果，它可从侧面反映网络广告的吸引力。

广告主网页阅读数次数与网络广告点击次数事实上是存在差异的，这种差异是由于浏览者点击了网络广告，但却没有阅读点击这则广告后所打开的网页所造成的。由于技术的限制，目前很难精确地对网页阅读次数进行统计。在很多情况下，假定浏览者打开广告主的网站后都进行了浏览阅读，这样网页阅读次数就可以用点击次数来估算。

（四）转化次数与转化率（Conversion & Conversion Rate）

网络广告的最终目的是促进产品的销售，而点击次数与点击率指标并不能真正反映网络广告对产品销售情况的影响，于是，引入了转化次数与转化率指标。"转化"被定义为受网络广告影响而形成的购买、注册或者信息需求。那么，转化次数除以广告曝光次数，即得到转化率。

网络广告的转化次数包括两部分：一部分是浏览者点击了网络广告所产生的转化行为的次数，另一部分是仅仅浏览而没有点击网络广告所产生的转化行为的次数。由此可见，转化次数与转化率可以反映那些浏览网络广告而没有点击网络广告所产生的效果。同时，点击率与转化率不存在明显的线性关系，所以出现转化率高于点击率的情况是不足为奇的。但是，目前对转化次数与转化率的监测，在实际操作中还有一定的难度。在通常情况下，可将受网络广告影响所产生的购买行为的次数看作转化次数。

要全面理解"效果与评估"所涉及的基础知识，并很好地解决本项目任务中所描述的

情况，建议采取如下方式开展学习和训练。

实训步骤：

① 具备一个评估的网络营销网站平台。（自选）

② 选择评估的工具。

③ 开通并安装评估工具。

④ 监测评估指标。

⑤ 定期完成评估报告。

具体操作内容：

① 拥有一个待评估的网络营销网站平台（没有的需要自己建立）。

② 选择评估工具。

目前常见的网络营销平台有十几种，比较著名的如 Google Analytics、Go Stats 网站统计分析、量子恒道统计（原雅虎统计）、CNZZ 数据专家、51啦、百度统计等。可根据各统计工具的特点和个人喜好进行选择。

1. 开通并安装评估工具

这里以百度统计为例进行说明。目前，百度统计完全免费地提供给所有用户使用。经过以下简单的步骤，就可以查看丰富的流量数据报告了。

（1）开通账号

① 根据不同的用户类型，进入百度统计。

② 点击"立即免费注册"，进入开通流程。

③ 输入监控网站主域名并且确认协议。

（2）安装代码

① 获取安装代码。

② 按照安装说明在网站源代码中添加统计代码。

（3）检查代码

① 使用百度统计中的代码自动检查工具。

② 查看源文件/源代码方式。

2. 监测评估指标

正确安装统计工具后，就可以定期观察网站平台的网络营销效果，对各项指标实行精确的监测，从而评测各种网络营销方法和途径实施后的效果。同时，可以在实施过程中，根据客户行为监测及时调整网络营销方法。下面仍以百度统计为例。

百度统计工具主要提供了几个方面的访客行为分析报告，这些报告可以帮助企业全面改善网站质量与推广方案：

① 趋势分析——监测网站流量。

② 来源分析——监测客户从什么途径来。

③ 页面分析——监测网站各页面受欢迎程度。

④ 访客分析——监测网站来访的是什么类型的访客。

⑤ 优化分析——监测总体进一步优化网站的指标。

3. 定期完成评估报告

在线测验 2-5

  拓展提升

请根据图 2.5.1 所示内容，分析一下某网站推广效果。

	浏览次数(PV)	独立访客(UV)	IP	新独立访客	访问次数
今日	923	704	600	374	822
昨日	7264	4764	4272	4338	5903
今日预计	6042	5184	4419	2731	5376
昨日此时	987	647	580	494	807
近90日平均	6691	4306	3965	3756	5328
历史最高	23280	21352	7434	21148	22130
	(2016-02-18)	(2016-02-18)	(2015-08-19)	(2016-02-18)	(2016-02-18)
历史累计	3426092	2280341	1789134		

	当日回头访客(占比)	访客平均访问频度	平均访问时长	平均访问深度	人均浏览页数
今日	56(7.95%)	1.17	1分19秒	1.12	1.31
昨日	682(14.32%)	1.24	1分19秒	1.23	1.52

图 2.5.1　流量分析

项目三

汽车服务电子商务应用

随着我国经济的发展，人们的消费观念发生了很大的变化，人们的消费不再局限于传统的消费模式，"互联网+"已经融入了人们生活的方方面面，与汽车相关的各种服务也不例外。如汽车网上信贷已经逐渐流行，网上保险业务正在突飞猛进地发展，网上汽车租赁市场前景广阔，各种大型的网上二手车信息交易平台如雨后春笋般出现。作为汽车销售顾问与汽车服务顾问，需要知晓，并以此为基础将日常的工作信息化、网络化，提升自身的工作效率与效果。

任务 3-1　汽车网上信贷业务

   任务引入

刘明最近准备买车,他通过朋友介绍和自己的了解,看上了一款价值20多万元的SUV,但是由于刘明最近刚刚上班,资金比较紧张,于是听从了4S店销售顾问的建议,进行贷款,但是又苦于时间不多,于是进行网上信贷。刘明在明确了自己的方向之后,暗自高兴了很久,决定马上开始实施自己的理想。如果你是刘明,将从哪几个方面进行准备?

   任务描述

本任务要求在网上选择一家可靠的可以申请车贷的公司。制作一份简明扼要的PPT汇报材料,要求如下:
① 包含封面、目录和正文3个部分;
② 正文内容涵盖"我选择的车贷公司""申请过程""提交的必要资料"3个部分;
③ 要求每张PPT用简短说明加配图的方式进行展示。

   学习目标

● 专业能力
1. 能够快速、高效地进行信息收集整理;
2. 了解汽车网上信贷业务知识;
3. 熟悉网上车贷申请和汽车信贷偿还业务知识和操作流程,并能熟练分析与运用;
4. 掌握汽车网上信贷的风险及风险防范相关知识。
● 社会能力
1. 树立进取意识、效率意识、规范意识;
2. 强化动手能力、市场开拓能力;

3. 维护组织目标实现的大局意识和团队能力；
4. 爱岗敬业的职业道德和严谨、务实、勤快的工作作风；
5. 自我管理、自我修正的能力。

● 方法能力
1. 利用多种信息化平台独立自主学习的能力；
2. 制订工作计划、独立决策和实施的能力；
3. 运用多方资源解决实际问题的能力；
4. 准确的自我评价能力和接受他人评价的能力；
5. 自主学习与独立思维能力。

相关知识

一、汽车信贷业务常识

信贷是一种借贷行为。它是指以偿还本金和支付利息为条件的特殊价值运动。从经济内容看，货币持有者把货币借给他人使用，于约定的时间内收回，并收取一定的利息作为借出货币代价的一种债权债务关系。

消费信贷又称消费贷款，是企业、银行和其他金融机构向消费者个人提供的直接用于生活消费的信用。

汽车消费信贷是指对申请购买汽车的借款人发放的人民币担保贷款，是银行与汽车销售商向购车者一次性支付车款所需的资金提供担保贷款，并联合保险公司为购车者提供保险和公证。

什么是汽车网上信贷

（一）汽车信贷的发展历程

我国汽车信贷市场在不同的历史发展时期，具有显著不同的阶段性特征，可划分为起始阶段、发展阶段、竞争阶段和有序竞争阶段。

1. 起始阶段

中国汽车消费信贷市场的起步较晚，也就是在 1995 年，当美国福特汽车财务公司派专人来到中国进行汽车信贷市场研究的时候，中国才刚刚开展了汽车消费信贷理论上的探讨和业务上的初步实践。这一阶段，恰逢国内汽车消费处于一个相对低迷的时期，为了刺激汽车消费需求的有效增长，一些汽车生产厂商联合部分国有商业银行，在一定范围内，尝试性地开展了汽车消费信贷业务，但由于缺少相应经验和有效的风险控制手段，逐渐暴露和产生出一些问题，以至于中国人民银行曾于 1996 年 9 月下令停办汽车信贷业务。这一阶段一直延续到 1998 年 9 月，中国人民银行出台了《汽车消费贷款管理办法》。

这一阶段的主要特点为：
① 汽车生产厂商是这一阶段汽车信贷市场发展的主要推动者；

② 受传统消费观念影响，汽车信贷尚未为国人所广泛接受和认可；

③ 汽车信贷的主体——国有商业银行，对汽车信贷业务的意义、作用及风险水平尚缺乏基本的认识和判断。

2. 发展阶段

中国人民银行继 1998 年 9 月出台《汽车消费贷款管理办法》之后，1999 年 4 月又出台了《关于开展个人消费信贷的指导意见》，至此，汽车信贷业务已成为国有商业银行改善信贷结构、优化信贷资产质量的重要途径。与此同时，国内私人汽车消费逐步升温，北京、广州、成都、杭州等城市，私人购车比例已超过 50%。面对日益增长的汽车消费信贷市场需求，保险公司出于扩大自身市场份额的考虑，适时推出了汽车消费贷款信用（保证）保险。银行、保险公司、汽车经销商三方合作的模式，成为推动汽车消费信贷高速发展的主流做法。这一阶段的主要特点为：

① 汽车消费信贷占整个汽车消费总量的比例大幅提高，由 1999 年的 1% 左右，迅速升至 2002 年的 15%；

② 汽车消费信贷主体由四大国有商业银行扩展到股份制商业银行；

③ 保险公司在整个汽车信贷市场的作用和影响达到巅峰，甚至一些地区汽车信贷能否开展，取决于保险公司是否参与。

3. 竞争阶段

从 2002 年年末开始，中国汽车信贷市场开始进入竞争阶段，其最明显的表现为：汽车消费信贷市场已经由汽车经销商之间的竞争、保险公司之间的竞争，上升为银行之间的竞争，各商业银行开始重新划分市场份额，银行的经营观念发生了深刻的变革，由过去片面强调资金的绝对安全，转变为追求基于总体规模效益之下的相对资金安全。一些在汽车消费信贷市场起步较晚的银行，迫于竞争压力，不得不另辟蹊径。

这一阶段的主要特点是：

① 银行"直客模式"与"间客模式"并存。

② 银行不断降低贷款利率和首付比例，延长贷款年限，放宽贷款条件、范围。竞争导致整个行业平均利润水平下降，风险控制环节趋于弱化，潜在风险不断积聚。

③ 汽车消费信贷占整个汽车消费总量的比例继续攀升，由 2002 年的 15%提高至 2003 年上半年的 20%左右。

④ 保险公司在整个汽车信贷市场的作用日趋淡化，专业汽车信贷服务企业开始出现，中国汽车消费信贷开始向专业化、规模化发展。

4. 有序竞争阶段

长期以来积聚的信贷风险在一些地区已表现出集中爆发的态势，纵观整个中国汽车信贷市场，正在逐步由竞争阶段向有序竞争阶段发展，衡量标准为：

① 汽车信贷市场实现分工分业，专业经营，专业汽车信贷服务企业已成为整个市场发展的主导者、利用各方面资源的整合者及风险控制的主要力量。

② 银行成为上游资金提供者，汽车经销商和汽车生产厂商成为汽车产品及服务的提供

者；产业趋于成熟，平均年增长率稳定在 5%~8%。

③ 产品设计更具有市场适应性，风险率控制在一个较低的水平。

（二）汽车信贷方式

我国汽车消费信贷的两种主要模式为：

1. 直客模式

直客模式由银行、专业资信调查公司、保险公司、汽车经销商四方联合。银行直接面对客户，在对客户的信贷进行审核、评定合格后，与客户签订信贷协议，客户将在银行设立的汽车消费信贷机构中获得一个车贷的额度，使用该车贷额度就可以到汽车市场上选购自己满意的产品。

2. 间客模式

以经销商为主体的间客模式：由银行、保险与经销商三方联手。该模式的特点是由经销商为购车人办理贷款手续，负责对贷款购车人进行资信调查，以经销商自身资产为客户承担连带责任保证，并代银行收缴贷款本息，而购车人可以享受到经销商提供的一站式服务。

在实际操作中，以经销商为主体的间客模式的汽车消费信贷又有两种不同的模式：

① 银行不直接面对消费者，而是把钱贷给信得过的汽车生产企业或汽车经销商，再由该汽车生产企业或经销商贷给消费者。

② 银行、保险与经销商三方合作，通过经销商作中介贷款给购车人。

以非银行金融机构为主体的间客模式：该模式由非银行金融机构组织对购车者进行资信调查、担保、审批工作，并向购车者提供分期付款。这些非银行金融机构通常为汽车生产企业的财务公司或金融公司。

（三）汽车消费信贷类型

目前在我国，汽车消费信贷主要有两种类型：银行提供的汽车消费担保贷款和分期付款形式的汽车消费信贷。

1. 银行提供的汽车消费担保贷款

汽车消费担保贷款是商业银行与汽车经销商向对购买汽车的借款人发放的用于消费者购买汽车所支付购车款的人民币担保贷款。汽车担保贷款主要有以下几种：

（1）汽车抵押贷款

购买汽车的借款人以其所有抵押物（一般限定为房产）作为获得贷款的条件。贷款人与抵押人签订抵押合同后，双方必须依照有关法律规定办理抵押物登记。从抵押合同自抵押物登记之日生效起，到借款人还清全部汽车贷款本息时终止，借款人不得转移对该抵押物的财产的占有。

（2）汽车按揭贷款

借款人在购买汽车时，按规定支付了不少于 20% 的首付款后，银行将借款人所购汽车的产权转给银行，作为还款的保证，然后由银行贷款，为其垫付其余的购车款项。在还清所贷购车款之前，该辆汽车的所有权作为债务担保抵押给贷款银行，在还清全部按揭的本息后，银行将该汽车的所有权转回给购车者。

（3）汽车质押贷款

汽车质押贷款是银行允许购车借款者以其本人或第三人的动产作为质押物发放贷款。动产质押是指购车债务人将其本人的动产移交贷款银行，暂时归银行所有，以该移交的不动产作为购车贷款的债权担保。当债务人不履行债务时，贷款银行有权依法以该抵押动产折价或者拍卖、变卖该动产，获得的价款优先用于还贷。

（4）第三方担保贷款

第三方担保贷款是经销商以其自身较高的商业信誉，为合格的汽车消费贷款申请人提供第二方全程担保，银行对在特约经销商处购买汽车的借款人提供的贷款。见表3.1.1。

表3.1.1　担保人情况登记表

担保人情况

姓名		性别		身份证号	
户口所在地				家庭住址	
通信地址				邮政编码	
联系电话				手机	
工作单位				职务	
本人承诺上述情况均为事实。 担保人：＿＿＿＿＿＿＿＿＿＿＿＿＿（签字盖章） 签署时间：＿＿＿＿＿年＿＿＿＿＿月＿＿＿＿＿日					

2. 分期付款形式的汽车消费信贷

分期付款是分期偿还本金和利息的贷款。分期付款在信贷契约中的3个重要内容：

① 首期支付款；

② 契约期限；

③ 利息与费用。

分期偿还汽车消费贷款的期限通常在2～5年。

（四）汽车信贷要求

汽车消费信贷虽然近几年发展迅速，但是在申请的时候还有很多具体要求：

1. 贷款条件

① 对个人：年满18周岁，具有完全民事行为能力，在中国境内有固定住所的中国公民；具有稳定的职业和经济收入，能保证按期偿还贷款本息；在贷款银行开立储蓄存款户，并存入不少于规定数额的购车首期款；能为购车贷款提供贷款银行认可的担保措施；愿意接受贷款银行规定的其他条件。

② 对法人：具有偿还贷款能力；能为购车贷款提供贷款银行认可的担保措施；在贷款银行开立结算账户，并存入不低于规定数额的购车首期款；愿意接受贷款银行规定的其他条件。

2. 贷款额度

借款人以国库券、金融债券、国家重点建设债券、本行出具个人存单质押的，或银行、保险公司提供连带责任保证的，首期付款额不得少于购车款的 20%，借款额不得超过购车款的 80%。以借款人或第三方不动产抵押申请贷款的，首期付款不得少于购车款的 30%，借款额不得超过购车款的 70%。以第三方保证方式申请贷款的（银行、保险公司除外），首期付款不得少于购车款的 40%，借款额不得超过购车款的 60%。

3. 贷款期限

汽车信贷不像房贷等贷款一样，期限可以为 30 年甚至更长，汽车消费信贷最长不能超过 5 年（含 5 年）。

4. 贷款利率

贷款利率执行中国人民银行规定的同期贷款利率，并随利率调整一年一定。如遇国家在年度中调整利率，新签订的《汽车消费借款合同》按中国人民银行公布的利率水平执行。

5. 贷款程序

客户咨询与资格初审；资格复审与银行初审；签订购车合同书；经销商与客户办理抵押登记手续及各类保险、公证；银行终审；车辆申领牌照与交付使用；档案管理。

二、汽车消费信贷业务流程

汽车消费信贷的流程因为主体的不同会有所不同。

（一）以银行为主体的汽车消费信贷操作流程

以银行为主体的汽车消费信贷的贷款手续，与其他消费贷款类似，贷款的申办是从汽车的选购开始的。消费者从经销商处看好车辆后，与经销商签订购车合同，到银行办理直客模式贷款，然后拿着"钱"（所获得的汽车消费贷款）去买车。具体业务办理流程如图 3.1.1 所示。

汽车消费信贷业务流程

主要业务流程是：

（1）汽车信贷申请阶段

汽车贷款申请材料是指贷款受理人要求借款申请人以书面形式提出个人汽车贷款借款申请，并按银行要求提交能证明其符合贷款条件的相关申请材料。对于有共同申请人的，应同时要求共同申请人提交有关申请材料。

申请材料清单如下：

① 个人有效的身份证件，包括居民身份证、户口本或其他有效身份证件，借款人已婚的，还需要提供配偶的身份证明材料。

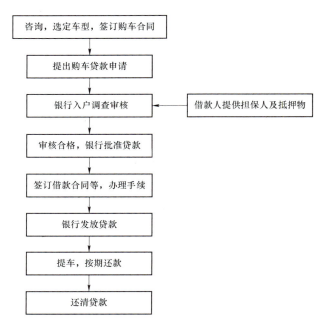

图 3.1.1　直客模式汽车消费信贷操作流程

② 贷款银行认可的借款人还款能力证明材料，包括收入证明材料和有关资产证明等。

③ 由汽车经销商出具的购车意向证明（如为直客模式办理，则不需要在申请贷款时提供此项）。

④ 以所购车辆抵押以外的方式进行抵押或质押担保的，需要提供抵押物或质押权力的权属证明文件和有处分权人（包括财产共有人）同意抵（质）押的书面证明（也可由财产共有人在借款合同、抵押合同上直接签字），以及贷款银行认可部门出具的抵押物估价证明。

⑤ 涉及保证人的，需保证人出具同意提供担保的书面承诺，并提供能证明保证人保证能力的证明材料。

⑥ 购车首付款证明材料。

⑦ 如借款所购车辆为二手车，还需提供购车意向证明、贷款银行认可的评估机构出具的车辆评估报告书、车辆出卖人的车辆产权证明、所交易车辆的《机动车辆登记证》和车辆年检证明等。

⑧ 借款所购车辆为商用车，还需提供所购车辆可合法用于运营的证明，如车辆挂靠运输车队的挂靠协议和租赁协议等。

⑨ 贷款银行要求提供的其他文件、证明和材料。

银行受理人应对借款申请人提交的借款申请书及申请材料进行初审，主要审车借款申请人的主体资格及借款申请人所提交材料的完整性和规范性。经初审符合要求后，经办人应将借款申请书及申请材料交由贷前调查人进行贷前调查。

（2）汽车信贷申请的审批阶段

① 车贷审查。

贷款审查人负责对车贷申请人提交的材料进行合规性审查，对贷前调查人提交的面谈记录等申请材料及贷前调查内容是否完整等进行审查。

贷款审查人审查完毕后，应对贷前调查人提出的调查意见和贷款建议是否合理、合规等提出书面审查意见，连同申请材料、面谈记录等一并送交贷款审批人进行审批。

② 车贷审批。

贷款审批人依据银行个人汽车贷款办法及相关规定，结合国家宏观调控政策，从银行利益出发，审查每笔个人汽车贷款的合规性、可行性及经济性，根据借款人的还款能力及抵押担保的充分性与可行性等情况，分析该笔业务预计给银行带来的收益和风险。

贷款审批人应根据审查情况签署审批意见，对不同意贷款的，应写明拒批理由；对需补充材料后再审批的，应详细说明需要补充的材料名称与内容；对同意或有条件同意贷款的，如贷款条件与申报审批的贷款方案内容不一致的，应提出明确的调整意见。贷款审批人签署审批意见后，应将审批表连同有关材料退还业务部门。

（3）汽车信贷监控阶段

贷后检查是以借款人、抵（质）押物、保证人等为对象，通过客户提供、访谈、实地检查和行内资源查询等途径获取信息，对影响个人汽车贷款资产质量的因素进行持续跟踪调查、分析，并采取相应补救措施的过程。

其目的就是对可能影响贷款质量的有关因素进行监控，及早发出预警信号，从而采取相应的预防或补救措施。贷后检查的主要内容包括借款人情况检查和担保情况检查两个方面。

① 对借款人进行贷后检查的主要内容。

② 对保证人及抵（质）押物进行检查的主要内容。

（4）违约处理阶段

关于不良个人汽车贷款的管理，银行首先要按照贷款风险五级分类法对不良个人汽车贷款进行认定，认定之后要适时对不良贷款进行分析，建立个人汽车贷款的不良贷款台账，落实不良贷款清收责任人，实时监测不良贷款回收情况。

（二）以经销商为主体的汽车消费信贷操作流程

这种模式一方面给消费者带来较大便利，另一方面也给消费者带来较大负担，消费者除承担银行利息外，还要承担保证保险、经销商服务费用等各项支出。另外，经销商存在着销售量与对贷款购车者的信用审核之间的矛盾。如图3.1.2所示。

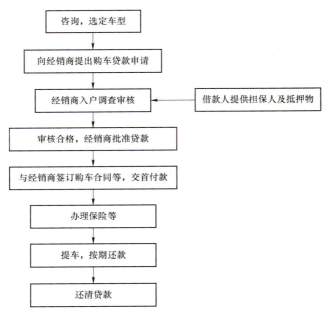

图 3.1.2　间客模式汽车消费信贷业务流程

三、汽车网上车贷申请

可以申请车贷的网站有很多个，我们以平安保险为例进行操作。

1. 打开可以申请车贷的网站（图 3.1.3）

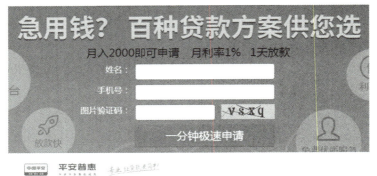

图 3.1.3　打开网站

2. 登录后，补充相关信息（图 3.1.4）

图 3.1.4　补充相关信息

3. 补充信息完整，就会出现申请成功界面（图 3.1.5）

图 3.1.5　申请成功

申请成功以后，根据你的邮箱，会有信贷专员与你联系。因此，网上预约车贷、申请车贷相对来说可以节省时间，提高效率。

4. 准备申请的必要资料，等待信贷专员与你联系

① 具有有效身份证明且具有完全民事行为能力；
② 能提供固定和详细住址证明；
③ 具有稳定的职业和按期偿还贷款本息的能力；
④ 个人社会信用良好；
⑤ 持有贷款人认可的购车合同或协议；
⑥ 合作机构规定的其他条件。

四、汽车消费信贷偿还

汽车消费信贷贷款的还款方式有很多种，目前我国常用的汽车信贷还款方式主要有以下几种：

1. 等额本息还款法和等额本金还款法

等额本息还款法就是借款人每月始终以相等的金额偿还贷款本金和利息。偿还初期利息支出最大，本金就还得少，以后随着每月利息支出的逐步减少，归还本金就逐步增大。

等额本金还款法就是借款人每月以相等的额度偿还贷款本金，利息随本金逐月递减，每月还款额也逐月递减。

采用等额还贷法每月还款额的计算公式：

$$每月还款额 = 本金 \times 万元月均还款额$$

$$万元月均还款额 = I(1+I)m/[(1+I)m-1]$$

其中，银行月利率为 I；总期数为 m（个月）。

$$每月利息 = 剩余本金 \times 贷款月利率$$

$$每月本金 = 每月月供额 - 每月利息$$

2. 按月还款和按季还款

这两种还款的方式侧重点在于还款期间隔的长短。按月法是以月为单位分割还款期；按季法则是以每个季度为一个还款期。由这两"大件"可分别组合成按月等额本息、按月等额本金、按季等额本息和按季等额本金共 4 种最基本的还款方式组合。

3. 递增法和递减法

这两种还款方式指向的是每个还款年度的还款趋势。递增法表示在上述 4 种还款方式基础上逐年递增还款，递减法则相反。

由此，又可组合出按月等额本息年度递增法、按月等额本息年度递减法、按月等额本金年度递增法、按月等额本金年度递减法、按季等额本息年度递增法、按季等额本息年度递减法、按季等额本金年度递增法和按季等额本金年度递减法 8 种还款方式组合。

在线测验 3-1

① 本任务要求制作一份简明扼要的 PPT 汇报材料。请在电脑上安装 Office 办公软件，如用 WPS 等其他办公软件制作，则没有安装同类软件的用户可能无法打开。请注意版本兼

容问题。

② 为了使 PPT 汇报材料美观大方，可以从网上下载适合的 PPT 模板，也可以自己制作。

③ PPT 汇报材料应该包含封面、目录和正文三个部分，封面应有标题和制作人，目录包括"我选择的车贷公司""申请过程""提交的必要资料"三个。

④ "我选择的车贷公司"需要选择一家可靠的车贷公司，配上网站主页和网址，并说明选择理由。

⑤ "申请过程"需要将申请过程截图，并简单说明操作过程。

⑥ "提交的必要资料"需要列举出准备提交的必要资料有哪些，并注明具体是什么证明文件或证件。

请深入周围的汽车 4S 店，了解一下都有哪些汽车 4S 店提供汽车消费信贷业务，并指出这些汽车消费信贷业务与自己找的网上汽车消费信贷业务有什么不一样。

任务 3-2　汽车网上保险业务

任务引入

高先生去年二月份买的车,他还记得当时办理车险的情景,花了一个上午时间,在车险公司等待工作人员办理,因为不清楚要投保哪几项,弄得心情比较烦躁。今年又到了买保险的时候了,高先生想起上次买保险的事就头疼不已,这次同事建议他网上购买保险进行续保,这样就不必来回折腾了。

任务描述

本次任务需要向高先生推荐购买保险产品的费用及理由,并提交建议说明,要求如下:
① 自己通过工具查询各主要险种的价格;
② 通过咨询平安保险员,确定精准保费;
③ 向客户建议投保组合及费用,并说出理由;
④ 车型和其他未提及的信息可以自拟。

学习目标

- 专业能力
1. 能够快速、高效地进行信息收集整理;
2. 了解"汽车保险相关基础知识",熟悉"汽车保险的各个险种",掌握"汽车网上投保和网上续保"等汽车网上保险的业务知识,并能熟练分析与运用。
- 社会能力
1. 树立进取意识、效率意识、规范意识;
2. 强化动手能力、市场开拓能力;
3. 维护组织目标实现的大局意识和团队能力;

项目三
汽车服务电子商务应用

4. 爱岗敬业的职业道德和严谨、务实、勤快的工作作风；
5. 自我管理、自我修正的能力。

● **方法能力**
1. 利用多种信息化平台独立自主学习的能力；
2. 制订工作计划、独立决策和实施的能力；
3. 运用多方资源解决实际问题的能力；
4. 准确的自我评价能力和接受他人评价的能力；
5. 自主学习与独立思维能力。

一、汽车保险业务常识

（一）汽车保险的定义

保险是指投保人根据合同约定，向保险人支付保险费，保险人对于合同约定的可能发生的事故，因其发生所造成的财产损失承担赔偿保险金责任，或者当被保险人死亡、伤残、疾病或者达到合同约定的年龄、期限时承担给付保险金责任的商业保险行为。保险有广义和狭义之分，广义保险是指通过建立专门用途的后备基金或保障基金，用于补偿自然灾害和意外事故造成的损失，这是为社会安定发展而建立物质储备的一种经济补偿制度。它主要包括国家政府部门经办的社会保险、按商业原则经营的商业保险及由保险集资人合办的合作保险等。狭义保险仅指商业保险，即按照商业化的原则，用过合同的形式，采取科学的计算方法，集合多数单位和个人，收取保险费，建立保险基金，用于在合同范围内的灾害事故所造成的损失进行补偿的经济保障制度。主要包括基于公共政策必须购买的交通事故责任强制保险和狭义的商业保险。

汽车保险，简称车险，是指对汽车由于自然灾害或意外事故所造成的人身伤亡或财产损失负责赔偿责任的一种商业保险，是以汽车本身及其第三者责任为保险标的的一种运输工具保险和责任保险。

从汽车保险的定义可以看出，汽车保险的保险对象为汽车及其相关的经济责任，所以汽车保险既属于财产保险，又属于责任保险。随着汽车保险业的发展，其保险标的除了最初的汽车以外，已经扩大到所有的机动车辆。世界上许多国家至今仍沿用汽车保险的名称，而我国已经明确定义为机动车辆保险，汽车保险属于机动车辆保险的一部分。

汽车网上保险

（二）与汽车保险相关的基本概念

1. 汽车保险标的

保险标的是保险保障的目标和实体，是保险合同双方当事人权利和义务所指向的对象，汽车保险的标的是汽车及其相关的经济责任。

2. 汽车保险人

保险人是指与投保人订立汽车保险合同、收取保险费、为被保险人提供保障的人。汽车保险的保险人是指经营汽车保险业务的保险公司。

3. 汽车投保人

投保人是指与保险人订立保险合同，并按照保险合同负有支付保险费义务的人。汽车投保人是指保险人订立汽车保险合同，并按照汽车保险合同负有支付保险费义务的人。

4. 汽车被保险人

被保险人是指因保险事故发生而遭受损失的人。在汽车保险合同中，被保险人是保险车辆的所有人或具有相关利益的人。

5. 保险责任

保险责任是指保险人承担的经济损失补偿或人身保险金给付的责任。

6. 除外责任

除外责任是指保险人依照法律规定或合同约定，不承担保险责任的范围，是对保险责任的限制。

7. 保险期间

保险期间即保险合同约定的时间，也称保障期，即保险人为被保险人提供保险保障的起止时间。

8. 保险价值

保险价值是指投保人与保险人订立保险合同的同时，作为确定保险金额基础的保险标的的价值，也即投保人对保险标的所享有的保险利益在经济上用货币估计的价值额。

9. 保险金额

保险金额是指一个保险合同项下保险公司承担赔偿或给付保险金责任的最高限额，即投保人对保险标的的实际投保金额。

10. 汽车保险费

保险费是投保人参加保险时所交付给保险人的费用。汽车保险费是根据汽车保险的保险金额和保险费率计算出来的。

11. 保险代理人

保险代理人是指根据保险人的委托，在保险人授权的范围内代为办理保险业务，并依法向保险人收取代理手续费的单位或者个人。

12. 保险经纪人

保险经纪人是基于投保人的利益，为投保人与保险人订立保险合同提供中介服务，并依法收取佣金的保险公司从业人员。

13. 保险公估人

保险公估人是指依照法律规定设立，受保险公司、投保人或被保险人委托办理保险标的的查勘、鉴定、估损及赔款的理算，并向委托人收取酬金的公司。

汽车保险相关概念及含义见表 3.2.1。

表 3.2.1　汽车保险相关概念及含义

概念	含 义
保险标的	保险合同双方当事人权利和义务所指的对象
保险人	保险承包人，通常指保险公司
投保人	指对保险标的具有可保利益、与保险人订立合同、交付保费的人
被保险人	因保险事故发生而遭受损失的人，包括保险车辆所有人和相关利益人
保险责任	保险人承担的经济损失补偿或者人生保险金给付的责任。包括损害赔偿、保险金给付、施救费用、救助费用、诉讼费用等
保险金额	又称保额。保险利益的货币价值表现，是一个保险合同赔付的最高限额
保险金	投保人参加保险时支付给保险人的保险费用
保险代理人	受保险人授权，并在授权范围内代办保险业务，依法收取保险人保险代理服务费的单位或个人
保险经纪人	代表投保人、被保险人利益的保险中介组织
保险公估人	站在独立立场上依法为保险合同当事人办理保险标的查勘、鉴定、损失估计及赔款项清算业务并予以证明的人

（三）汽车保险的特征

机动车辆保险与一般意义上的财产保险有所区别，由于其保险责任包括了第三者责任，因而它是一种综合保险，在欧美各国被列为意外保险。汽车保险除了其他财产保险所具有的共性外，还具备本身独有的一些特点。

① 保险标的的流动性——风险概率大；验标承包难度大；查勘理赔难度大。
② 保险标的出险率高——汽车自身质量因素；外部环境因素；使用因素。
③ 保险对象广泛性——被保险人广泛；业务量大。
④ 保险对象差异性大——汽车差异、对象差异、风险倾向差异。
⑤ 保险合同的不定值性——赔偿金额受多种因素影响；车辆的动态贬值特性。

（四）汽车保险的主要险种

根据我国目前汽车保险的政策，在保险实务中，因保险性质的不同，一般分为汽车强制责任险和汽车商业险两大部分。虽然这两部分都属于商业保险公司经营，但汽车强制责任保险是强制性保险，而其他险种是建立在保险人和被保险人自愿基础上的汽车商业保险。

商业险条款分为主险和附加险。主险包括机动车损失保险、机动车第三者责任险、机动车车上人员责任保险、机动车全车盗抢保险共四个独立的险种，投保人可以选择投保全部险种，也可以选择投保其中部分险种。另外，附加险不能单独投保。附加险条款和主险条款相抵触之处，以附加险条款为准；附加险条款未尽之处，以主险条款为主。

1. 交强险

交强险的全称是机动车交通事故责任强制保险，是指当被保险机动车发生道路交通事故，对本车人员和被保险人以外的受害人造成人身伤亡和财产损失时，由保险公司在责任限额内予以赔偿的一种具有强制性质的责任保险。

2. 机动车损失险

机动车损失险是车辆保险中用途最广泛的险种，它负责赔偿由于自然灾害和意外事故造成的自己车辆的损失。无论是小剐小蹭，还是损坏严重，都可以由保险公司来支付修理费用。如图 3.2.1 所示。

【保险责任】

① 自然灾害——雷击、暴风、龙卷风、暴雨、洪水、地陷、冰陷、崖崩、雪崩、雹灾、泥石流、滑坡。

② 意外事故——碰撞、倾覆、火灾、爆炸、外界物体倒塌、空中运行物体坠落。

③ 施救费用。

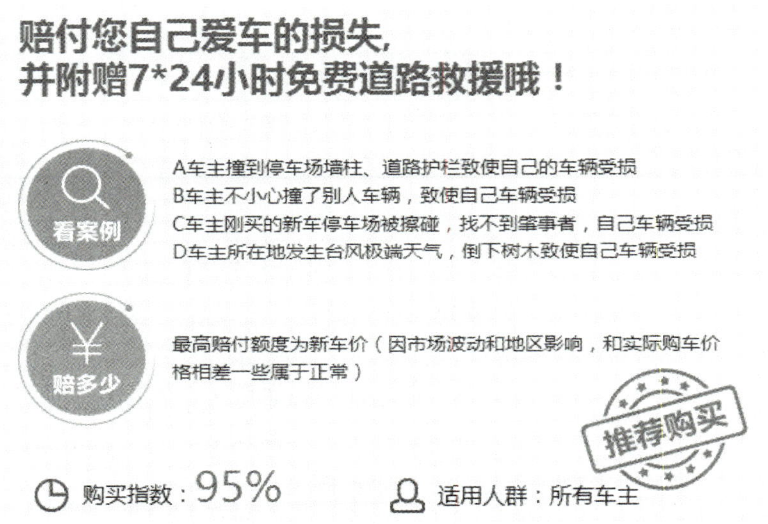

图 3.2.1　机动车损失险

3. 机动车第三者责任险

机动车第三者责任险是指因被保险车辆发生意外事故而遭受人身伤亡或财产损失的人，但不包括被保险车辆的车内人员。如图 3.2.2 所示。

【保险责任】

① 造成第三者遭受人身伤亡或财产的直接损失。

② 法律费用——被起诉或仲裁的合理费用。

③ 承担交强险赔偿限额外的责任。

【注意事项】

因为交强险在对第三者的财产损失和医疗费用部分赔偿较低，所以第三者责任险可以作为交强险的补充。

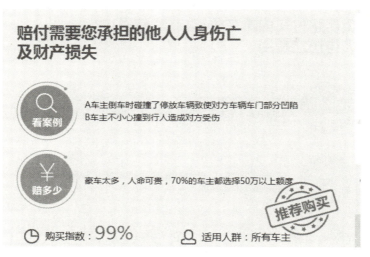

图 3.2.2　机动车第三者责任险

4. 机动车车上人员责任险

保险期间内，被保险人或其允许的合法驾驶人在使用被保险机动车过程中发生意外事故，致使车上人员遭受人身伤亡，依法应当由被保险人承担的损害赔偿责任，保险人依照本保险合同的约定负责赔偿。如图 3.2.3 和图 3.2.4 所示。

【保险责任】

① 车上司机或乘客人员的伤亡。

② 施救费用、保护费用。

【注意事项】

只能选择驾驶员座位或全选。

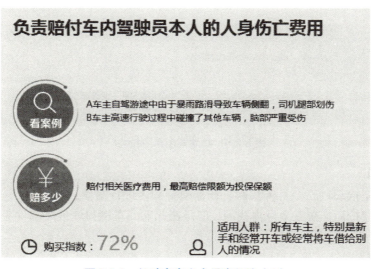

图 3.2.3　机动车车上人员责任险（1）

139

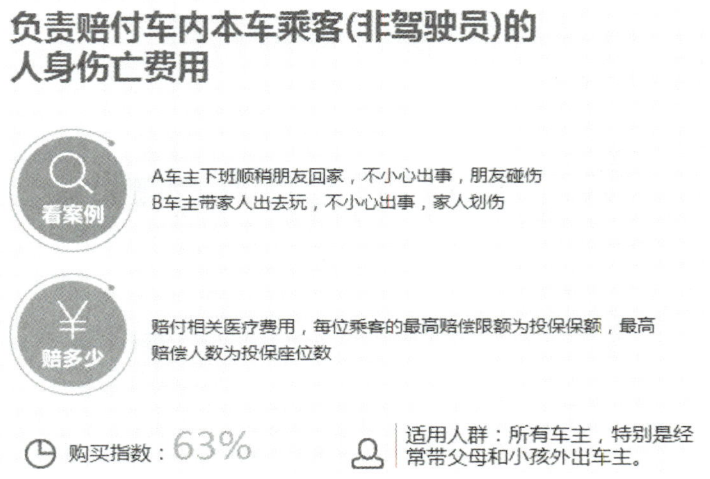

图 3.2.4　机动车车上人员责任险（2）

5. 机动车全车盗抢险

保险期间，被保险车辆发生全车被盗窃、被抢劫、被抢夺，造成车辆损失，保险人依照本保险合同的约定负责赔偿，如图 3.2.5 所示。

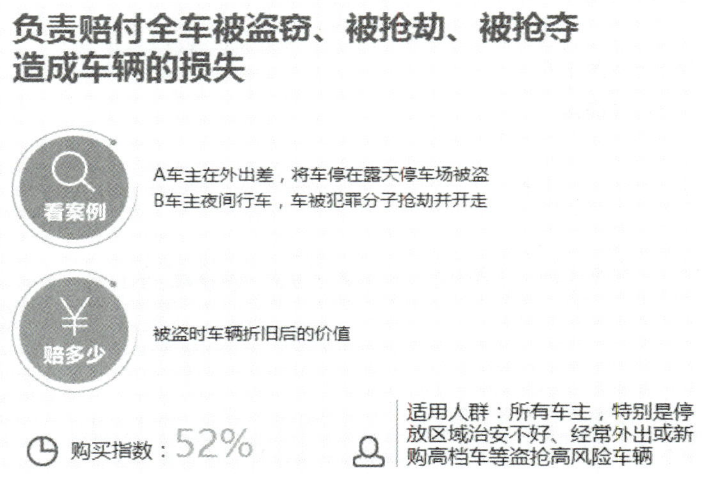

图 3.2.5　机动车全车盗抢险

【保险责任】

① 车辆被盗抢超过三个月未找回，在保险金额内进行赔偿。

② 车辆被盗抢后，在三个月内找回，但是在此期间车辆损坏或零部件丢失，保险公司负责赔偿修复费用。

【注意事项】

① 必须有公安机关证明。

② 不承担被盗期间所造成的第三者人员伤亡或财产损失。
③ 绝对免赔20%。

6. 附加险

《2012版机动车辆商业保险示范条款》中规定了11款附加险，附加险条款的法律效力优于主险条款。附加险条款未尽事宜以主险条款为准。除附加险条款另有约定外，主险中的责任免除、免赔规则、双方义务同样适用于附加险。这11款附加险种分别为：

① 玻璃单独破碎险。
② 自燃损失险。
③ 新增设备损失险。
④ 车身划痕损失险。
⑤ 发动机涉水损失险。
⑥ 修理期间费用补偿险。
⑦ 车上货物责任险。
⑧ 精神损害抚慰金责任。
⑨ 不计免赔险。
⑩ 机动车损失保险无法找到第三方特约险。
⑪ 指定修理厂险。

二、网上车险购买

案例：赵先生，35岁，平时上班比较忙，于是花了10万元新购了一辆标致307用来代步，可是去保险公司买保险要花一上午时间，还要选择险种，于是赵先生决定网上投保，请问赵先生应该怎么做？

1. 网上投保的概念

网上投保是指消费者可以利用保险网络平台完成很多保险业务，例如产品选择、填写投保单、支付保费及理赔查询等。

网上投保有着免费、安全、完善的网上支付模式，使消费者不用舟车劳顿地花费时间、金钱、精力去保险公司或者保险中介机构办理业务，成交后有专业、快捷的免费速递上门服务，为消费者节省大量的时间成本和交通成本。网上买车险的价格优势是吸引车主最具诱惑力的因素，而方便快捷也是一大亮点。只要在电脑前填写投保信息、选保险公司报价、支付就可完成车险投保的全过程。

汽车网上保险流程

2. 网上投保的主要流程

（1）注册会员

网上在线投保流程的第一步就是"注册网站会员"。国内很多大型保险公司都已经有了自己的网站，并且网站功能都非常不错，如果选择网上投保，登录到相应的公司网站并注册为会员就行了。如图 3.2.6 和图 3.2.7 所示。

图 3.2.6　平安保险会员登录图

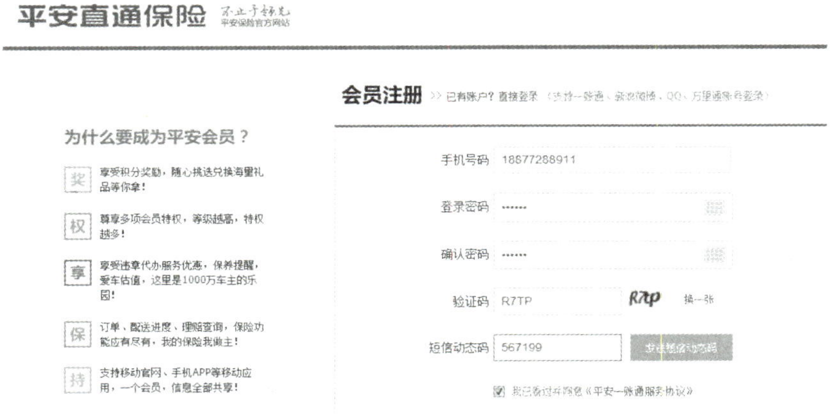

图 3.2.7　平安保险会员注册图

（2）选择产品

网上投保网上在线投保流程的第二步是"选择产品"。保险公司网站上有很多类别的保险产品，如养老险、少儿险、疾病险、投资理财险等，需要根据自己的需求及保险条款明细选择一款适合自己的保险，如图 3.2.8 所示。需要注意的是，在选择保险的时候，需根据自己的实际需求做保险费用的预估，这就是在线投保流程的第三步"保费测算"环节了。

（3）保费测算

网上在线投保流程的第三步是"保费测算"，如图 3.2.9 所示。保费测算功能会把保单的起始时间罗列出来，同时也会显示购置保单的具体金额。如果认为保费正确合理，就可以单击确认，程序会进入下一步，如果认为保单费用过高，则可以调整保险费用，直至符合自己需求为止。

图 3.2.8 平安保险会员购买保险图

图 3.2.9 平安保险保费测算图

（4）填写投保信息（图 3.2.10）

图 3.2.10 平安保险投保信息图

（5）支付并获得保单

上述 4 个步骤操作完成后，网上投保流程的最后一步就是"支付并获得保单"了。通常情况下，保险公司网站会提示之前操作是否正确，如果有误操作，可以返回上一步进行修改，如果操作无误，就可以支付费用领取保单了。支付方式通常是通过网银或支付宝（如果没有网银，可到开户行申请，操作简单，费用低）来支付。支付完成后，会生成电子保单，之后保险公司会用快递把纸质保单发送到注册地址，如图 3.2.11 所示。

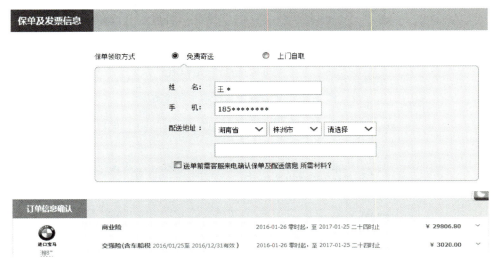

图 3.2.11　平安保险保单/发票寄送信息图

保险经纪人提示，虽然网上投保并不存在"更风险"的问题，但仍需警惕"隐性风险"。虽然线下投保必须经过保险人员这一流程，看似比较麻烦，但事实上，这已经为投保者过滤了一层风险。"因为，其实很多投保者并不十分了解保险，并且许多险种又相对比较复杂，发生各种风险情况的保障情况又不同，所以，若能在保险人员的专业指导下进行购买，会相对更保险一些。而且，在购买保险时，其所有可能面临的风险是保险人员必须向投保者提示的，但在网上，只有对产品的简单介绍，风险提示往往被弱化。"因此，投保者在网上投保时，一定要学会判断风险，否则，在投保者不够了解产品的情况下，容易忽略了其"隐性风险"。

3. 网上投保注意事项

（1）网站是否正规

许多正规的大型的保险公司都在官网上提供了购买保险的功能，消费者可以在官网上进行购买，可节省许多时间和精力。然而，随着网上买保险的人数越来越多，一些山寨网站也随之出现，消费者一定要注意观察网站的名称、域名、网页展示、网站功能，不要上当。

（2）货比三家

网上买保险不止官方网站一种方式，还有许多其他方式，比如保险公司官网的一些经纪类网站、综合网站的保险频道、保险专业的搜索平台，消费者在购买之前可以分别去这些渠道进行查询和比较，选择性价比最高的产品。

（3）及时进行沟通

许多消费者在选择保险时，可能会以价格作为主要的参考元素，而对于具体的保险期限、保障责任、除外责任、购买之后是否能够退换不是很注意，建议消费者在购买之前一定要详细阅读产品介绍，对于不明白的地方，一定要及时与客服沟通。许多网站上都会提供在线客服的功能，消费者一定要注意沟通。当拿到电子保单后，消费者还应该仔细查看条款，看看与自己想的是否一样。

（4）购买过程中注重细节

由于网上购买保险是全程自助的，因此可能会有一些细节需要消费者特别注意，例如生效时间、受益人与投保人、保险期间等小细节。如果是旅游保险，建议将期限选为略长于计划旅游时间，以防旅游期间出现意外而被迫延长时间的现象出现。

（5）保险学习查询保单真假

拿到保单之后，消费者应该立即通过电话和门户网站查询保单是否有效，一般保单上会标明保单号、被保险人姓名及身份证号、险种名称、保单生效时间、保险金额、保险期限、保险公司名称、该公司的客服电话和保单查询方式等。

三、汽车保险网上理赔

（一）网上车险理赔系统

网上车险理赔系统由互联网、管理员平台、核赔平台、定损平台、现场平台和数据库组成。现场平台将采集的事故及受损车辆的图像和文件信息经互联网发送并保存到数据库中；定损平台经互联网根据上述信息确定损失金额；核赔平台经互联网查看数据库中的事故及损失车辆的定损金额信息，并和数据库中的承保信息进行分析比较，判断是否属于保险责任并计算赔付金额；管理员平台终端经互联网实时查看现场平台、定损平台、核赔平台的信息，并进行查询统计。

（二）车险网上理赔的主要流程

1. 登录你的车险网站（图 3.2.12）

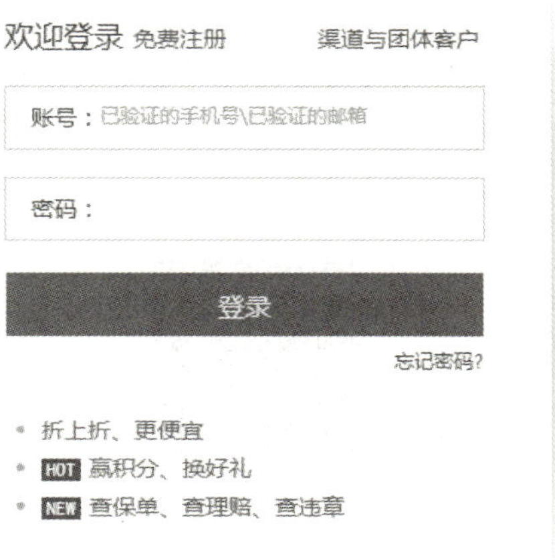

图 3.2.12　网站理赔登录界面

2. 根据要求上传索赔资料

登录网站后，进入个人中心，单击"理赔秘书"，进行索赔资料提交，输入保单号和证件号，根据页面提示上传所需的电子版索赔资料，注意资料要上传完整、清晰。

3. 提交账户信息

登录网站后，进入个人中心，单击"理赔秘书"，填写赔款账号信息，提交收款账户信息。索赔资料通过审核后，赔款将自动打入你的账户。

（三）网上车险理赔要点

① 记住电子保单号码，保存好电子保单备份。

② 万一出险，被保险人或者受益人应在 3 日内拨打保险公司电话报案。

③ 保存好与保险事故相关的证明和票据。

申请意外伤害赔付一般涉及的文件包括：

a. 保险凭证（电子保单）；

b. 被保人身份证明；

c. 受益人身份证明；

d. 受益人与事故者关系证明；

e. 门诊或住院病历；

f. 门诊或住院费用收据原件、明细清单；

g. 有关部门出具的意外事故证明；

h. 死亡证明、户口注销、殓葬证明；

i. 伤残鉴定报告。

④ 在发生保险责任事故后，要按第③条要求收集齐理赔申请所需的凭证，到保险公司所在地的机构客户服务中心办理有关理赔手续。

⑤ 理赔金给付。

保险公司在收到保险凭证后，经审核，对于确属保险责任范围内的事故，理赔将由客户到保险公司当地机构办理。自保险事故发生之日起两年内，若被保险人或其受益人没有提出赔偿申请，即视为自动放弃权益，保险公司不再赔偿保险金。

在线测验 3-2

 **任务实施**

① 利用车险计算器大概计算一下保费金额，如图 3.2.13 所示。

图 3.2.13　计算保费金额

② 在网上咨询平安保险员，确定精准保费。
③ 向客户建议投保组合及费用，并说出理由。

 拓展提升

王先生今年刚买了新车，心里很兴奋，就和朋友出去自驾游，结果由于驾驶技术没有那么高超，在路上发生了意外，车子受损。但是王先生一想起他买保险的种种不愉快，以及目前时间和空间上的限制，决定在网上进行理赔。如果你是王先生，那么你将如何在网上进行理赔？

1. 请问王先生是如何进行网上理赔的？
2. 请根据所学知识，指导王先生进行网上理赔。提交主要理赔步骤。

任务 3-3　汽车网上租赁业务

任务引入

小李上班的公司在市郊，因为比较偏僻，所以搭乘公交不方便，平时开车上下班。最近由于爱车机械出了故障，需要返回 4S 店修理，且大概需要一个星期左右，于是上下班的交通成了困扰他的问题。同事知道内情后，便推荐他进行网上租车，于是小李开始了解汽车网上租赁业务。小李需要学习网上汽车租赁的什么知识呢？他应该如何进行网上汽车租赁呢？

任务描述

本次任务"汽车网上租赁业务"由"汽车租赁业务常识""汽车网上租赁预约"和"租赁服务评价"3 个模块组成。学生应针对 3 个模块收集、整理和学习相关资料信息。选择一个网上汽车租赁平台，将汽车网上租赁预约详细过程以 Word 文档或 PPT 文档的形式展示出来。过程要有文字说明，必要步骤配上操作截图。

1. 在线学习

登录"汽车技术服务与营销专业教学资源库"，选定汽车电子商务课程中"汽车网上租赁业务常识""网上租赁预约"和"汽车租赁服务评价"的微课程，观看微课教学视频，并完成相应的进阶训练。在微课学习中如有疑问，可在线提问，与教师互动交流。

2. 手册学习

认真学习《〈汽车网上租赁业务〉学生学习手册》，进一步掌握"汽车网上租赁业务"所涉及的知识和技能，完成"难点化解"题目。

3. 资料汇整

收集整理相关资料信息，分别制作 3 份简明扼要的汇报材料，其中，每份汇报材料分别包含收集整理的分析报告（图文并茂，Word 版）、分析报告的相关说明（图文并茂，PPT 版），比如"网上租赁业务流程说明.doc"。

4. 模拟训练

假定自己是小李，与学习小组成员商讨和训练，并采用角色扮演法在课堂上展示。

项目三
汽车服务电子商务应用

● **专业能力**
1. 能够快速、高效地进行信息收集整理；
2. 了解汽车租赁相关基础知识；
3. 熟悉汽车租赁网上系统的应用；
4. 掌握汽车租赁服务的评价等汽车网上租赁的基础知识和相关技能点，并能熟练分析与运用。

● **社会能力**
1. 树立进取意识、效率意识、规范意识；
2. 强化动手能力、市场开拓能力；
3. 维护组织目标实现的大局意识和团队能力；
4. 爱岗敬业的职业道德和严谨、务实、勤快的工作作风；
5. 自我管理、自我修正的能力。

● **方法能力**
1. 利用多种信息化平台独立自主学习的能力；
2. 制订工作计划、独立决策和实施的能力；
3. 运用多方资源解决实际问题的能力；
4. 准确的自我评价能力和接受他人评价的能力；
5. 自主学习与独立思维能力。

一、汽车租赁业务常识

（一）汽车租赁的定义

汽车租赁是指在约定时间内，租赁经营人将租赁汽车（包括载货汽车和载客汽车）交付承租人使用，不提供驾驶劳务的经营方式。汽车租赁的实质是在将汽车的产权与使用权分开的基础上，通过出租汽车的使用权而获取收益的一种经营行为，其出租标的除了实物汽车以外，还包含保证该车辆正常、合法上路行驶的所有手续与相关价值。不同于一般汽车出租业务的是，在租赁期间，承租人自行承担驾驶职责。汽车租赁业务的核心思想是资源共享，服务社会。

（二）汽车租赁业务的分类

按照不同的分类标准，汽车租赁具有不同的分类方法，常见的有按照租赁期长短划分

和按照经营目的划分两类。汽车租赁具有租赁期短、租用方便、由出租方提供维修保养等租后服务等特点。中国汽车租赁企业由于经营时间短，规模和实力有限，多采取分散独立经营的模式，但随着中国经济的发展和租赁市场的成长，这种模式难以为顾客提供方便快捷的服务，限制了企业的市场开拓和经营规模的扩大，难以为企业提供持续健康发展的空间。汽车租赁企业在经历了最初的市场培育之后，经营模式必将走上连锁经营和与生产厂商合作的道路。

1. 按照租赁期长短划分

1997年颁布实施的《汽车租赁试点工作暂行管理办法》中按照租赁期的长短将汽车租赁分为长期租赁和短期租赁。在实际经营中，一般认为 15 天以下为短期租赁，15～90 天为中期租赁，90 天以上为长期租赁。

（1）长期租赁

长期租赁是指租赁企业与用户签订长期（一般以年计算）租赁合同，按长期租赁期间发生的费用（通常包括车辆价格、维修维护费、各种税费开支、保险费及利息等）扣除预计剩余价值后，按合同约定时间平均收取租赁费用，并提供汽车功能、税费、保险、维修及配件等综合服务的租赁形式。

（2）短期租赁

短期租赁是指租赁企业根据用户要求签订合同，为用户提供短期（一般以小时、日、月计算）内的用车服务，收取短期租赁费，解决用户在租赁期间的各项服务要求的租赁形式。

2. 按照经营目的划分

汽车租赁按照经营目的，划分为融资租赁和经营租赁。

① 融资租赁，指承租人以取得汽车产品的所有权为目的，经营者则是以租赁的形式实现标的物所有权的转移，其实质是一种带有销售性质的长期租赁业务，一定程度上带有金融服务的特点。

② 经营性租赁，指承租人以取得汽车产品的使用权为目的，经营者则是通过提供车辆功能、税费、保险、维修、配件等服务来实现投资收益。

（三）汽车租赁业务常识

1. 租赁方式

汽车租赁主要有企业租车、个人租车和外籍人员租车 3 种方式。每种租赁方式承租方需要提供的租赁材料有所区别，具体如下：

（1）企业租车

① 营业执照副本、组织机构代码证书、企业信息卡、企业法人身份证、公章、委托书。

② 承租方经办人本市户口本、身份证、驾驶证。

（2）个人租车

承租方应按要求携带有效证件，如身份证、驾驶证、户口簿等，与业务部门签订租车合同。

（3）外籍人员租车

① 租车人本人护照、本市居留证1年以上、中国驾驶执照、本市户口担保人一名。

② 担保人需提供本人户口本、身份证、担保承诺书。

2. 租赁步骤

① 选择公司，拨打电话或网上预订车辆，需提供车型、提车时间、提车地点、天数；首次预订需要提供个人的一些相关信息等。

② 证件审核，对于需要租车的客户，需要承租人提供身份证、房产证、户口簿等证件，并对证件进行审核。

③ 收取押金，如承租人身份证等证件通过审核，承租人则需要通过信用卡预授权或现金的方式缴纳押金。

④ 签订租赁合同，在签订合同过程中，汽车租赁者要向承租者详细解释合同条款，承租人表示无异议后，双方签字，租车合同成立。

⑤ 验车提车，合同签订完毕，汽车租赁经营者将承租人带至汽车点验车，说明其车辆设备状况，并询问是否需要其他增值服务。租赁汽车经查验无误后，承租人可将车开走。租车期间，如果遇到事故等问题，汽车租赁经营者可提供保险、事故救援等服务。

⑥ 车辆归还。租约到期时，承租人将承租的车辆开至汽车租赁网点。汽车租赁经营者在确认车辆完好后，办理还车手续。如车辆检查时承租双方对车辆状况存在分歧，则应根据合同规定进行商榷。

⑦ 交通违法处理。在验车完毕之后，还要根据合同规定查询该车辆租赁期间是否存在违法记录，如果没有违法信息，则退还承租人保证金或者解除信用卡预授权；如租赁车辆有违法信息，汽车租赁经营者应通知承租人，并在信用卡预授权或保证金中扣除罚款。

⑧ 车辆装备。汽车租赁企业收回车辆后，对车辆进行保洁、加油、维护等装备工作，保持车辆技术状况良好。

（四）汽车租赁的行业前景

汽车租赁作为中国新兴的交通运输服务业，是满足人民群众个性化出行、商务活动需求和保障重大社会活动的重要交通方式，是综合运输体系的重要组成部分。促进汽车租赁业健康发展，是转变交通运输发展方式、推进现代交通运输业发展的重要举措，对完善综合运输体系，转变道路运输发展方式，提高车辆、道路、停车场地等社会资源的利用效率，带动旅游业、汽车工业、金融保险业的发展，提高人民群众生活质量，都具有重要的现实意义。

汽车租赁前景光明，已经被大多数人所认同。近年来，随着人们生活水平的提高，人们对汽车的热情仿佛一夜间爆发了出来。但是由于买车一次性投入大，购车手续多，养车费用高，私车的利用率一般也不会太高，许多人正在持币观望。这时，汽车租赁前景便显示出了它独有的优势：灵活性强，既不会占用大量资金，也不会出现闲置，而且车型还可以选择，面对庞大的有证无车族的需求，汽车租赁市场之大显而易见。

随着互联网租车业务的兴起，人们消费观念的提升，共享经济下汽车共享将成为新的潮流，这为我国汽车租赁市场带来了较大的发展机遇。前瞻产业研究院提供的数据显示，到 2016 年我国汽车租赁市场交易规模超过 600 亿元，预计在互联网不断发展之下，4 年内线上交易规模增速均高于 20%。预测到 2020 年，市场总体规模将进一步增至约人民币 1 159 亿元。如图 3.3.1 所示。

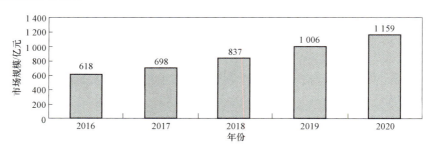

图 3.3.1　2016—2020 年我国汽车租赁行业市场规模预测

二、网上汽车租赁预约

1. 网上汽车租赁用户分析

根据 iResearch 进行的中国互联网约租车服务用户研究报告显示，网络约租车的专车司机、专车乘客与出租车司机等用户类型均表现出了不同的群体特征，对于网络约租车服务也有着各异的需求，网络约租车服务对不同人群表现出较强的适用性。

（1）专车司机用户——工作稳定的高收入人群

专车司机人群构成主要以中等收入水平的"70 后""80 后"男性为主，大部分专车司机教育程度在大学专科及以上，拥有自己的私家车并多以兼职形式进行专车运营，呈现出工作职位稳定、看重家庭因素、渴望更多收入的人群特征，如图 3.3.2 所示。

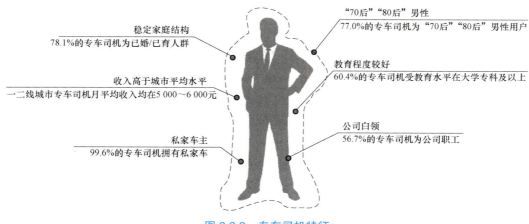

图 3.3.2　专车司机特征

(2) 专车乘客——有钱任性的精英阶层

专车乘客中男女比例较为平均，主要以"70后""80后"为主，未婚比例相比专车司机与出租车司机更高，受到过高等教育的比例高达 92.5%。另外，专车乘客收入高于当地平均水平，工作中高端职位较多，约租车服务出现之前，专车乘客自驾和乘坐出租车比例较高，显示出高学历、高收入、高生活品质的精英特质，如图 3.3.3 所示。

图 3.3.3　专车乘客特征

(3) 出租车司机用户——大龄高压人群（图 3.3.4）

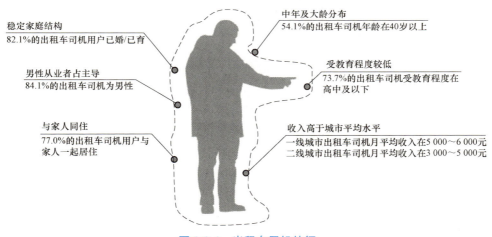

图 3.3.4　出租车司机特征

(4) 八成专车司机为兼职且收入出现增长

网络约租车服务的专车司机中，有 80.0% 为兼职司机，这其中近半数月收入增长在 1 000 元以下，而月收入增长在 1 000～3 000 元的也已经达到 43.4%；在全职专车司机中，月收入增长多在 1 000～3 000 元与 3 000～5 000 元两个区间，比例分别为 43.6% 与 24.9%，如图 3.3.5 所示。

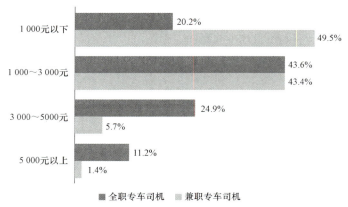

图 3.3.5　专车司机月收入增幅

（5）网络约租车服务使得人们购买私家车需求降低

在专车乘客中，有 59.3%的用户曾有购车需求，而在这部分有购车需求的专车乘客中，仅有不到 10.0%的用户不受影响，还是会继续购买新车，其余用户购买新车意愿出现动摇或者选择放弃购买新车。网络约租车的使用对未来私车的购买起到了一定的抑制作用，如图 3.3.6 所示。

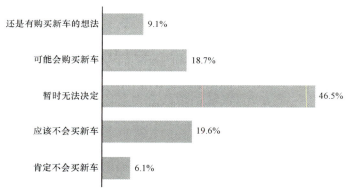

图 3.3.6　网络约租车服务对新车购买意向影响

2. 网上汽车租赁预约

不同的网上租车平台租赁预约方式不同。如汽车短期租赁平台 PP 租车需要的手续和资料较多，而打车平台滴滴打车则应用移动端进行简单的注册就可实现随时网上预约租赁。下面就以滴滴打车为例进行说明。

滴滴出行，是中国的一款打车平台。它称为手机"打车神器"，是受用户喜爱的打车应用。目前，滴滴已从出租车打车软件，成长为涵盖出租车、专车、快车、顺风车、代驾及大巴等多项业务在内的一站式出行平台。滴滴打车的租车流程为：

① 手机下载"滴滴打车"APP。

② 打开滴滴打车软件，先验证手机，如果之前验证过，则会默认登录。

③ 登录后，打开 GPS 系统会自动定位，单击右下角麦克风，就可以看到"现在叫车"选项。

④ 语音或键盘输入目的地后，单击"确认"按钮发送，系统就会通知车辆。

⑤ 有司机接单，会收到提示，看好车牌号。等待司机到来过程中可以电话或语音联系。

滴滴打车

⑥ 上车后，什么都不用按，等车行驶到目的地时输入车费进行支付就可以（有打车券的，选择合适的券），单击"确认"按钮支付。

三、网上汽车租赁服务评价

为规范企业服务质量评价，进一步提高服务质量和服务对象满意度，目前各个网上汽车租赁平台大部分都有专门的汽车租赁服务评价机制及系统。评价机制的引入可以约束和激励企业的服务质量，对企业具有重要意义。

现有的网上汽车租赁提供商实行的租赁服务评价形式一般是以客户给予的星级作为评价依据，最低为 1 星，最高为 5 星。评价内容形式多样，如车辆状况、形式安全与平稳性、车内环境与卫生、司机对道路的熟悉程度、司机对乘客的礼貌情况、司机穿着是否得体整洁等。

作为服务接受方，客户需要对网上汽车租赁服务提供商的服务质量结果进行评价，评价流程如下：

① 选择网上汽车租赁提供商；
② 网上汽车预约租赁；
③ 租赁结束，对出租方进行评价；
④ 网上支付；
⑤ 完成租赁。

目前为了防止顾客恶意差评，大部分网上租赁平台引入了互评机制，对业务双方进行约束。

 任务实施

租车大概有两种形式：第一种是向租车公司提供本人身份证、户口本、驾照，以及担保人的身份证、户口本，并缴纳一定数量的押金。这种只限于局部地方，现在大多采用第二种。第二种是在全国连锁租车公司的网站注册成会员，通过网上预定后再到实体店出示本人身份证和驾照，以及有足额做预授权的信用卡，即可取车和还车。这种方式是现在主流的租车形式。相对于第一种，第二种显得更方便、快捷，大部分人都喜欢。下面介绍第二种租车形式的整个流程。

第 1 步：通过电脑或者手机，输入网址"http://www.1hai.cn/"并登录，打开首页，单击网站上方"免费注册"选项,就可以进入注册界面,如图 3.3.7 所示。

图 3.3.7　一嗨租车网站首页

第 2 步:电子邮箱等信息填写完毕后,单击"同意以下协议并提交",网站提示注册成功,如图 3.3.8 所示。

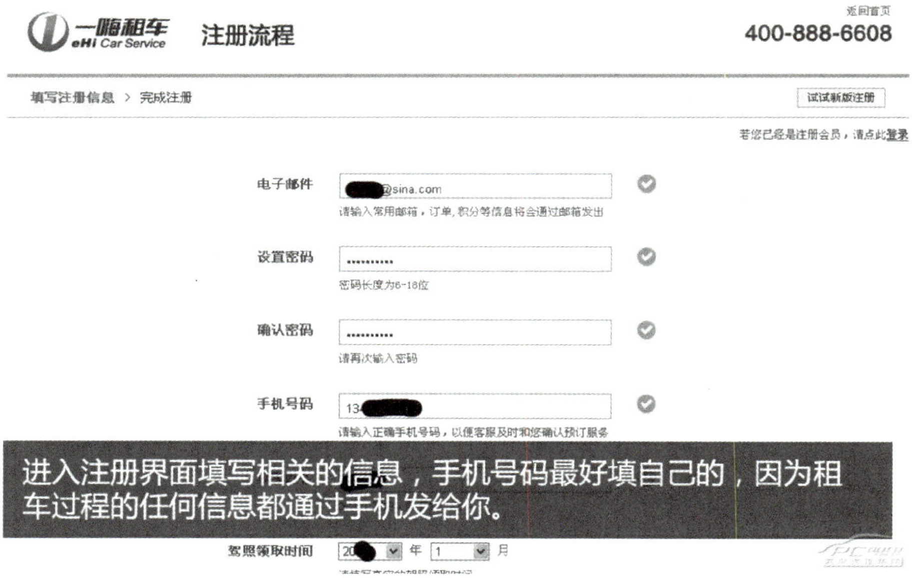

图 3.3.8　一嗨租车网会员注册界面

第 3 步：网站提示注册成功后，再根据自己的情况选车。比如 9 月 19 日选择取车，9 月 21 日还车；一般租车最少租一天，不过国庆租车一般都在 3 天以上，一嗨租车最少 5 天以上。而取车和还车的时间最好在他们上班时间，其他时间要多收取手续费，如图 3.3.9 所示。

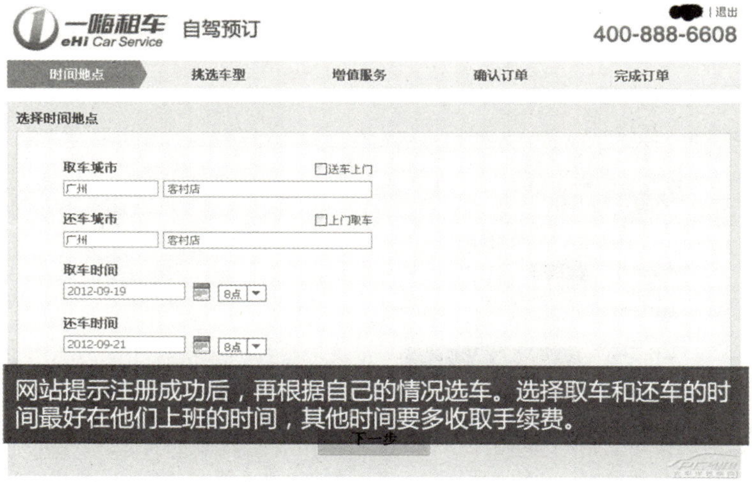

图 3.3.9　网上租车信息填写图

第 4 步：选定好取车和还车日期后进入选车界面，可以通过车型、排序等选项选出适合自己的车型，如图 3.3.10 所示。单击"查看"按钮可以看到自动挡和手动挡的租车价格的区别，并且电脑会自动计算每天租车的平均价格。当鼠标经过总租金时，会自然弹出这个月剩余每天租车的价格。选择完后，还可以选择不同的增值业务，第一次注册一嗨租车的会员可以享受首租首日免费的服务，单击"下一步"按钮进入订单确认页面。

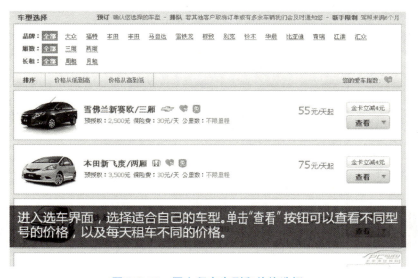

图 3.3.10　网上租车车型和价格选择

第 5 步：第一次租车还需要填写租车补充信息，正确填写本人的真实姓名、证件号码，以及驾照领取时间。一嗨租车公司规定，驾照满 6 个月以上方可租车。这些补充资料必须正确填写，可以减少取车时不必要的麻烦，如图 3.3.11 所示。

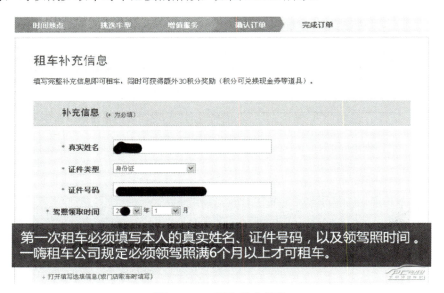

图 3.3.11　租车补充信息

第 6 步：当网上预约租车完成后，会在"订单管理"栏显示预租的相关信息。如果本人觉得一切都没问题了，就等到预约好的时间去取车；如果觉得选择错误，可以单击"修改"按钮再次选择车辆和其他服务，如图 3.3.12 所示。

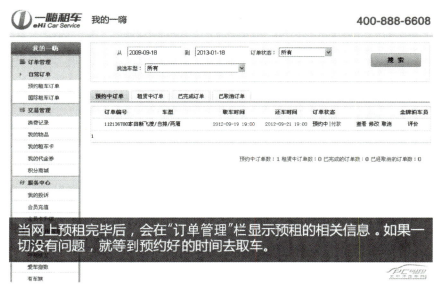

图 3.3.12　网上预租完毕信息

第 7 步：当网上预约订单确定后，带齐本人的身份证、驾驶证和信用卡（信用卡可以是他人的），在指定的时间到租车公司指定的站点取车，如图 3.3.13 所示。到店验车时，要特别留意车身有没有剐蹭，因为这将直接关系到还车时被扣的费用。验完车后就可以取车了。

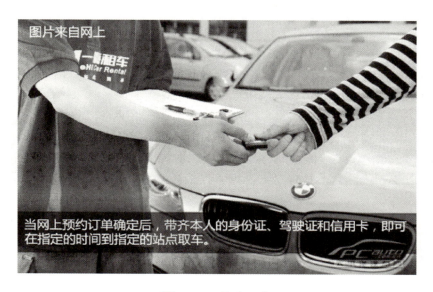

图 3.3.13　取车示意

第 8 步：在指定的时间和地点还车。有一点必须注意：必须在指定的时间内还车，否则后果很严重。以一嗨租车为例，租车时间超时 4 小时以内的，按照双倍的超时费收取；时间超过 4 小时，按照当天日租金的 200% 收取。而还车也最好在取车的地点归还，在别的地点还车还要收取一定的手续费。当验完车，清点所用费用之后，租车公司的工作人员会要求你刷第二次信用卡，以此作为违章预授权（看下面讲解），等信用卡预授权被取消，一次租车的完整流程才算走完。

租车过程中，大部分租车公司都需要你刷取两次预授权，如图 3.3.14 所示。

第一次，是冻结作为车型的租金预授权参考额度，实际金额的多少根据租期、产品类型等有所不同。比如爱丽舍短租期的预授权为 3 000 元，悦动的则为 5 000 元，越是高级别的车型，预授权额度越高。

第二次，是违章预授权，作为你可能在租车期间产生的车辆违章的罚款。换车时刷取额度为 1 000 元（租期≤15 天时）或 2 000 元（租期≥15 天，或有事故造成车辆损失时）。此外，如租用的车辆有大事故，还车时还需刷取维修预授权。如果本人没有信用卡，可以由本人的亲友代为担保，使用亲友的信用卡。

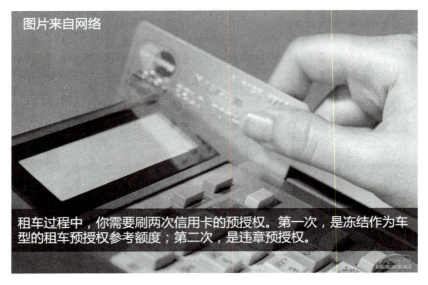

图 3.3.14　信用卡预授权示意

任务小结

第一次租车或许有些不知所措，但按照它要求的操作流程一步步走，也较容易。不过，有些小细节一定要注意，如预租时一定要正确填写本人的身份证号码，取车时一定要记得带齐身份证、驾驶证和信用卡，并且要保证信用卡里面的额度够所租车的预授权金额。还车要准时，避免不必要的损失。

在线测验 3-3

拓展提升

现在流行网上租车，应用最广泛的是滴滴打车（滴滴出行），现在有部分私家车加入网约车的营运行列，请谈一谈网约车的现状，分析私家车加入网约营运面临的一系列问题，以及如何来规范和加强管理网约车。

项目三
汽车服务电子商务应用

任务 3-4　二手车网上交易业务

任务引入

广州的李先生和妻子王女士属于典型的上班族，每天都需要坐公交车从番禺区到天河区，每天上下班时间将近两个小时。所以李先生想买一辆汽车上下班，顺便接送老婆。但是李先生刚刚买了一套房子，月供得 5 000 多元，手头的闲钱有限，所以就考虑先买一辆二手车。听从同事的建议，他登录各大广州市二手车交易网站，准备进行网上交易，这样省时省力，还可以省去一笔中介费。那么假如你是李先生，你会怎么降低风险，买到自己心仪的二手车呢？

任务描述

本次任务"二手车网上交易业务"划分为两个模块，分别是"二手车交易业务常识"和"二手车网上交易"。针对两个模块收集整理相关资料信息。将二手车网上交易流程和相关详细步骤及说明以 Word 文档或 PPT 文档的形式展示出来。过程要有文字说明，必要步骤配上操作截图。

1. 在线学习

登录"汽车技术服务与营销专业教学资源库"，选定汽车电子商务课程中"二手车网上交易业务"任务，学习"二手车交易业务常识""二手车网上交易"的微课程，观看微课教学视频，并完成相应的进阶训练。在微课学习中如有疑问，可在线提问，与教师互动交流。

2. 手册学习

认真学习《〈二手车网上交易业务〉学习手册》，进一步掌握二手车网上交易业务的基础知识和技能，完成"难点化解"题目。

3. 角色扮演

假定自己是李先生，与学习小组成员分享自己收集的二手车网上交易业务的相关信息，一起分析二手车交易的业务知识和网上二手车交易的流程与基本技能点，并在课堂上展示和讨论（可以小组内每个成员承担一个知识点）。同时，注意观察其他组展示情

161

况，并将所见所闻记录在本任务书的"课堂记录"一栏。

4. 资料汇整

收集整理相关资料信息，分别制作两份简明扼要的汇报材料，其中，每份汇报材料分别包含收集整理的分析报告（图文并茂，Word版）、分析报告的展示说明（图文并茂，PPT版），比如"二手车网上交易使用说明.doc""二手车交易业务常识.ppt"。

汇报材料必须言简意赅，统一格式，做到"三个一"：

一段文字，说明它的概念与内涵；

一张图片，描述它的结构与关系；

一份表格，列出它的特点或分类。

5. 模拟训练

假定自己是李先生，与学习小组成员商讨和训练，并采用角色扮演法在课堂上展示。

6. 完成拓展训练任务

学习目标

- 专业能力

1. 能够快速、高效地进行信息收集整理；
2. 了解二手车置换业务常识；
3. 熟悉二手车网上交易注意事项和操作流程，并能熟练分析与运用。

- 社会能力

1. 树立进取意识、效率意识、规范意识；
2. 强化动手能力、市场开拓能力；
3. 维护组织目标实现的大局意识和团队能力；
4. 爱岗敬业的职业道德和严谨、务实、勤快的工作作风；
5. 自我管理、自我修正的能力。

- 方法能力

1. 利用多种信息化平台独立自主学习的能力；
2. 制订工作计划、独立决策和实施的能力；
3. 运用多方资源解决实际问题的能力；
4. 准确的自我评价能力和接受他人评价的能力。

项目三 汽车服务电子商务应用

 相关知识

一、二手车交易业务常识

二手车是指在公安交通管理机关登记注册,在达到国家规定的报废标准之前或在经济寿命期内服役,并仍可继续使用的机动车辆。

二手车,英文译为"Second Hand Vehicle"或"Used Car",意为"第二手的汽车"或"使用过的汽车",在中国称为"旧机动车"。"中古车"是日本的叫法,不过我国台湾也称其为"中古车"。北美是二手车最发达的市场,因为平民百姓购买旧车时不一定就能买到"第二手"的,并且大多是小轿车和家用吉普车,所以在北美有种很通俗的叫法:"用过的汽车"。

(一)我国二手车交易市场现状

据统计数据,2014 年全国共交易二手车 605.3 万辆,相比 2013 年,同期增长 16.3%;交易额 3 675.7 亿元,相比 2013 年同期上涨 26%。国内的二手车市场增长的空间巨大,二手车市场将实现更高速的增长。2015 年,二手车交易规模突破千万辆,并达到 1 100 万辆,中国的二手车市场将步入了"千万辆时代"。

二手车市场发展潜力巨大,市场前景广阔。随着中国汽车保有量提升,市场正在由新车销售向汽车后市场销售转化,而二手车交易正在成为后市场交易核心增长点。

目前国内汽车保有量达到 1 亿辆左右,其中许多私人车辆进入换购高峰,为二手车市场提供了巨大的货源。虽然国内二手车销量近年来增长很快,但是由于二手车交易法规不完善、税收不平等、信息不透明、诚信缺失等问题,导致二手车经营主体难以形成,严重制约了二手车市场的发展。当前,中国的二手车估价过程比较主观,没有标准可言,难以量化。由于没有第三方独立的估值机构,二手车的估值没人来做,属于一片信息孤岛,二手车交易网站数据、保险公司的数据、交易商的数据、协会的数据都掌握在各自的手中。解决二手车透明估值问题,建立一个行业标准迫在眉睫。

针对目前二手车市场信息不对称、消费者不信任状况比较严重的情况,市场出现了独立的二手车电商平台,涉及查阅车型、竞拍与交易内容,可以减少交易环节,使交易定价相对更加公平透明(在没有类似国外成熟的二手车价格指数的情况下),主要代表有车易拍、优信拍、平安好车、上海开新、大搜车、深圳澳康达等。但在缺乏欧美专业的二手车价格数据库的背景下,目前国内二手车定价只能靠评估师的经验,主观随意性较大,二手车商低买高卖的现象仍得不到遏制。

目前包括流通协会、汽车协会及政府相关部门已经看到国内二手车市场发展存在的主要问题,并正在抓紧相关政策规定予以解决。随着促进二手车市场规范发展及后续实施细则的政策相继出台,未来二手车市场将迎来真正爆发。

(二)我国二手车交易市场发展前景

近年来,随着互联网技术的飞速发展和广泛应用,互联网二手车平台不断冲击着传

统市场，欲以新模式颠覆市场运营。随着"互联网+"的提出，这股热潮开始席卷各个行业，"互联网二手车市场"为二手车市场注入了新的活力，二手车交易市场具有广阔的发展前景。

1. "触电"促发展

2014年，阿里巴巴与广汽集团合作，搭建了淘宝二手车交易平台；2015年1月，腾讯携手京东共同成为易车的股东；除此之外，雷军旗下的顺为资本也投资了二手车C2C交易平台"人人车"。同时，58同城、赶集网、百姓网等分类信息网站，也都将二手车交易作为重点业务发展。

二手车商家的纷纷"触电"将会促使整个行业快速增长。二手车市场可以借助电商化来打通内部车源流转渠道，提高二手车流转效率，进一步扩大影响力，以扩张业务规模。在国际成熟的二手车市场，新旧机动车的交易比例至少在1:1，这样才算是比较稳定的市场。从目前国内二手车电商市场的情况来看，未来的市场空间还很大。

另外，传统二手车售卖中间环节成本太高，从消费者卖出二手车再到二手车卖出去，环节很多。二手车市场每笔交易至少有3~4个中间商，他们都需要获利，即便是4S店置换，也最终是将车转手给二手车商，因此整个成本都会转嫁给消费者。但二手车电商的出现解决了上述问题。

2. 短期内传统模式难颠覆

二手车链条的复杂性，使得其交易流程被划分为若干个独立的环节，每个环节上都有几家大型企业存在，专注于解决某一类问题。

目前汽车电商发展有几个难点：一是现有的渠道建设已经很完善，汽车电商一旦损害到大多数经销商的利益，将会遭到经销商和厂家的抵制；二是完全电商化目前只适合强势品牌，因为消费者对于这类品牌放心、忠诚度高，消费者愿意直接在网上下订单购买，而弱势的品牌还是要以线下4S店电商平台模式存在。因此，短期内传统模式很难被电商颠覆。

虽然汽车和汽车服务的互联网化发展很快，但是完全颠覆传统很难，车辆对用户来说还是大件商品，还需要到线下去看，所以线上线下是互补的。

3. 交易需诚信

二手车主要是来源于个人，与刚出厂的新车不同的是，二手车经过多年的使用，由于在行驶里程数、行驶环境、车主驾驶习惯、保养、事故等诸多方面的差异，车辆的折旧情况各有不同。

有业内人士指出，部分个人卖家或商家提供虚假车况信息，欺诈买家。二手车交易市场存在的鱼龙混杂问题，在二手车电商中同样存在。二手车电商提供线上交易，买家获得的信息全部来自交易平台提供的数据。然而，每个二手车电商企业都有各家的评估师团队，鉴定标准和评价体系并不统一。

二手车的电子商务虽然很活跃，但是主要以B2B为主，要做到对个人消费者，则还需要时日，毕竟消费者对二手车的了解少，不能光看图就买车，需要先建立一个信用体系。另外，二手车交易信息的不透明性，也有可能成为制约该行业发展的重要因素。

我国二手车电商市场的发展尚处于初级阶段，尤其是电子商务的蓬勃兴起，可能带来某些不规范的交易行为，这都需要各界人士共同努力去改善。

（三）二手车评估方法

二手车价格不像新车那样有明确的定价，一辆汽车由成品出厂到使用报废的各个阶段，价值不相同。因此，对二手车的价格评估具有很好的参考意义。总的原则是：二手车的定价基础是现行市场新车的销售价格。新车的行驶费用少，随时间和行驶里程的增加，停驶周期延长，费用加大，表现在价格上就应拉开一定差距，不能以年限为唯一标准而一刀切。

在规定的汽车的合理使用年限之内，所剩余的使用价值，被称为广义的汽车残值。二手车的评估实际上就是汽车残值的评估。我国对二手车评估还没有统一的标准，二手车估价方法主要参照资产评估的方法，常用的有重置成本法、收益现值法、现行市价法、清算价格法、快速折旧法、54321法等。现对其中几种做简要介绍。

1. 重置成本法

重置成本法是指在现时条件下重新购置一辆全新状态的被评估车辆所需的全部成本（即完全重置成本，简称重置全价），减去该被评估车辆的各种陈旧贬值后的差额作为被评估车辆现时价格的一种评估方法。

（1）基本计算公式

1）被评估车辆的评估值=重置成本－实体性贬值－功能性贬值－经济性贬值

2）被评估车辆的评估值=重置成本×成新率

重置成本是购买一辆全新的与被评估车辆相同的车辆所支付的最低金额。

重置成本有两种形式：复原重置成本和更新重置成本。

复原重置成本指用与被评估车辆相同的材料、制造标准、设计结构和技术条件等，以现时价格复原购置相同的全新车辆所需的全部成本。

更新重置成本指利用新型材料、新技术标准、新设计等，以现时价格购置相同或相似功能的全新车辆所支付的全部成本。

在进行重置成本计算时，应选用更新重置成本。

如果不存在更新重置成本，则再考虑用复原重置成本。

（2）重置成本法的估价计算

1）估价模型

模型1：被评估车辆的评估值=更新重置成本－实体性贬值－功能性贬值－经济性贬值

模型2：被评估车辆的评估值=更新重置成本×成新率

模型3：被评估车辆的评估值=更新重置成本×成新率×（1－折扣率）

模型1中，除了要准确了解旧机动车的更新重置成本和实体性贬值外，还必须计算其功能性贬值和经济性贬值，而这两个贬值因素要求估价人员对未来影响旧机动车的运营成本、收益乃至经济寿命有较为准确的把握，否则难以评估旧机动车的市场价值。

因此，模型1让估价人员很难操作。

模型3是在模型2的基础上再减去一定的折扣，从而估算出被估价机动车的价值。

模型3较模型1而言，较充分地考虑了影响汽车价值的各种因素，可操作性强。

2）重置成本的估算方法

① 重置成本的构成。

$$更新重置成本=直接成本+间接成本$$

直接成本是指购置全新的同种车型时，直接可以构成车辆成本的支出部分。

它包括现行市场购置价格，加上运输费和办理入户手续时所交纳的各种税费，如车辆购置税、车船使用税、入户上牌费、保险费等。

间接成本是指购置车辆时所花费的不能直接计入购置成本中的那部分成本。

如购置车辆发生的管理费、专项贷款发生的利息、洗车费、美容费、停车管理费等。

在实际的评估作业中，间接成本可忽略不计。

② 重置成本的估算。

直接询价法：查询当地新车市场上，被评估车辆处于全新状态下的现行市场售价。

账面成本调整法：对于那些无法从现行市场上寻找到重置成本的车型，如淘汰产品或是进口车辆，也可根据汽车市场的物价变动指数调整得到旧机动车的重置成本。

重置成本=账面原始成本×（车辆鉴定估价日的物价指数/车辆购买日的物价指数）

重置成本=账面原始成本×（1+车辆购买日到鉴定估价日的物价变动指数）

3）成新率的估算方法

成新率是指被评估车辆新旧程度的比率。

旧机动车成新率是表示旧机动车的功能或使用价值占全新机动车的功能或使用价值的比率。

它与有形损耗一起反映了同一车辆的两个方面。

成新率和有形损耗率的关系是：成新率=1−有形损耗率。成新率的估算方法如下：

① 使用年限法。

$$成新率=（规定使用年限-已使用年限）÷规定使用年限×100\%$$

车辆已使用年限是指从车辆登记日到评估基准日所经历的时间（进口车辆登记日为其出厂日）。

车辆规定使用年限是指《汽车报废标准》中规定的使用年限。

已使用年限计量的前提条件是车辆的正常使用条件和正常使用强度。在实际评估中，运用已使用年限指标时，应特别注意车辆的实际使用情况，而不是简单的日历天数。例如，对于某些以双班制运行的车辆，其实际使用时间为正常使用时间的两倍，因此该车辆的已使用年限，应是车辆从开始使用到评估基准日所经历时间的两倍。

② 综合分析法。

综合分析法是以使用年限法为基础，综合考虑车辆的实际技术状况、维护保养情况、原车制造质量、工作条件及工作性质等多种因素对旧机动车价值的影响，以系数调整成新率的一种方法。

成新率=（规定使用年限−已使用年限）÷规定使用年限×综调系数×100%

使用综合分析法鉴定评估时，要考虑的因素有：

车辆的实际运行时间、实际技术状况；

车辆使用强度、使用条件、使用和维护保养情况；

车辆的原始创造质量；

车辆的大修、重大事故经历；

车辆外观质量等。

综合分析法较为详细地考虑了影响二手车价值的各种因素，并用一个综合调整系数指标来调整车辆成新率，评估值准确度较高，因而适用于具有中等价值的二手车评估。这是旧机动车鉴定评估最常用的方法之一。

③ 行驶里程法。

车辆规定行驶里程是指按照《汽车报废标准》规定的行驶里程。此方法与使用年限法相似，在按照行驶里程法计算成新率时，一定要结合旧机动车本身的车况，判断里程表的记录与实际的旧机动车的物理损耗是否相符，防止由于人为变更里程表所造成的误差。

由于里程表容易被人为变更，因此，在实际应用中，较少采用此方法。

④ 部件鉴定法。

部件鉴定法（也称技术鉴定法）是对二手车评估时，按其组成部分对整车的重要性和价值量的大小来加权评分，最后确定成新率的一种方法。

基本步骤为：

将车辆分成若干个主要部分，根据各部分建造成本占车辆建造成本的比重，按一定百分比确定权重。

以全新车辆各部分的功能为标准，若某部分功能与全新车辆对应部分的功能相同，则该部分的成新率为100%；若某部分的功能完全丧失，则该部分的成新率为0。

根据若干部分的技术状况给出各部分的成新率，分别与各部分的权重相乘，即得某部分的权分成新率。

将各部分的权分成新率相加，即得到被评估车辆的成新率。

在实际评估时，应根据车辆各部分价值量占整车价值的比重，调整各部分的权重。

部件鉴定法费时费力，车辆各组成部分权重难以掌握，但评估值更接近客观实际，可信度高。它既考虑了车辆的有形损耗，也考虑了车辆由于维修或换件等追加投资使车辆价值发生的变化。这种方法一般用于价值较高的车辆的价格评估。

⑤ 整车观测法。

整车观测法主要是通过评估人员的现场观察和技术检测，对被评估车辆的技术状况进行鉴定、分级，以确定成新率的一种方法。

运用整车观测法应观察、检测或搜集的技术指标主要包括：

车辆的现时技术状态；

车辆的使用时间及行驶里程；

车辆的主要故障经历及大修情况；

车辆的外观和完整性等。

运用整车观测法估测车辆的成新率，要求评估人员必须具有一定的专业水平和相当的评估经验。这是运用整车观测法准确判断车辆成新率的基本前提。整车观测法的判断结果没有部件鉴定法准确，一般用于中、低价值车辆成新率的初步估算，或作为利用综合分析法确定车辆成新率的参考依据。

⑥ 综合成新率法。

前面介绍的使用年限法、行驶里程法和部件鉴定法（也称技术鉴定法）3 种方法计算的成新率分别称为使用年限成新率、行驶里程成新率和现场查勘成新率。这 3 个成新率的计算只考虑了旧机动车的一个因素，因而就它们各自所反映的机动车的新旧程度而言，是不完全，也是不完整的。

为了全面反映旧机动车的新旧状态，在对旧机动车进行鉴定评估时，可以采用综合成新率来反映旧机动车的新旧程度，即将使用年限成新率、行驶里程成新率和现场查勘成新率分别赋以不同的权重，计算三者的加权平均成新率。这样，就可以尽量减小使用单一因素计算成新率给评估结果所带来的误差，因而是一种较为科学的方法。

其数学计算公式如下：

综合成新率

$$N = N_1 \times 40\% + N_2 \times 60\%$$

式中，

N_1 为机动车理论成新率；

N_2 为机动车现场查勘成新率，由评估人员根据现场查勘情况确定。

$$N_1 = \eta_1 \times 50\% + \eta_2 \times 50\%$$

式中，

η_1 为机动车使用年限成新率：

$$\eta_1 = （机动车规定使用年限 - 已使用年限）\div 机动车规定使用年限 \times 100\%$$

η_2 为机动车行驶里程成新率：

$$\eta_2 = （机动车规定行驶里程 - 已行驶里程）\div 机动车规定行驶里程 \times 100\%$$

可见，综合成新率的确定，必须以现场技术查勘、核实为基础。实际操作时，把被评估车辆的基本情况、技术状况的主要内容和查勘鉴定结论编制成《车辆状况调查表》，由评估人员查勘后填写。

有了《车辆成新率评定表》，就可以根据车辆成新率评定表确定综合成新率。例如，使用综合成新率法评估车辆，综合成新率 N 的确定：

$$\begin{aligned} N &= N_1 \times 40\% + N_2 \times 60\% \\ &= 91\% \times 40\% + 83\% \times 60\% \\ &= 36.4\% + 49.8\% \\ &= 86.2\% \end{aligned}$$

4）折扣率的估算

上述成新率的估算方法往往只是考虑了一种因素，如使用年限法计算的成新率仅仅考虑了使用年限因素对车辆的实体性损耗的影响；行驶里程法仅考虑了行驶里程因素所导致的损耗；部件鉴定法虽然考虑了各个部件的损耗情况，但却没有充分考虑到年限及行驶里程对车辆价值的影响。

因此，如果采用公式：评估值=重置成本×成新率，计算得到的数值作为被评估车辆的价值，显然是不准确的。为了避免单一因素成新率计算的不足，以一个折扣率来衡量其他因素对车辆价值影响的大小。

折扣率的估算根据市场同种车型的供求关系、宏观经济政策、对车价变化的未来预期及市场实现的难易等因素，由旧机动车估价师依据评估经验进行判定。

2. 收益现值法

（1）收益现值法原理

① 定义。

收益现值法是将被评估的车辆在剩余寿命期内预期收益，折现为评估基准日的现值，借此来确定车辆价值的一种评估方法。现值即为车辆的评估值，现值的确定依赖于未来预期收益。

② 原理。

从原理上讲，收益现值法基于这样的事实，即人们之所以占有某车辆，主要是考虑这辆车能为自己带来一定的收益。如果某车辆的预期收益小，车辆的价格就不可能高；反之，车辆的价格肯定就高。投资者投资购买车辆时，一般要进行可行性分析，其预计的内部回报率只有在超过评估时的折现率时，才肯支付货币额来购买车辆。应该注意的是，运用收益现值法进行评估时，是以车辆投入使用后连续获利为基础的。在机动车的交易中，人们购买的目的往往不在于车辆本身，而是车辆获利的能力。

③ 应用范围。

该方法较适用于投资营运的车辆。

（2）收益现值法评估值的计算

运用收益现值来评估车辆的价值反映了这样一层含义：收益现值法把车辆所有者期望的收益转换成现值，这一现值就是购买者未来能得到好处的价值体现。

（3）收益现值法中各评估参数的确定

1）剩余使用寿命期的确定

剩余使用寿命期指从评估基准日到车辆达到报废的年限。如果剩余使用寿命期估计过长，就会高估车辆价格；反之，则会低估价格。因此，必须根据车辆的实际状况对剩余寿命做出正确的评定。

对于各类汽车来说，该参数按《汽车报废标准》确定是很方便的。

2）预期收益额的确定

收益额是指由被评估对象在使用过程中产生的超出其自身价值的溢余额。

对于预期收益额的确定，应把握两点：

① 预期收益额指的是车辆使用带来的未来收益期望值，是通过预测分析获得的。无论对于所有者还是购买者，判断某车辆是否有价值，首先应判断该车辆是否会带来收益。对其收益的判断，不仅仅是看现在的收益能力，更重要的是预测未来的收益能力。

② 计量收益额的指标，以企业为例，目前有几种观点：

第一，企业所得税后利润。

第二，企业所得税后利润与提取折旧额之和扣除投资额。

第三，利润总额。

为估算方便，推荐选择第一种观点，目的是准确反映预期收益额。

3）折现率的确定

折现率是将未来预期收益折算成现值的比率。它是一种特定条件下的收益率，说明车辆取得该项收益的收益率水平。

收益率越高，意味着单位资产的增值率越高，在收益一定的情况下，所有者拥有资产价值越低。

在计量折现率时，必须考虑风险因素的影响，否则，就可能过高地估计车辆的价值。一般来说，折现率应包括无风险收益率和风险报酬率两方面的风险因素。

$$折现率=无风险收益率+风险报酬率$$

折现率与利率不完全相同，利率是资金的报酬，折现率是管理的报酬。

利率只表示资产（资金）本身的获利能力，而与使用条件、占用者及使用用途没有直接联系；折现率则与车辆及所有者使用效果有关。

折现率一般不好确定。其确定的原则应该不低于国家银行存款的利率。

因此，实际应用中，如果其他因素不好确定，可取折现率=利率。

4）收益现值法评估的程序

① 调查、了解营运车辆的经营行情，营运车辆的消费结构。

② 充分调查了解被评估车辆的情况和技术状况。

③ 根据调查、了解的结果，预测车辆的预期收益，确定折现率。

④ 将预期收益折现处理，确定旧机动车评估值。

5）收益现值法的优缺点

① 采用收益现值法的优点是：

a. 与投资决策相结合，容易被交易双方接受；

b. 能真实和较准确地反映车辆本金化的价格。

② 采用收益现值法的缺点是：预期收益额预测难度大，受较强的主观判断和未来不可预见因素的影响。

案例：某人拟购置一台较新的普通桑塔纳车用于个体出租车经营，经调查得到以下各数据和情况：车辆登记之日是 1997 年 4 月，已行驶里程 1.3 万千米，目前车况良好，能正常运行。如用于出租使用，全年可出勤 300 天，每天平均毛收入 450 元。评估基准日是 1999 年 2 月。试用收益现值法估算该车的价值。

分析从车辆登记之日起至评估基准日止，车辆投入运行已 2 年。根据行驶里程数、车辆外观和发动机等技术状况来看，该车辆用于出租营运，车况良好，能正常运行。根据国家有关规定和车辆状况，车辆剩余使用寿命为 6 年。

预期收益额的确定思路是：将一年的毛收入减去车辆使用的各种税和费用，包括驾驶人员的劳务费等，以计算其税后纯利润。

根据目前银行储蓄年利率、国家债券、行业收益等情况，确定资金预期收益率为 15%，风险报酬率 5%，具体计算步骤如下：

（1）确定车辆的剩余使用年限 6 年

（2）估测车辆的预期收益

1）预计年收入

$$450 \times 300 = 13.5（万元）$$

2）预计年支出

① 每天耗油量 75 元，年耗油量为 75 元 $\times 300 = 2.25$ 万元。

② 日常维修费 1.2 万元。

③ 平均大修费用 0.8 万元。

④ 牌照、保险、养路费及各种规费、杂费 3.0 万元。

⑤ 人员劳务费 1.5 万元。

⑥ 出租车标付费 0.6 万元。

⑦ 故年毛收入为：$13.5 - 2.25 - 1.2 - 0.8 - 3.0 - 1.5 - 0.6 = 4.15$（万元）。

⑧ 按个人所得税条例规定年收入在 3 万～5 万元，应缴纳所得税率为 30%。

故车辆的年纯收益额为：$4.15 \times (1 - 30\%) = 2.9$（万元）。

（3）确定车辆的折现率

该车剩余使用寿命为 6 年，预计资金收益率为 15%，再加上风险率 5%，故折现率为 20%。

（4）计算车辆的评估值

假设每年的纯收入相同，则由收益现值法公式求得收益现值，即评估值。

3. 现行市价法

现行市价法又称市场法、市场价格比较法，是指通过比较被评估车辆与最近售出类似车辆的异同，并将类似车辆的市场价格进行调整，从而确定被评估车辆价值的一种评估方法。

现行市价法是最直接、最简单的一种评估方法。基本思路是：

通过市场调查选择一个或几个与评估车辆相同或类似的车辆作为参照物，分析参照物的构造、功能、性能、新旧程度、地区差别、交易条件及成交价格等，并与评估车辆一一对照比较，找出两者的差别及差别所反映的在价格上的差额，经过调整，计算出旧机动车辆的价格。

（1）现行市价法应用的前提条件

① 需要有一个充分发育、活跃的旧机动车交易市场，有充分的参照物可取。

② 参照物及其与被评估车辆有可比较的指标、技术参数等资料是可收集到的，并且价值影响因素明确，可以量化。

（2）采用现行市价法评估的步骤

1）考察鉴定被评估车辆

收集被评估车辆的资料，包括车辆的类别、名称、型号等。了解车辆的用途、目前的使用情况，并对车辆的性能、新旧程度等做必要的技术鉴定，以获得被评估车辆的主要参数，为市场数据资料的搜集及参照物的选择提供依据。

2）选择参照物

按照可比性原则选取参照物。

车辆的可比性因素主要包括类别、型号、用途、结构、性能、新旧程度、成交数量、成交时间、付款方式等。

参照物的选择一般应在两个以上。

3）对被评估车辆和参照物之间的差异进行比较、量化和调整

被评估车辆与参照物之间的各种可比因素，尽可能地予以量化、调整。具体包括：

① 销售时间差异的量化。

在选择参照物时，应尽可能地选择在评估基准日成交的案例，以免去销售时间允许的量化步骤。

若参照物的交易时间在评估基准日之前，可采用指数调整法将销售时间差异量化并予以调整。

② 车辆性能差异的量化。

车辆性能差异的具体表现是车辆营运成本的差异。

通过测算超额营运成本的方法将性能方面的差异量化。

③ 新旧程度差异的量化。

被评估车辆与参照物在新旧程度上不一定完全一致，参照物也未必是全新的。这就要求评估人员对被评估车辆与参照物的新旧程度的差异进行量化。

$$差异量 = 参照物价格 \times （被评估车辆成新率 - 参照物成新率）$$

④ 销售数量、付款方式差异的量化。

销售数量大小、采用何种付款方式均会对车辆的成交单价产生影响。

对销售数量差异的调整采用未来收益的折现方法解决。

对付款方式差异的调整，被评估车辆通常是以一次性付款方式为假定前提，若参照

物采用分期付款方式，则按当期银行利率将各期分期付款额折现累加，即可得到一次性付款总额。

⑤ 汇总各因素差异量化值，求出车辆的评估值。

对上述各差异因素量化值进行汇总，给出车辆的评估值。数学表达式为：

$$被评估车辆的价值 = 参照物现行市价 \times \Sigma 差异量$$

或

$$被评估车辆的价值 = 参照物现行市价 \times 差异调整系数$$

用市价法进行评估，了解市场情况是很重要的，并且要全面了解。了解的情况越多，评估的准确性越高，这是市价法评估的关键。

运用市价法收购二手车的贸易企业一般要建立各类二手车技术、交易参数的数据库，以提高评估效率。

用市价法评估已包含了该车辆的各种贬值因素，包括有形损耗的贬值、功能性贬值和经济性贬值。

因而用市价法评估不再专门计算功能性贬值和经济性贬值。

（3）采用现行市价法的优缺点

1）现行市价法的优点

① 能够客观反映旧机动车辆目前的市场情况，其评估的参数、指标直接从市场获得，评估值能反映市场现实价格。

② 结果易于被各方面理解和接受。

2）现行市价法的缺点

① 需要以公开及活跃的市场作为基础。然而我国旧机动车市场还只是刚刚建立，发育不完全，不完善，寻找参照物有一定的困难。

② 可比因素多而复杂，即使是同一个生产厂家生产的同一型号的产品，同一天登记，由不同的车主使用，由于使用强度、使用条件、维护水平等多种因素作用，其实体损耗、新旧程度都各不相同。

（4）现行市价法的应用场合

现行市价法要求评估人员经验丰富，熟悉车辆的评估鉴定程序、鉴定方法和市场交易情况，那么采用现行市价法评估时间会很短，因此，特别适合应用于成批收购、鉴定和典当。

单件收购估价时，还可以讨价还价，达成双方都能接受的交易价格。

【案例分析】

1. 销售数量量化的调整

案例：市场上有 6 台完全相同的车辆待出售。经调查，该地区市场上此类车辆平均每年只售出 2 辆。于是为满足买主的要求，卖方同意以优惠价格一次性同时出售 6 辆汽车，而可选择的近期交易参照物单辆售价为 4 万元。试用现行市价法评估此 6 辆汽车的现值。

评估如下：

① 直接以参照物的价格出售，即每辆汽车 4 万元。当年销售 2 辆汽车，可得销售收入为 2×4 万元=8 万元。

② 其余 4 辆汽车如逐年销售，2 年后才能售完。每辆汽车 4 万元，以参照物单价为标准，未来每年可得销售款 8 万元。以此为基础，折算 4 辆汽车的现值，适用的折现率为 10%。

③ 实际上这是一个未来收益的折现问题。根据未来收益现值法的公式，可计算 4 辆汽车的现值为

$$80\,000 \times [(1+10\%)^2 - 1] \div (1+10\%)^2 = 138\,843（元）$$

④ 6 辆汽车同时出售的评估值为

$$80\,000 + 138\,843 = 218\,843（元）$$

2. 现行市价法评估应用举例

案例：评估人员在对某辆汽车进行评估时，选择了 3 个近期成交的与被评估车辆类别、结构基本相同，经济技术参数相近的车辆作参照物。

成新率的差异：

① A 车与被评估车辆由于成新率的差异所产生的差额为

$$50\,000 元 \times (70\% - 60\%) = 5\,000 元$$

② B 车与被评估车辆由于成新率的差异所产生的差额为

$$65\,000 元 \times (70\% - 75\%) = -3\,250 元$$

③ C 车与被评估车辆由于成新率的差异所产生的差额为

$$40\,000 元 \times (70\% - 55\%) = 6\,000 元$$

根据被评估车辆与参照物之间差异的量化结果，确定车辆的评估值：

① 与参照物 A 相比分析调整差额，初步评估的结果为：

$$车辆评估值 = 50\,000 元 + 1\,500 元 + 2\,095 元 + 5\,000 元 = 58\,595 元$$

② 与参照物 B 相比分析调整差额，初步评估的结果为：

$$车辆评估值 = 65\,000 元 + 550 元 - 9\,270 元 - 3\,250 元 = 53\,030 元$$

③ 与参照物 C 相比分析调整差额，初步评估的结果为：

$$车辆评估值 = 40\,000 元 + 2\,000 元 + 17\,628 元 + 6\,000 元 = 65\,628 元$$

（四）二手车购置流程

根据二手车的交易程序和交易特性，为杜绝盗抢车、走私车、拼装车和报废车的面市，切实维护消费者的合法权益，科学、合理地设计了"一条龙"的作业方式，使二手车交易在规范有序的程序内进行，减少了购销双方的来回奔波，体现了便民、可监控和有序的交易环境，其主要环节是车辆查验、车辆评估、车辆交易、初审受理、材料传送、材料复核、制证发牌、材料回送、收费发还。交易流程如图 3.4.1 所示。

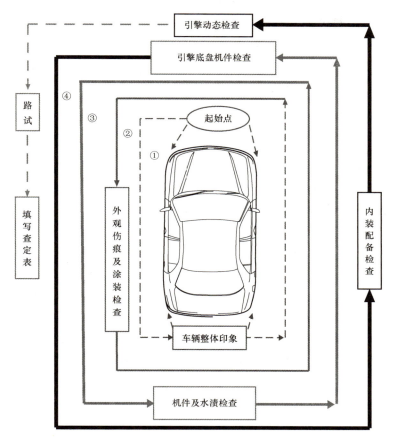

图 3.4.1 二手车鉴定检查流程

1. 挑选二手车

检查车辆不仅要像老中医那样"望、闻、问、切",还要进行实际操作,通俗点说,就是五个字——看、听、问、摸、试。

① 看里程表:一般家庭用车每年的行驶里程是 2 万千米,一辆使用 8 年的车至少跑了 16 万千米,一辆车放置的时间过长,车里面的零件也会产生相当大的损坏。

② 看漆:看车身漆膜有无脱落,面部漆有无新印记,在排气管、镶条和窗子四周有无多余的喷漆,如有,则证明该车是翻新车,车身可能有划痕、损坏。

③ 看车厢:在座椅、地毯及其他车厢部分有没有不正常的铁锈或锈蚀。锈蚀严重的,有可能车子是被水泡过的。有些车商为了掩盖车厢内的问题,故意加上一些亮眼的装饰来迷惑人。

④ 看心:重要的汽车性能主要还是引擎盖下面的东西,发动机工作是否正常,各油管、水管、线路是否老化,有无漏油漏水痕迹。不要以为里面干干净净就没有问题,越是干净的车"心",越是经过人工清理的。

⑤ 看接缝:观察发动机盖和两侧翼子板之间的接缝是否平均,车门边缘的缝隙是否一

致，前大灯、后尾部组合灯与金属连接的缝隙是否一样，新旧程度是否一样。

⑥ 打开引擎盖，看车内部颜色是否和外部颜色一样，检测车是否重新喷过漆。一辆车重新喷漆的原因无非是两种：为了更漂亮，或者是曾经撞得太惨！在引擎周围内部，看周遭大梁是否有焊接的痕迹，如果有，建议放弃这辆车。

⑦ 看尾气：看尾气可识别发动机的好坏。如果汽车尾部喷出黑色的浓烟，那么这车就废了！

⑧ 行驶时注意车的噪声的产生处和声音大小，判断此车的密封程度和隔声效果。另外，还要注意发动机、变速器、差速器和悬挂系统是否有异响，如发动机发出"咣咣咣"或"哐哐哐"的声音，变速器、差速器发出"哗啦啦"的声音，则说明此部件该大修了。

⑨ 问保养情况：可以向前车主要保养的资料。保养资料是会被记录下来，跟着汽车的资料走的。

⑩ 用手去轻抚车体，感受汽车烤漆的质量。这是因为人类的手可以感觉出不同的质感。一辆汽车曾经碰撞后，即使进行过钣金和喷漆的工作，原厂漆和后喷的漆一定也会有质量和质感的不同。

⑪ 起动后，检查转向盘（带助力）左右打轮时的力度是否一致，转向角度是否合理，转向盘打死后，前轮是否有磨轮胎的现象出现。起动发动机，令其低速运转，倾听运转状况是否平稳。要想查验离合器的状况，起步时把变速器挂在三挡，而不是通常的一挡，如果发动机未正常熄火，说明离合器已经衰老。

2. 查证检测

车辆证件的查验工作很重要。在这一过程中，原车主应提供原车主身份证原件、机动车登记证原件、行驶证原件、原始购车发票及购置税完税证明等（卖方是单位，则需要组织机构代码证书原件及公章）。买方应在车辆年检期有效的时间段内，检查车辆识别代码（车架号）、发动机号钢印是否有凿改痕迹，与其拓印是否一致；检查车辆着色和车身装置是否与行驶证一致。同时，按交易类别对车辆主要行驶性进行检测，确保交易车辆的正常安全性能。如一切正常，则在《机动车登记业务流程记录单》上盖章，并在发动机号、车架号的拓印上加盖骑缝章。

3. 鉴定评估

在这一过程中，对旧机动车进行公正的鉴定评估，出具评估结论书。其中鉴定流程可分为以下步骤来进行：一是外观涂装的检视；二是钣金的更换及修复（含机件检查）检查；三是车身骨架的更换与修复检查；四是发动机底盘机件及内装配备检查。

4. 办理交易手续

根据交易车辆有效证照和评估结论书等相关材料开票。

5. 签订合同、支付订金

买家根据商定合同支付订金。

6. 过户或转籍

（1）二手车交易市场过户交易所需材料

① 机动车行驶证；
② 机动车登记证书；
③ 机动车号牌一副（退牌车辆提供退牌更新证明）；
④ 进口车查询单（进口车须提供）；
⑤ 车辆购置附加税证；
⑥ 买卖双方身份证、户口簿，如果是外地户口，需要携带暂住证，买方的暂住证需要满一年。

（2）办理车辆过户

旧机动车市场在车辆过户时实行经营公司代理制，过户窗口不直接对消费者办理。将车开到市场，由旧机动车经营公司为其代理完成过户程序：评估、验车、打票。

买卖双方需签订由工商部门监制的《旧机动车买卖合同》，合同一式三份，买卖双方各持一份，工商部门保留一份。经工商部门备案后，才能办理车辆的过户或转籍手续。

等评估报告出来后，开始办理过户手续。办理好的过户凭证由买方保留，卖方最好也保留一份复印件，以备日后不时之需。

过户一般流程（图3.4.2）为：
① 现机动车所有人填写《机动车过户、转出、转入登记申请表》并按规定签章。
② 交验机动车行驶证和机动车登记证书（未领取过机动车登记证书的，原机动车所有人须填写《补领、换领机动车牌证申请表》并按规定签章）。
③ 提交双方机动车所有人的身份证明原件及代理人的身份证明（汽车过户的，应先经所在地县〈市、区〉车管所〈组〉审核签章）。
④ 交验机动车辆后，到交易市场进行交易并按规定办理其他相关手续。

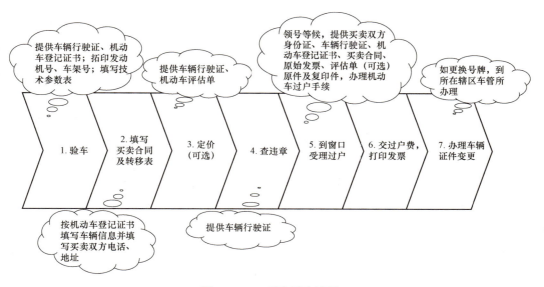

图3.4.2 二手车过户流程

⑤ 交回机动车行驶证（须换发号牌的，同时交回原机动车号牌）。

⑥ 微机公开选号、领取机动车号牌（在同一辖区内，双方车主均为单位或均为个人，且使用性质不变的，原号牌不变）。

⑦ 安装号牌、拍摄车辆照片、领证。

⑧ 保险过户。

（3）办理转籍

① 现机动车所有人填写《机动车过户、转出、转入登记申请表》并按规定签章。

② 交验机动车行驶证和机动车登记证书（未领取过机动车登记证书的，机动车所有人须填写《补领、换领机动车牌证申请表》并按规定签章）。

③ 提交双方机动车所有人的身份证明原件及代理人的身份证明（汽车转出的，应先经所在地县〈市、区〉车管所〈组〉审核签章）。

④ 交验机动车辆后，到交易市场进行交易。

⑤ 交回机动车行驶证和号牌，领取机动车档案。

机动车登记证、机动车行驶证过户完成后，还要进行养路费和购置附加税、保险的车主变更，凭本人的行驶证原件就可以办理。

7. 买家支付余额，交易完成

前面手续完成后，买家付清余款。在车辆过户手续履行完毕后，应及时保养车辆并进行必要的整修，以建立自己的车辆维修记录，方便以后自己使用。

二、二手车网上交易

（一）中国二手车电子商务行业现状分析

二手车电子商务是通过互联网或其他数字化媒介渠道，进行二手车资讯传播及交易的形式。它充分利用现代信息技术所提供的条件，打破时间和空间的限制，借助丰富的二手车资源，形成在线的二手车资讯交互机制，实现了有别于传统二手车检测、销售的全新方式。

目前二手车电商行业 ToC 市场中主要存在 3 种交易模式，包括 B2C 模式、C2C 虚拟寄售模式和 C2C 寄售模式。B2C 模式主要连接 B 端车商与 C 端买方用户，B 端车源丰富，满足 C 端用户选择需求，交易效率相对较高；C2C 虚拟寄售模式省去交易中间环节，提升 C 端卖方双方利益，但交易效率和车源质量的问题还有待解决；C2C 寄售模式区域性强，容易获得良好的群众基础和口碑，但企业运营成本和发展速度难以保证。

① 2015 年下半年，从 8 月开始，中国二手车电商行业 To C 模式平台月均 SKU 数量总体保持在 95 万～125 万辆；12 月平台月均 SKU 数量最多，达到 121.5 万辆。如图 3.4.3 所示。

项目三 汽车服务电子商务应用

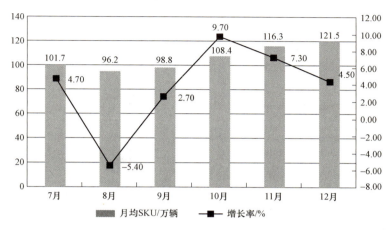

图 3.4.3　2015 年中国二手车电商行业 To C 模式平台月均 SKU 数量

下半年，To C 模式平台整体月均 SKU 数量为 107.2 万辆，其中 B2C 模式平台月均 SKU 数量为 95.0 万辆，占整体的 88.60%。C2C 模式目前平台月均 SKU 数量相对较少，为 12.2 万辆，占整体的 11.40%，如图 3.4.4 所示。

B2C 模式是目前 To C 市场中最主要的交易模式，由于 B 端车商是车源的提供方，B2C 模式平台 SKU 数量远高于 C2C 模式，并且在未来较长的一段时间内一直是 To C 市场最主要的交易模式。另外，随着 C 端卖方市场的培养，C 端卖方用户对线上卖车的接受度有所提升，但 C2C 模式交易效率较低、交易周期较长的问题一定程度上制约了 C 端车源获取，导致现阶段 C2C 模式平台月均 SKU 数量较低。

② 2015 年下半年，中国二手车电商行业 To C 模式平台成交量达到 32.0 万辆，总成交规模约为 307.2 亿元。其中 B2C 模式成交量为 27.6 万辆，占总成交量的 86.20%；C2C 模式成交量为 4.4 万辆，占整体的 13.80%。如图 3.4.5 所示。

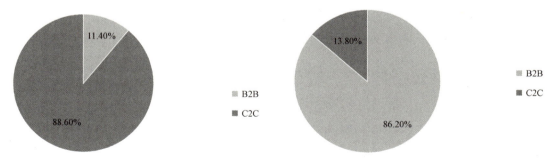

图 3.4.4　2015 年下半年中国二手车电商行业　　图 3.4.5　2015 年下半年中国二手车电商行业
　　　To C 模式平台月均 SKU 数量份额　　　　　　　　To C 模式平台成交量份额

在 To C 模式整体成交量中，B2C 模式成交量明显高于 C2C 模式，可见 B 端车商是 To C 模式交易中重要参与者。B 端车商提供车源量大、交易效率高、服务保障好等优势是 B2C 模式发展较快的主要因素。C2C 模式由于车源较少且较为分散，交易方式和交易效率不高，

179

不能很好地满足 C 端买方用户对车辆和交易的需求,所以目前 C2C 模式在 To C 市场份额较低。

③ 2015 年下半年,To C 模式交易平台成交量呈逐月递增趋势,平均增长率保持在 25% 以上,12 月份交易量达到 8.9 万辆,如图 3.4.6 所示。

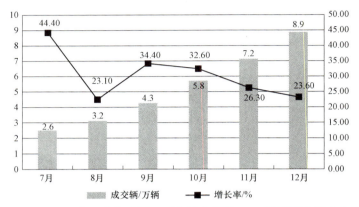

图 3.4.6　2015 年下半年中国二手车电商行业 To C 模式平台月成交量

二手车电商行业 To C 市场成交量及成交金额的激增,展现出其巨大的市场潜力。扩大 C 端市场规模,抢占 C 端用户资源,挖掘 C 端用户价值,是目前及未来一段时间 To C 市场的发展方向,未来 To C 市场成交量将会继续保持较快的增长趋势,成交规模将进一步扩大。

④ 2015 年下半年,二手车电商行业 To C 模式平台总流量达到 5 500 万人次,而 To C 模式平台总成交量为 32 万辆,平台流量转化率约为 0.58%。巨额的广告投入换来了较高的平台流量,但流量、品牌知名度与成交量在现阶段并不成正比。目前二手车电商平台的平台流量转化率仍处于较低水平,通过获取用户信任来提升成交量才是二手 To C 市场发展的关键。

⑤ 2015 年下半年,强大的广告效应使部分二手车电商的知名度迅速提升,C 端用户对优信二手车、瓜子二手车等企业的认知度有明显提升,在二手车用户市场有超过 80% 的用户知道优信二手车,平台认知度最高;另外,瓜子二手车、人人车在二手车用户中认知度超过 70%,车猫二手车在广告力度相对较小状态下,平台认知度也将近 45%,如图 3.4.7 所示。

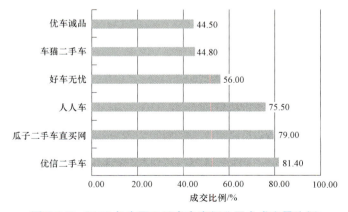

图 3.4.7　2015 年中国二手车电商行业平台成交量比例

电视、视频广告是二手车用户知晓二手车电商平台的两个最主要渠道，超过 50%的二手车用户通过电视和视频广告认知二手车电商平台；另外，汽车类 APP、搜索引擎、门户网站、户外广告也是用户了解二手车电商平台的重要渠道，如图 3.4.8 所示。

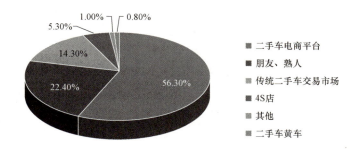

图 3.4.8 2015 年下半年二手车用户选择购买二手车渠道

由于二手车是非标准化产品，存在"一车一况"的特殊属性，所以二手车的车况（包括外观、内饰情况，已使用年限，里程数等指标）是 C 端买方用户最为关注的因素，超过 55%的用户最关注车辆的状况。另外，车辆价格、质保情况、维修保养成本均是 C 端用户在购买过程中会考虑的因素，如图 3.4.9 所示。

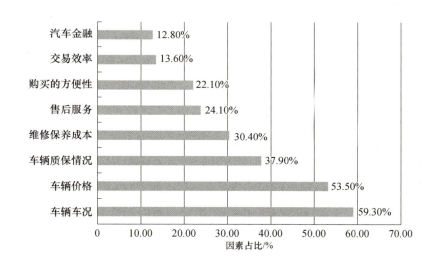

图 3.4.9 2015 年下半年二手车用户购买看重因素

所以，保证良好的车源质量、提供优质的售后保障服务、制定有竞争力的价格是二手车电商平台吸引 C 端用户三大机会点。

⑥ 二手车行业在中国早已有几十年的发展历史，但弊病的存在，一直影响着二手车行业的整体发展。互联网概念的引入，使二手车行业迎来了爆发式增长。纵观二手车电商行

业的整体发展历程，从最初单纯的信息发布阶段开始，到未来逐步走向成熟，并最终拥有自己成熟的商业模式及盈利模式，每个阶段将会经历一段较长时间的发展过程，如图3.4.10所示。

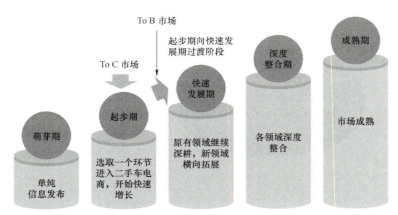

图 3.4.10　中国二手车电子商务行业发展阶段

而二手车电商行业 To C 市场发展起步较晚，从 2015 年开始，经过资本和广告市场的大量投入，To C 市场才开始真正进入消费者视野，开始快速地发展。二手车电商行业 To C 市场目前还处于起步阶段，多模共同发展，围绕自身模式优势探索和开发市场，积累 C 端用户资源。

⑦ 各模式的切入点不同。二手车信息资讯平台以信息资源对接为主，面向全产业链中有二手车买卖需求的人士提供信息资讯，是产业链中不可或缺的信息来源渠道。

（二）中国二手车电子商务行业发展趋势

① 国家统计局数据显示，近年来，中国农村、城镇居民收入都有大幅度攀升。随着国民生活水平的不断改善，人们对于基本交通出行、自驾游等方面的需求越来越多，必然会促进汽车市场的发展。此外，受到部分政策及可支配资金的影响，二手车已经进入普通家庭的选择范围，并逐步成为重要的组成部分。庞大的人口基数、快速稳定增长的人均收入、强烈的购车需求，以及不断加快的更新换代频率，都有助于汽车消费市场的快速增长，同时，由此产生的置换需求也进一步促进了二手车消费市场的发展。

② 2015 年 7 月，十部委联合发布了《关于促进互联网金融健康发展的指导意见》，其中重点提到了互联网消费金融。汽车金融作为高客单价的消费金融类别，与互联网结合，符合目前众多消费群体的实际需求。二手车金融同样如此，嫁接了互联网，会产生新的机会，如图 3.4.11 所示。

目前，中国消费信贷规模达到将近 20 万亿的水平，并且处于快速发展阶段。这体现出国内金融消费市场的蓬勃发展，居民提前消费意识和消费能力不断提升，并且随着互联网金融业务、信用支付业务等以信用为核心的金融服务出现，未来金融服务将会更加普及，如图 3.4.12 所示。

图 3.4.11　2010—2019 年中国消费信贷余额规模及增长率
（注：E 指预测值）

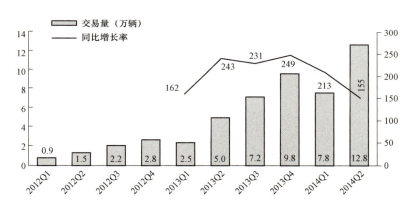

图 3.4.12　2012—2014 年我国二手车电商交易量
（注：Q 指季度）

随着互联网金融被越来越多的消费者所接受且发展迅速，充分展现了互联网金融的旺盛需求。汽车作为高客单价消费品，部分消费者更倾向于选择金融服务产品去购买汽车，促进汽车消费市场的发展。二手车市场也具有相同的特性。同时，二手车市场存在其特殊性，这决定未来二手车金融市场具有其特色的发展前景，如图 3.4.13 所示。

③ 互联网的快速发展改变了人们获取信息的方式，依赖互联网获取信息的人群比例越来越高，这为二手车电商的发展奠定了重要的用户基础。二手车电商平台集中了海量的二手车信息，并提供"收车"功能，用户可以通过二手车平台快速了解车辆的价值，并高效完成二手车交易。专业化的二手车电商平台未来将会成为用户买车、卖车的重要渠道。

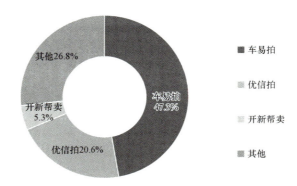

图 3.4.13　2014 年我国二手车电商交易金额市场份额

④ 综合国家统计局和中国汽车流通协会数据显示，近年来，全国新车和二手车销售量持续增长，2015 年新车销量达到 2 400 多万台，中国汽车市场规模保有量进一步提升，达到 1.72 亿辆。二手车交易数据方面，2015 年全国二手车累计交易量达到 941.71 万辆，相比 2014 年增长 2.32%，累计交易金额 5 535.4 亿元，如图 3.4.14 所示。

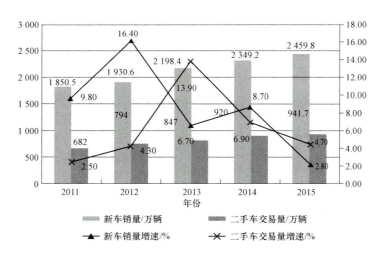

图 3.4.14　2011—2015 年中国新车销量及二手车交易量

新车不断地进入市场，加之限号等政策的实施，许多一二线城市已经开始进入车辆置换周期，推动了二手车行业的快速发展。二手车销售量逐年攀升，也显示了人们对二手车辆的需求不断增多，但与汽车保有量相比，二手车销量仍有大幅提升的空间，行业整体的发展势头与前景十分广阔。

（三）我国主要二手车网站

1. 中国二手车城

（1）网站概况

中国二手车城是一家服务于全国广大客户，专门提供二手车交易信息及相关服务的专业网站，是目前国内最具影响力、信息量最多、诚信度最高的知名二手车交易信息和服务平台。作为中国最大的二手车消费社区，中国二手车城拥有超过80万条二手车信息，网站每天有超过100万的用户浏览。

公司总部位于厦门，同时在北京、深圳等地建立分支机构，各地加盟合作商超过2 000家，是全国广大的二手车商、4S店、车主和车友们最受欢迎和信赖的二手车网站。其不仅为全国广大车友提供海量、真实可靠的供求信息，同时提供了专业的二手车价值评估、车市行情及买卖咨询服务，也为全国广大的车商和车友搭建了一个纵横东西、横跨南北的二手车流通渠道，以及覆盖沿海、内地和中西北地区的二手车服务网络。

中国二手车城不仅是国内最大二手车消费社区，同时也成为大江南北各区域与城市之间二手车流通的重要信息渠道，作为继汽车门户之后的又一汽车垂直媒体新锐，其深度影响了超千万的全国广大汽车用户和潜在购车消费群，也创造了二手车垂直门户的6个第一，如图3.4.15所示。

图3.4.15　中国二手车城

（2）盈利模式

主要有两大盈利模式：

① 网站本身作为一个专业的二手车媒体，为全国广大二手车商提供网店、会员和广告推广服务。其通过收取建站费、会员服务费和广告费来创收。

② 在有分支机构的城市，比如厦门开展二手车交易服务，以中介服务为主，通过收取

一定的信息中介费或称服务费来创收。

③ 消费者发布买车/卖车信息（如果只是网站发布，则免费）。

2. 第一车网

（1）网站概况

第一车网是将互联网、平面纸媒、呼叫中心、社区信息接力站相结合的跨平台二手车信息和交易服务网络，构建立体化的汽车销售服务体系。与拥有 21 个频道的中国汽车网比较，第一车网只相当于它的一个频道，做得很深入，使大量的信息有机结合，如图 3.4.16 所示。

图 3.4.16　第一车网

第一车网经营模式的核心是，为个人和汽车行业的经营（经纪）公司提供二手车行业信息服务。同时，它还提供一些汽车增值辅助服务，比如二手车保险、贷款、检测、维修、保养、美容、改装等。目前，第一车网已经形成了一套完整的二手车顾问服务流程，与有关市场管理机构、经营（经纪）公司建立了充分的合作关系。

（2）盈利模式

第一车网盈利线上模式主要有以下几种：

① 对使用二手车信息发布平台的用户在网上免费发布信息；

② 向合作的经纪公司商户提供有偿的个人二手车信息；

③ 在网上开设内部竞价网络交易平台，收取会员费；

④ 车辆经纪公司广告收入。

第一车网盈利线下模式主要有汽车增值辅助服务，比如二手车保险、贷款、检测、维修、保养、美容、改装等。

思考： 还有哪些二手车网？它们的运作模式是什么？

（四）二手车网上购买流程

不同的二手车网上平台购车流程不尽一样，但主要步骤基本一致，现在就以中国二手车城网上二手车平台为例，介绍一下二手车网上购买流程，如图 3.4.17 所示。

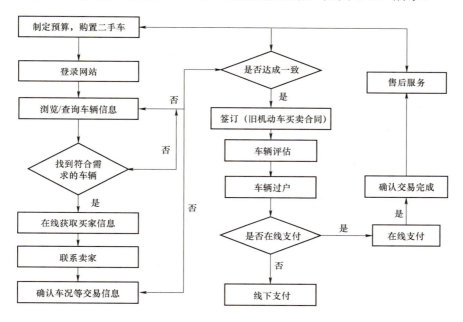

图 3.4.17　二手车网上购买流程

（五）二手车网上交易常识

根据有关机构对不同年龄层的消费者进行调查后显示，40%的消费者表示能够接受网络购车这一形式。在接受这一全新销售形式的消费者中，几乎全部为 30 岁以下的年轻人。那么网上购买二手车有哪些需要注意的呢？

二手车交易上

二手车交易下

1. 网络购车的优势

网上购车可在线购买并比较车型、价格，可在网上查到大量的车型信息，不必跑 4S 店跟销售人员打交道，节约时间且方便，任何时候都可以购买，并且有许多车型选择，价格比 4S 店的更低，可随时随地安排上门试驾。网络作为购买汽车的信息获取渠道，极大地满足了用户获得广泛信息的期望。网上购车使购车过程变得轻松、快捷、方便，很适合现代人快节奏的生活。

2. 网络购车面临的问题

在购车的群体中，经过调查，有将近一半的人表示不会轻易选择网上买车的形式，因为担心安全等问题，觉得还是到 4S 店"眼见为实"比较踏实。这也从一个侧面反映出网络购车存在的一些问题：因为这一市场仍未成熟，缺乏相应的监管，网络购车存在很多陷阱和猫腻。

在选择网络购车时，除了要选择正规的商家外，还要掌握一些网上购车知识，以保证自己的合法权益不受损失。

首先，勿碰"超低价"二手车。对价格太低的二手车，要多加小心。业内人士指出，虽然二手车因为出厂时间、里程数、车况、磨损程度等状况的不同，很难统一价格，但价差一般不超过40%。如果是非常便宜的车，肯定有问题，不是事故车、报废车、盗抢车，就是拼装车。现在网上标价两三万元的"名车"，大多是骗人钱财的诱饵，消费者别贪了便宜，反而吃大亏。

其次，下订单前必须核对证件，订金千万不要轻易交给对方。特别是到外地购车时，即使见到实物，在没有核对过证件之前，绝对不能交订金。现在很多骗子手上根本没有车辆可以提供，他们往往会把别人的同型号车辆拍下照片，或者直接在网上复制同型号车辆图片，放在网页上进行欺骗。

最后，要当场过户。对于二手车"送车上门"的业务，按正规手续根本不可能出现这种情况。按照我国的车籍管理制度，车主或车主委托人必须在现场才能过户。这种"送车上门"方式，通常只会出现在非法车辆上。

3. 网络购买二手车时的注意事项

① 消费者要充分利用网络资源共享的优势，多选择几家专业网站进行信息的比较，从价格、服务、售后、优惠等多个方面来横向比较，最终选择令自己最满意的网络经销商。

② 网络信息量大有利也有弊。利在于能获得更多有价值的资讯，弊在于对于那些不太懂车的消费者来说，理清头绪就比较麻烦了。多看看已经有网络购车经历的车主的购车心得，对自己购车也会有很大的帮助。

③ 树立消费者维权意识，不贪图小利，杜绝虚假信息的危害。

④ 网上购车要注意检查机动车的证件手续是否齐全。

⑤ 要检查车的发动机号与车架号是否有过更改的痕迹。

二手车网上交易常识

在线测验 3-4

一、拓展任务

陈先生2010年买了一辆自己比较喜欢的车，至今已经5年的时间了。陈先生决定换一辆，但是又不想换品牌。身边的同事告诉他可以去4S店进行置换。于是陈先生登录了其品牌的网站去咨询二手车置换的相关问题。假如你恰好是网站的客服顾问，那么你能很好地帮到陈先生吗？请问网站的客服顾问应该如何帮助陈先生？

二、拓展训练

1. 国家宏观政策对二手车评估值产生的影响主要是（　　）。
   A. 功能性贬值　　　　　　　　　　B. 各种陈旧性贬值
   C. 实体性贬值　　　　　　　　　　D. 经济性贬（升）值
2. 二手车鉴定评估以（　　）为基础。
   A. 车内鉴定　　B. 排放鉴定　　C. 外观鉴定　　D. 技术鉴定
3. 因为二手车的技术状况和市场价格都随时间变化而变动，所以（　　）是非常重要的参数。
   A. 评估基准日　　　　　　　　　　B. 检验日期
   C. 车辆的出厂日期　　　　　　　　D. 初次注册登记日
4. 二手车产权依据是（　　）。
   A. 车牌号　　B. 机动车登记证　　C. 行驶证　　D. 税费登记证
5. 二手车评估的行为依据是（　　）。
   A. 评估报告　　　　　　　　　　　B. 技术规范使用手册
   C. 委托书或协议书　　　　　　　　D. 检验报告、状态书
6. 二手车交易网的主要业务是（　　）。
   A. 二手车买卖　　　　　　　　　　B. 二手车评估
   C. 二手车鉴定　　　　　　　　　　D. 代办过户、缴费等
7. 二手车的评估依据有（　　）。
   A. 立法依据、行为依据、产权依据、取价依据
   B. 行为依据、法律法规依据、产权依据、目的依据
   C. 立法依据、目的依据、行为依据、产权依据
   D. 行为依据、法律法规依据、产权依据、取价依据
8. 评估报告的有效期为（　　）。
   A. 8个月　　B. 90天　　C. 1年　　D. 200天
9. 二手车买卖合同共有（　　）个方面的内容。
   A. 6　　B. 8　　C. 5　　D. 7
10. 影响汽车经济使用寿命的因素有（　　）。
    A. 汽车的大修次数、使用强度、使用条件、国家能源和环保政策
    B. 汽车的无形损耗、使用强度、使用条件、大修次数
    C. 汽车的规定使用年限、使用强度、使用条件、国家能源和环保政策
    D. 汽车的损耗、使用强度、使用条件、国家能源和环保政策

项目四

汽车整车及用品电子商务应用

随着业务发展的需要,汽车电子商务是未来的发展趋势,在企业中,其不仅是汽车电子商务专员需要了解、掌握的基础知识与技能点,也是汽车营销人员与汽车服务人员同样需要知晓的内容,并以此为基础将日常的工作信息化、网络化,提升自身的工作效率与效果。本项目将从平台选择、货源准备、账号注册、实名认证、产品发布、付费推广、免费推广7个任务展开。

任务 4–1　平台选择

任务引入

小明在某品牌汽车 4S 店工作，随着市场的发展，该 4S 店希望通过互联网将业务进行拓展，以加强品牌推广、增加产品销售、提升客户服务。了解到小明在学校学习过汽车电子商务，领导将这一任务交给他，希望他通过电子商务网络平台进行整车与用品的销售，提升整体业绩。

小明接到任务之后，开始着手工作，首先面临的问题是：电子商务平台那么多，要选择哪一个比较好呢？如果你是小明，你将如何选择呢？

任务描述

小王要在网上开一家汽车用品店，在了解了多个电子商务平台之后，还是不能确定选择哪个平台更好。请你帮助小王收集整理常用汽车电子商务平台的相关资料信息，选出最适合的平台，并写明最少 3 个理由，用 Word 或者 Excel 制作一张表格，样表见表4.1.1。

表 4.1.1　样表

汽车电子商务平台名称	基本业务内容	优势	劣势

我选择的平台：_____
选择的理由：1. _____
　　　　　　2. _____
　　　　　　3. _____

要求：① 查找不少于 3 个汽车电子商务平台的资料，内容包括平台的基本业务、规模、当前在汽车电子商务的影响力等，分析平台的优势、劣势。

② 选择你认为最适合的平台，并写明最少 3 个理由。
③ 制作一张表格。在电脑上安装 Office 办公软件，如用 WPS 等其他办公软件制作，则没有安装同类软件的用户可能无法打开。注意版本兼容问题。
④ 表格要求美观、大方。

学习目标

- **专业能力**

1. 能够快速、高效地进行信息收集整理；
2. 了解"主流汽车电子商务平台"，熟悉"汽车电子商务平台之间的优劣势"，掌握"汽车电子商务平台选择需考虑的因素"等汽车电子商务平台的基础知识与技能点。

- **社会能力**

1. 树立进取意识、效率意识、规范意识；
2. 强化动手能力、市场开拓能力；
3. 维护组织目标实现的大局意识和团队能力；
4. 爱岗敬业的职业道德和严谨、务实、勤快的工作作风；
5. 自我管理、自我修正的能力。

- **方法能力**

1. 利用多种信息化平台独立自主学习的能力；
2. 制订工作计划、独立决策和实施的能力；
3. 运用多方资源解决实际问题的能力；
4. 准确的自我评价能力和接受他人评价的能力；
5. 自主学习与独立思维能力。

相关知识

一、主流汽车电子商务平台

汽车电子商务平台是一个为企业或个人提供汽车相关产品网上交易洽谈的平台。汽车产业的相关企业电子商务平台是建立在 Internet 网上进行汽车相关商务活动的虚拟网络空间和保障商务顺利运营的管理环境；是协调、整合信息流、货物流、资金流有序、关联、高效流动的重要场所。企业、商家可充分利用汽车电子商务平台提供的网络基础设施、支付平台、安全平台、管理平台等共享资源有效地、低成本地开展自己的商业活动。了解当前主流电子商务平台，是汽车电子商务专员、汽车销售人员、汽车服务人员的基本业务素养,是进行信息化办公的基础。

根据汽车电商的现状和热点,本章所讲平台以新车电商平台为主,包括汽车之家、天猫汽车、车享网等新车电商销售平台。

(一)汽车之家

汽车之家是一个网络垂直平台,成立于 2005 年 6 月,是全球访问量最大的汽车网站。汽车之家的产品服务涵盖范围很广,包括车险报价、资讯平台、数据平台、互动中心、经销商平台、商城、服务区、二手车之家、车家号等。为汽车消费者提供选车、买车、用车、换车等所有环节的全面、准确、快捷的一站式服务。汽车之家致力于通过产品服务、数据技术、生态规则和资源为用户和客户赋能,建设"车媒体、车电商、车金融、车生活"4 个圈,从"基于内容的垂直领域公司"转型升级为"基于数据技术的'汽车'公司"。

汽车之家的优势有以下几点:

① 作为网络垂直平台,坚持以产品为核心创造价值、传播价值,是国内唯一做到"为每一款车型建立一个专属网站"的媒体。

② 作为用户互动载体,坚持以产品为核心分众用户、聚众用户,拥有国内领先的垂直网络媒体互动人群。同时,通过社区架构和管理的不断优化,更令这一庞大人群有着领先的用户黏度和优质属性。

③ 作为领先的垂直互动媒体,坚持以原创为主,为客户需求提供增值的价值服务,和门户网站、搜索引擎形成有力的互补,成功地为如大众、丰田、宝马等国际一流知名品牌提供服务。

综上所述,汽车之家作为一个网络垂直电商平台,拥有精准的用户群体、庞大的汽车经销商和汽车品牌商资源,但从车商城的交易模式可以看出,当前的汽车整车销售主要还是和线下相结合,同时,线上支付方式与京东汽车及天猫汽车相比还有差距,如图 4.1.1 所示。

图 4.1.1 汽车之家主页

（二）天猫汽车

天猫商城是一个综合性购物网站，整合数千家品牌商、生产商，为商家和消费者之间提供一站式解决方案。天猫商城致力于提供100%品质保证的商品、7天无理由退货的售后服务，以及购物积分返现等优质服务。

天猫汽车是天猫商城开辟的汽车电商业务。2013年，天猫整车业务起步时，从最开始的通过支付汽车订金，到目前的"天猫开新车"融资租赁模式，逐步实现了互联网购车闭环。与此同时，随着中高端汽车品牌陆续入驻天猫，天猫汽车基本完成了整个汽车品牌的国产、合资、进口品牌布局。

相对其他的汽车电商平台，天猫汽车能够实现消费者直接看、买、贷3个功能，依靠阿里流量资源、支付宝资源、阿里小贷等将传统汽车电商的信息展示模式，转变成产销一体化的交易闭环，可称为纯汽车电商，如图4.1.2所示。

图4.1.2　天猫汽车网主页

但汽车作为大宗商品，具有其特殊性，使得汽车品牌商们在天猫上开启旗舰店的目的不是做销售，而是品牌展示和宣传。天猫没有垂直汽车网站所具有的精准用户，以及庞大的汽车经销商和汽车品牌商资源，在价格、线下服务的把控力上十分有限，和汽车垂直网站完全不是一个等级。不过，天猫和京东在汽车电商支付环节上的尝试还是值得肯定的。

（三）车享网

车享网是车享旗下基于PC端的业务承接平台，于2014年3月28日正式上线，依托上海汽车集团旗下各大品牌及数千家经销商，以用户为中心，通过线上线下无缝对接的电子商务模式，为用户提供一站式解决方案。车享网不只是一个线上购车平台，其服务价值链逐步覆盖到看、学、买、用、卖整个周期，体现的是从整车营销向汽车服务、会员社区、社群营销纵深扩展的发展思路。

虽然车享网也是线上线下业务结合的O2O企业，但就其本质而言，车享网采用的仍是传统的重资产的商业模式，而互联网更多的是促进线下交易的工具。车享网的目标是让消费者买车够实惠，用车更方便，有车之后更精彩。车享平台没有想要成为一个汽车销售的渠道，购车只是起点，消费者通过车享网买完车成为会员，将享受全生命周期的服务，这才是车享的真正意义。也就是说，车享网做的是一个全价值链的产品，让消费者有参与感和存在感。

车享家是上汽集团旗下的汽车电商平台"车享"的连锁实体品牌，是集网络销售和快修快保连锁门店于一体的专业汽车养护、维修服务平台。车享家不仅提供汽车保养、汽车美容和汽车养护等常规养车服务，还可以实现汽车钣喷、小修、轮毂整改、车身拉花等个性服务，如图 4.1.3 所示。

图 4.1.3 车享网主页

汽车之家、天猫汽车和车享网是汽车电子商务平台类型中垂直型、综合型和自建型的典型代表，这 3 个平台的业务范围、产品服务都有所不同，在提供汽车整车与用品销售方面各有优劣势。但由于汽车这一商品的特殊性，当前汽车整车电商还做不到像其他家电，如电视一样，实现网上选车，下单支付，然后在家中坐等快递上门。但汽车用品则可以实现完全电商销售。

二、汽车电子商务平台之间的比较

当前整个业界，包括汽车垂直网站、汽车品牌商，甚至汽车经销商和综合电商平台，都在积极探索汽车整车实现完全电商的模式。从综合电商平台的店中店模式，到汽车厂商的直销模式，再到以易车为代表的垂直互联网多方位探索，汽车电商正处于大胆尝试中。接下来对以上主流汽车电商平台进行比较，以了解其优劣势。按照平台属性，归为 3 类：垂直型汽车电商平台、综合型汽车电商平台和自建型汽车电商平台。

（一）垂直型汽车电商平台：汽车之家

垂直型汽车电商平台是汽车电商竞争最激烈的群体。其优势是具备强大的细分用户群和社交性，比传统电商在汽车领域更加专业。

但挑战是需解决汽车厂商和经销商之间的利益调整。汽车销售利润越来越低，成本却很高，如果减少销售环节，降低销售成本，缩减实体店数量，销售成本可以降低1/3。如果完全实现线上销售，无处安放的经销商势必会群起而攻之，在汽车电商市场没有完全成熟之前，为了保护市场，厂商不敢轻易把线上作为其主流销售渠道。

与汽车之家同类型的平台还有易车网，易车网在近几年发展较为迅猛。汽车之家和易车网都是在2005年于北京创立的，注册资本都为1 000万元。汽车之家最初定位于传播汽车资讯，近年来也逐步为消费者提供选车、买车、用车、换车所有环节的一站式服务，受众群体主要是喜爱汽车的网民和初期萌生购车想法的消费者。易车网定位于汽车导购平台，为汽车厂商和消费者服务，受众群体主要为确定购车并进入筛选阶段的网民。

（二）综合型汽车电商平台：天猫汽车

综合电商平台的优势是用户已经有网购和支付习惯，但细分用户和线下资源整合度不足。

天猫等作为国内规模最大和最成熟的综合型电商平台之一，一直对汽车电商野心勃勃，不过其思路仍是把传统B2C电商模式复制到汽车电商领域。但汽车作为大宗商品，具有其特殊性，汽车品牌商们在天猫上开启旗舰店主要是品牌展示和宣传。天猫也缺乏汽车精准用户，在汽车经销商和汽车品牌商资源方面较为缺乏，不过，在汽车电商支付环节上具有优势。

（三）自建型汽车电商平台：车享网

车享网是典型的厂商自建平台，是上汽集团的自有电商平台，其最大优点是可以帮助消费者直接获得来自经销商的车型、车价等第一手数据，免去了四处奔波收集这些资料的辛苦。车享网通过让经销商自己运营活动，直接提高了经销商的主动性，降低了网站本身的运营成本。不过，车享网的局限性也十分明显。比如，网站所有经销商及车型都来自上汽集团，选择有限，并且车享网线下门店与其他传统4S店的差异化优势尚未完全形成。其经销商活动多集中在店内，所有活动都由独立的经销商自己完成，仍未出离经销商促销的范畴，只不过借助一下网络而已。这类平台最直接的问题是没有互联网基因，导致其用户群体单一，社交能力弱，线上购物体验差；优势是线下资源充足，政策优势明显。

总体来看，目前汽车电商不可避免的一环就是用户在平台上线上下单后，基本还是要经过经销商这一关。原因就是汽车产品不具有淘宝、天猫平台上食品、生活家电等产品的便捷性。同时看不到实物和售后问题是网络购车的最大障碍，汽车还涉及试驾、感受及售后的保养与保修等。汽车电商受制于政策、物流、支付、O2O等，想一蹴而就显然不太现实。不过，随着各方势力在汽车电商领域全方位的探索、努力和突破，也在逐步逼近汽车电商的本质。现在还无法判断哪种汽车电商模式更优越，不过目标一直是明确的：① 以用户为中心重构汽车销售体系；② 破除信息不对称，帮助用户找到适合自己的车款，拿到最低的价格；③ 从选车、议价到提车甚至做车贷都在线上完成。最终能够满足消费者个性化需求，能多、快、好、省地完成购车服务。

三、选择汽车电子商务平台需考虑的因素

企业要开拓电子商务市场，需要选择合适的电子商务模式；对产品和服务进行准确定位；建设、维护电子商务平台运营和管理；做好网络的营销和在线的客户服务，等等。创建网店的一个关键步骤，就是选择合适的电子商务系统。虽然一些电商卖家可能让开发者帮忙创建个人网站，但是大多数卖家会选择现有的、提供各种选项和注册流程简单的电子商务平台。

在选择之前，应考虑这些因素：

（一）正确认识客户

只有正确认识客户，才能做出正确的选择。首先要清楚为什么开展电子商务，主要是为了导流、品牌和 4S 店宣传，还是简化实体店购车流程，等等。只有清楚了这些，才能确定选择什么属性的电子商务平台。其次，要清楚自己的产品和客户，清楚应该在网店为自己的目标客户提供什么样的服务，比如是线上优惠，或者金融贷款，还是在线咨询订购等，清楚这些，才能更好地判断哪个平台更适合自己。最后，正确认识客户对汽车电子商务平台的偏好，了解自己的客户更喜欢在哪类汽车电商平台了解车讯、了解汽车产品，在平台的选择上才更有针对性。

（二）正确认识汽车电子商务平台

1. 平台规模和知名度

汽车电子商务平台的规模和知名度很关键。规模大的汽车电子商务平台，往往服务更好；知名度高的汽车电子商务平台，往往用户更多。对汽车电子商务平台的用户构成和访问量来源的分析也是很重要的，要清楚是卖家用户多，还是买家用户多，卖家太多的电子商务平台往往竞争比较激烈。此外，要清楚平台的类型和属性，要符合企业的业务发展需要。

2. 平台自身推广

只有汽车电子商务平台自身加大宣传推广力度，让更多的人群认识并了解，才能吸引更多的客户。电子商务平台推广的形式主要有网络微博推广、搜索引擎推广、传统广告投放、对外合作。在选择电子商务平台时，要清楚这些平台在推广方面的投入力度，结合以上四大形式。

3. 平台的配套服务

配套服务要合适。作为汽车电子商务平台，目前最重要的配套服务就是认证服务。认证服务在电子商务中的作用是增加交易双方的信任感。此外，汽车是大额交易品，支付方式也很重要。

（三）根据自身特点进行选择

汽车电子商务平台可分为综合型、垂直型、自建型、资讯型等。根据企业自身开展电商的主要目的进行选择，如果是为了宣传企业和导流，重点还是实体店，可以选择资讯型的汽车电商平台，再根据自身产品的特点和客户群体，选择具体的网站平台。

项目四 汽车整车及用品电子商务应用

在线测验 4-1

本任务要求收集整理常用汽车电子商务平台的相关资料信息,用 Word 或者 Excel 制作一张表格,内容见表 4.1.2。

表 4.1.2　样表

汽车电子商务平台名称	基本业务内容	优势	劣势
我选择的平台:___ 选择的理由:1.___ 　　　　　　2.___ 　　　　　　3.___			

要求:① 通过百度等搜索引擎、电子商务平台网站页面、汽车论坛等,查找不少于 3 个汽车电子商务平台的资料,内容包括平台的基本业务、规模、当前在汽车电子商务的影响力等,分析平台的优劣势。

② 选择你认为最适合的平台,并写明最少 3 个理由。

③ 制作一张表格。在电脑上安装 Office 办公软件,如用 WPS 等其他办公软件制作,则没有安装同类软件的用户可能无法打开。注意版本兼容问题。

④ 调整字体格式,使表格美观大方。

一、简答题

1. 除了本章节所讲的主流汽车电子商务平台,你还知道哪些?请列举至少 3 个。
2. 如何选择汽车电子商务平台?

二、实操题

张大明大学毕业后来到 XYZ 汽车销售服务公司应聘销售顾问。人力资源部主考人员提出的面试问题是:你知道哪些汽车电子商务平台?谈谈如何选择合适的汽车电子商务平台。

如果你是张大明,你将如何来回答呢?

1. 请试想张大明如何言简意赅地阐述所知道的汽车电子商务平台,如何选择合适的汽车电子商务平台。

2. 小组课后运用角色扮演法模拟训练该场景,并拍摄微视频上传至资源库平台。

项目四 汽车整车及用品电子商务应用

任务 4-2 货源准备

 任务引入

随着市场发展,某品牌汽车4S店希望通过互联网将业务进行拓展,加强品牌推广、增加产品销售、提升客户服务。小明作为专门招聘的汽车电子商务专员,领导希望他通过电子商务网络平台来进行整车与用品的销售,提升整体业绩。现在汽车电子商务平台已经选定,接下来的事情就是准备货源。

小明现在面临的问题是不知道接下来该怎么开始,怎么完成货源准备,如何去收集整理相关资料。如果你是小明,你将如何开始呢?通过本项目的学习,小明应该具备电子商务货源准备的基础知识并能进行实际应用。

 任务描述

任务背景:

自己开一家网店是小王一直以来的梦想,最近他决定在天猫汽车开一家汽车用品销售店,现在他正在考虑货源事宜。经过调查,他决定在阿里巴巴进货。

任务要求:

请同学们自己选择汽车用品,如坐垫、音响、行车记录仪等,在阿里巴巴上找出3个比较合适的供应商,并与他们沟通,看能否代理或者销售他们的产品,把信息记录下来,填入表4.2.1。

表 4.2.1 信息记录表

供应商	主打产品	价格范围	是否一件代发	产地	是否有数据包	其他备注

学习目标

● 专业能力
1. 能够快速、高效地进行信息收集整理；
2. 了解"汽车电子商务平台货源准备基本环节"，掌握"汽车电子商务进货渠道"，熟悉各渠道的优劣势，掌握"选择优质货源的技巧"等汽车电子商务平台货源准备的基础知识与技能点。

● 社会能力
1. 树立进取意识、效率意识、规范意识；
2. 强化动手能力、市场开拓能力；
3. 维护组织目标实现的大局意识和团队能力；
4. 爱岗敬业的职业道德和严谨、务实、勤快的工作作风；
5. 自我管理、自我修正的能力。

● 方法能力
1. 利用多种信息化平台独立自主学习的能力；
2. 制订工作计划、独立决策和实施的能力；
3. 运用多方资源解决实际问题的能力；
4. 准确的自我评价能力和接受他人评价的能力；
5. 自主学习与独立思维能力。

相关知识

一、汽车电子商务平台货源准备的基本环节

古语云，兵马未动，粮草先行。汽车电子商务平台即是一个为企业和个人提供汽车相关产品网上交易洽谈的平台，其中货源的准备，则是最先需要考虑的基础因素。

汽车电子商务平台货源准备过程可能需要进行网上交易和管理等全过程的服务。因此，货源采购需要广告宣传、咨询洽谈、网上定购、网上支付、电子账户、服务传递、意见征询、交易管理等环节的操作来满足需求。

（一）获取宣传信息

汽车电子商务采购可凭借企业的 Web 服务器和客户的浏览，在 Internet 上搜索各类商业信息。客户可借助网上的检索工具迅速地找到所需商品信息，而商家可利用网上主页和电子邮件在全球范围内做广告宣传。与以往的各类广告相比，网上的广告成本最为低廉，而给顾客的信息量却最为丰富。

（二）采购咨询洽谈

汽车电子商务货源准备可借助非实时的电子邮件，新闻组和实时的讨论组来了解市场和商品信息、洽谈交易事务，如有进一步的需求，还可用网上的白板会议（Whiteboard Conference）来交流即时的图形信息。网上的咨询和洽谈能超越人们面对面洽谈的限制，提供多种方便的异地交谈形式。

（三）网上完成订购

汽车电子商务货源准备可借助 Web 中的邮件交互传送来实现网上的订购。网上的订购通常都是在产品介绍的页面上提供十分友好的订购提示信息和订购交互格式框。当客户填完订购单后，通常系统会回复确认信息单。订购信息也可采用加密的方式保证客户和商家的商业信息不会泄露。

二、汽车电子商务的进货渠道

货源是电子商务店铺成长的核心基础，开展汽车电子商务业务面临的第一件事情就是寻找货源，找对进货渠道对商家尤为重要。归纳起来，市场上的汽车电子商务进货渠道可分厂家进货、批发市场、网上进货、做品牌代理商、其他渠道。

4-2 货源渠道策略

4-2 货源渠道搜寻

（一）厂家进货

正规厂家进货是卖家获得最大利润的渠道，具有其他渠道无可比拟的价格优势，能够与厂家达成长期合作的协议，卖家将获得充足的货源和产品质量保证，对今后销售信用有较高的保障。同时，能够享有较好的售后服务，甚至可以争取到产品调换。如果卖家有足够的资金储备，还能拓展分销渠道，减轻压货风险，获得更大的利润空间。但是厂家进货也有风险：

① 厂家起批量高。对于新手卖家来说，如果没有较大的销售量，则难以支撑，会有较大的库存压力。

② 产品单一。厂家生产的产品比较单一化，不能满足客户多元化的需求。

③ 需要足够的资金储备。厂家进货批量大，容易出现资金周转困难或亏损等情况，这个渠道比较适合有一定经济实力并由自己分销渠道的卖家。

（二）批发市场

批发市场是最简单、最常见的线下进货渠道。这个渠道能提供品种繁多的商品，更新也较快，大部分商品都是经过批发商多方考量的，具有很强的参考价值。通用的汽车零用品销售适合这一渠道。当然，卖家要具有较强的沟通能力，才能争取到有利润空间的价格。同时，卖家与批发商必须达成健全的退换货协议，避免售后纠纷问题。但是，批发市场这个进货渠道也存在以下缺点：

① 商品供货量较大，容易出现断货现象。

② 大部分商品没有品牌保障，品质难以把控。

③ 新手卖家销量一般不会太大，难以争取到有竞争力的价格。

全国各地都有汽车用品批发市场和汽配城，如浙江义乌国际商贸城、浙江义乌长春三区汽车用品批发市场、浙江金通汽配城、济南世购汽车用品批发广场、郑州宏达（国际）汽车用品城、湖南长沙高桥汽配城等，这些是较大的汽车用品市场。此外，各市镇也会有中小型汽车用品市场。进货的时候可以多去几个批发市场，货比三家，选择最好的货源。

（三）网上进货

网上批发进货是新手卖家常用的进货渠道之一，但网上进货需要认真甄别。

① 网上批发商一般订单较多，服务难以跟上。大部分做得好的批发商有固定的老客户，新手卖家较难拿到好的折扣和其他优惠。

② 在合作初期，需要认真协商发货时间、调换货品等问题，一旦出现售后问题，容易因与批发商沟通不及时而产生纠纷。

③ 进货批量较高，需要较高的销量支持。

汽车整车一般不建议采用网上进货，选择厂商进货是最好的。汽车用品可以选择网上进货，常用的网上进货渠道主要是阿里巴巴，它不仅是淘宝、天猫卖家的采购中心，也是跨境电商卖家首选的采购渠道。此外，还有中国汽车用品网等汽车用品采购网站。

（四）其他进货渠道

除了以上 3 种常见的进货渠道，还可以做品牌代理，去各种展会、交易会直接接触一手货源，大胆地和厂商建立合作，对店铺长期发展和壮大大有好处。但这种渠道资金投入大，风险大。

三、选择优质货源的技巧

在了解进货渠道的前提下，接下来需要解决两个问题：一是去哪里寻找货源渠道；二是如何选择优质货源。

（一）寻找货源渠道

一般来讲，寻找货源渠道的最基本手段如下：

① 搜索引擎查找；
② 产品包装获得；
③ 商标网站查询；
④ 展会收集资料；
⑤ 寻找产业集聚地，以及直接寻找阿里巴巴、慧聪汽车用品网等采购网站。

在寻找货源渠道的同时，也要考虑货源准备的一些相关问题，如，寻找几个货源比较合适，怎么拿样，如果在阿里巴巴等网络平台进货，是否可以退货、退款，供应商怎么提供商品资料等。

（二）货源渠道比较

一旦找到若干个货源渠道，那么如何评价货源的优劣呢？最基本的方法见表 4.2.2。

表 4.2.2 货源渠道比较

货源渠道	货源特点	货源策略	谈判技巧
批发市场	品类丰富多样、信息不对称、价格相对较高、同质化严重、存在一定风险（批发市场的价格比代理商的价格高）	多问多比、小批量尝试、建立关系（主动询问价格，对于店主来说询问就是商机，批发商是根据合作期限来谈价格的）	装备齐全、表现内行、准备充分（主要表现出进货商的态势）
厂家进货	货品充足、要求较高、比较规范、价格体系严格、品质售后有保障（不同地区的价格不同）	联合同行进货（数量大，价格就低，厂商考虑的是量），热销冲量，享受返点（量上去了，厂商会返点）	准备充分、电话预约、体现专业、展现实力、直接高效
网上进货	产品良莠不齐、价格较低、图片精美、方便快捷、存在一定风险	充分比较、重视评价、全方位了解、小批量尝试、谨慎防骗	展现实力（爽快下单是优势）、关注周边（当进货量达到多少时，价格可以较低，还可以谈运费问题）

最后，是货源渠道的综合运用。如果销量上去了，可以寻求更上游的货源，所有的厂商非常欢迎批量大的进货商。总的来说，批发市场适合小批量进货，因为经营的品类繁杂；厂商进货适合有一定知名度的品牌，这类商品从工厂采购更合算；网上进货更适用于线下无法找到相关产品，无法解决货源问题的情况。

（三）进货的原则和技巧

汽车用品电子商务开店最终能否成功与进货有着很大的关系。在了解进货渠道的情况下，还需掌握进货的原则和技巧，这样才能获得利润和成长。

① 评估供货平台的实力、信誉。供货平台的实力、信誉是电子商务店铺发展的关键因素。

② 关注供货平台的理念。企业理念是企业文化的核心，代表着该企业的形象、实力及企业管理制度等。企业理念对企业的产品质量、售后服务等有重要的影响。

③ 市场调查，谨慎选择。市场调查是卖家选择货源的前提条件。在进货之前，一定要进行全面、深入的市场调查，了解供货商的产品质量、产品价格、企业规模、经营理念等，谨慎选择。

④ 注重独特，增强优势。货源的独特性能可在一定程度上增加卖家的优势。

在线测验 4-2

 任务实施

本任务要求同学们帮小王在阿里巴巴上找出至少 3 个比较合适的供应商,并与他们沟通,看能否代理或者销售他们的产品,把信息记录下来,填入表 4.2.3。

表 4.2.3 样表

供应商	主打产品	价格范围	是否一件代发	产地	是否有数据包	其他备注

① 本任务要求制作一张表格。在电脑上安装 Office 办公软件,如用 WPS 等其他办公软件制作,则没有安装同类软件的用户可能无法打开。注意版本兼容问题。

② 为了使表格美观、大方,设置表格的纸张方向为横向,字体为 5 号,表头加粗、居中。

③ 选择一两种汽车用品,如汽车坐垫、音响等。

④ 登录阿里巴巴,寻找相应汽车用品的供应商,了解其主打产品、价格范围等信息,并与商家沟通,获取需要的信息并填入表格。

⑤ 选出你认为较为合适的 3 家,说明你的选择理由。

 拓展提升

一、简答题

1. 汽车电子商务有哪些进货渠道?
2. 网上进货的优势和劣势分别是什么?
3. 选择优质货源的技巧主要有哪些?

二、实操题

以小组为单位,针对自己的喜好与实际情况,结合充分的市场调查与分析,为你所拥有的汽车用品销售网店确定经营的产品种类,选择合适的进货渠道,做好货源准备,形成一个报告与大家分享。

任务 4-3　账号注册

任务描述

随着市场发展，某品牌汽车 4S 店希望通过互联网将业务进行拓展，加强品牌推广、增加产品销售、提升客户服务。小明作为专门招聘的汽车电子商务专员，领导希望他通过电子商务网络平台进行整车与配件的销售，提升整体业绩。

小明接到任务之后，通过大量的前期调研分析，选定了汽车电子商务平台，完成了汽车电子商务平台货源准备工作。接下来就是进入选定的汽车电子商务平台进行账号注册工作，但是不知道该怎么入手，不知道需要注册登记哪些信息，以及注册的基本流程是什么。如果你是小明，你将如何开始呢？

任务描述

将此次任务"汽车电子商务平台账户注册"划分为两个模块："汽车电子商务平台注册基本内容"和"汽车电子商务平台注册基本流程"，针对两个模块收集整理相关资料信息，制作一份简明扼要的汇报材料（图文并茂，Word 版），其中，汇报材料包含"淘宝平台账户注册流程"的实施过程、操作描述与简要介绍。

汇报材料必须言简意赅，统一格式，包含以下几步：

① 用引号检索淘宝的截图；
② 在淘宝首页找到入口的截图；
③ 填写淘宝平台上的账号注册信息；
④ 输入淘宝会员支付方式信息；
⑤ 查看淘宝新会员首页导航；
⑥ 每个截图要给出简单说明；
⑦ 写出最终结论。

学习目标

● **专业能力**

1. 能够快速、高效地进行信息收集整理；

2. 了解"汽车电子商务平台账户注册基本内容"，掌握"汽车电子商务平台账户注册基本流程"等汽车电子商务平台账户注册的基础知识与技能点。

● **社会能力**

1. 树立进取意识、效率意识、规范意识；

2. 强化动手能力、市场开拓能力；

3. 维护组织目标实现的大局意识和团队能力；

4. 爱岗敬业的职业道德和严谨、务实、勤快的工作作风；

5. 自我管理、自我修正的能力。

● **方法能力**

1. 利用多种信息化平台独立自主学习的能力；

2. 制订工作计划、独立决策和实施的能力；

3. 运用多方资源解决实际问题的能力；

4. 准确的自我评价能力和接受他人评价的能力；

5. 自主学习与独立思维能力。

 相关知识

一、汽车电子商务平台账户注册基本内容

汽车电子商务平台即是一个为企业和个人提供汽车相关产品网上交易洽谈的平台。汽车产业的相关企业电子商务平台是建立在 Internet 网上进行汽车相关商务活动的虚拟网络空间和保障商务顺利运营的管理环境，是协调、整合信息流、货物流、资金流有序、关联、高效流动的重要场所。一般都需要注册一个账户，企业、商家才可以充分利用汽车电子商务平台提供的网络基础设施、支付平台、安全平台、管理平台等共享资源有效地、低成本地开展自己的商业活动。了解汽车电子商务平台账户注册的基本内容，是汽车电子商务专员、汽车销售人员、汽车服务人员的基本业务素养，是进行信息化办公的基础。对于汽车电子商务平台账户注册的理解，不应该仅仅停留在字面意思或是基本概念的层面，应该切实地熟悉汽车电子商务平台账户注册的基本内容与基本流程，掌握与自己岗位职责相关的知识点与技能项，将其引入自身的常规工作与项目当中，切实地与时俱进，利用汽车电子商务平台的相关知识与技术，提升自己的工作效率与成绩。

账号注册

（一）汽车电子商务平台账户注册分类

汽车电子商务平台账户注册分类的方式很多，最为常见的是按交易对象来划分。

按照交易对象，汽车电子商务平台账户可以分为企业账号和个人账号。

同时，也可以根据交易平台的模式来划分。汽车电子商务平台账户注册可以分为企业对企业的电子商务（B2B）、企业对消费者的电子商务（B2C）、企业对政府的电子商务（B2G）等。

1. B2B（Business to Business）

B2B 是商家（泛指企业）对商家的电子商务，即企业与企业之间通过互联网进行产品、服务及信息的交换。通俗的说法是指进行电子商务交易的供需双方都是商家（或企业、公司），他们使用 Internet 的技术或各种商务网络平台（如拓商网），完成商务交易的过程。这些过程包括发布供求信息。订货及确认订货，支付过程，票据的签发、传送和接收，确定配送方案并监控配送过程等。目前国内最大的电子商务平台 1688（阿里巴巴）就是典型的 B2B，如图 4.3.1 和图 4.3.2 所示。

图 4.3.1　阿里巴巴的 1688（1）

图 4.3.2　阿里巴巴的 1688（2）

2. B2C（Business to Customer）

B2C 模式是中国最早产生的电子商务模式，如今的 B2C 电子商务网站非常多，比较大型的有庞大汽车、天猫商城等。

如图 4.3.3 所示，庞大集团创建的庞大汽车电子商城就是典型的 B2C。

图 4.3.3　庞大集团创建的庞大汽车电子商城

3. C2B（Customer to Business）

C2B 是电子商务模式的一种，即消费者对企业。其最先由美国流行起来。C2B 模式的核心，是通过聚合分散分布但数量庞大的用户，形成一个强大的采购集团，以此来改变 B2C 模式中用户一对一出价的弱势地位，使之享受到以大批发商的价格买单件商品的利益。

如图 4.3.4 所示，到店维保的车蚂蚁汽车服务就是目前颇具代表性的 C2B。

图 4.3.4　由李立恒创建的车蚂蚁汽车服务

（二）汽车电子商务平台账户注册的基本内容

汽车电子商务平台账户注册的基本内容见表 4.3.1。

表 4.3.1 汽车电子商务平台账户注册的基本内容

账户项目	说　明
电子邮箱	账户信息的唯一标识，同时，可以用于接收汽车电子商务平台的服务信息与各类通告，当账户信息遗失后，可以用电子邮箱找回
用户	无论是企业用户还是个人用户，必须遵循汽车电子商务平台的基本规则，保证唯一性
密码	用户口令，安全保障
手机号码	用于用户身份识别。同时，用户登录时，增强系统安全性；在用户遗忘了口令的情况下，用于找回用户信息
贸易身份	根据不同贸易身份，系统提供不同的操作界面：采购入门与销售入门。其方便用户的识别，可以选择单一身份，也可以同时兼具双重身份
企业名称	输入国家工商部门正式备案注册的企业名称，汽车电子商务平台将会进行真实性审核，确保平台交易的真实性与客户的安全性

（三）汽车电子商务平台注册用户的基本权限

从汽车电子商务平台的基本操作及用户成长历程可以看出，汽车电子商务平台注册用户具有如下基本权限：

1. 采购

汽车电子商务平台作为一种新型的交易平台，将生产企业、流通企业、消费者和政府带入了一个网络经济、数字化生存的新天地，能够在这里采购到所有你需要的产品。

2. 销售

在汽车电子商务环境中，人们不再受地域的限制，客户能以非常简捷的方式完成过去较为繁杂的商业活动。如通过网络银行能够全天候地存取账户资金、查询信息等，同时使企业对客户的服务质量得到大大提高。

3. 咨询

汽车电子商务平台能够规范事务处理的工作流程，将人工操作和电子信息处理集成为一个不可分割的整体，这样不仅能提高人力和物力的利用率，也可以提高系统运行的严密性。

4. 安全性

在汽车电子商务平台中，安全性是一个至关重要的核心问题，它要求网络能提供一种端到端的安全解决方案，如加密机制、签名机制、安全管理、存取控制、防火墙、防病毒保护等，这与传统的商务活动有着很大的不同。

如图 4.3.5 所示，经过了 10 年的发展与沉淀，成熟稳定的支付宝丰富的安全措施为使用者的网络资金操作提供了全面的保障。

图 4.3.5　支付宝丰富的安全措施为使用者提供了全面的保障

5. 协调性

商业活动本身是一个协调过程，它需要客户与公司内部、生产商、批发商、零售商间的协调。在汽车电子商务平台环境中，它更要求银行、配送中心、通信部门、技术服务等多个部门的通力协作。汽车电子商务平台运作的全过程往往是一气呵成的。

二、汽车电子商务平台账户注册的基本流程

目前，国内汽车电子商务平台选择的余地十分丰富，以下列出国内最大平台阿里巴巴的企业用户注册的基本流程。

第 1 步：登录阿里巴巴官网进行免费注册，如图 4.3.6 所示。

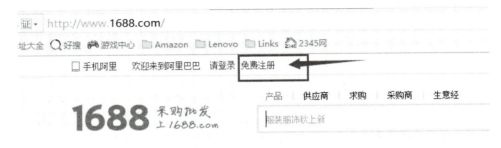

图 4.3.6　免费注册入口

第 2 步：填写邮箱。进去之后如果没看到验证码，不要紧张，输完邮箱账号后，验证码就出来了，如图 4.3.7 所示。

图 4.3.7　输入验证邮箱

第 3 步：发送验证邮件，如图 4.3.8 所示。

图 4.3.8　验证邮件发出提示

第 4 步：进入邮箱，完成注册。
第 5 步：当邮箱操作完毕，就进入账户信息的填写界面了，如图 4.3.9 所示。

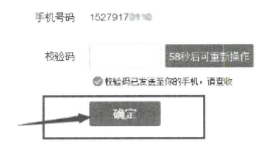

图 4.3.9　填写账号信息

第 6 步：填完信息之后，在验证手机界面填入正确的手机号码，如图 4.3.10 所示。

图 4.3.10　填写验证手机信息

第 7 步：修改保存资料，如图 4.3.11 所示。

项目四
汽车整车及用品电子商务应用

图 4.3.11 修改保存信息

注册成功后的界面如图 4.3.12 所示。

图 4.3.12 注册成功后的界面

第 8 步：补充联系信息，如图 4.3.13 所示。

图 4.3.13　补充联系信息操作界面

在线测试 4-3

任务实施

要全面理解"汽车电子商务平台账户注册"所涉及的基础知识，并很好地解决本项目任务中所描述的小明遇到的情况，建议采取如下方式开展学习和训练。

首先，通过关键字"淘宝"，在百度搜索引擎中找到并进入淘宝官网；然后，在淘宝首页找到用户注册的入口，完成用户注册操作。

（一）为了防止被钓鱼网站欺诈，必须从淘宝官网进入

用之前"搜索引擎语法"中讲到的知识，在用百度检索时，把"淘宝"打上引号后把引号部分作为整体来搜索，这样是搜索"淘宝"两个字。此外，还会屏蔽一些百度推广，以降低干扰，如图 4.3.14 所示。

这样，检索出来的第一个网站就是"淘宝"官网。

项目四
汽车整车及用品电子商务应用

图 4.3.14　加引号检索淘宝

（二）进入淘宝后，找用户注册的入口

有两种方法找入口：

第一种是单击首页左上角的"免费注册"选项，如图 4.3.15 所示。

图 4.3.15　淘宝首页用户注册入口

第二种是直接单击淘宝首页右侧的"注册"按钮进入。

217

（三）填写注册信息

进入"用户注册"页面，按照页面提示，逐步完成用户注册操作。

1. 了解注册协议

淘宝平台上的用户注册协议如图 4.3.16 所示。

图 4.3.16　淘宝平台上的用户注册协议

了解了注册协议后，单击"同意协议"按钮，正式进入用户注册页面，完成第一步"设置用户名"，如图 4.3.17 所示。

图 4.3.17　设置用户名界面

为了确保用户名的唯一性,淘宝采用手机号码作为用户名,如图 4.3.18 所示。

图 4.3.18　用手机号码作为用户名

通过手机短信来验证用户名,将手机收到的验证码输入进行确认。

2. 填写账号信息

确认了手机信息后,即可完成用户名的认证与设置。填写账号信息,如图 4.3.19 所示。

图 4.3.19　填写账号信息

输入账号信息时,需要注意登录密码的强度,不可过于简单。登录名不可以少于 5 个字符,最好采用中文,便于理解、记忆,一般都与公司、企业或者品牌存在一定的关联。

3. 填写账号信息

设置支付方式，这是非常关键的环节，将会影响用户的购买或是销售操作，以后使用过程中的付款与收款都是基于这个环节设置的支付信息，需谨慎填写。

"设置支付方式"可以暂时忽略，在以后的实际业务操作中进行补充与完善。所以，出于安全考虑，可以暂时不填，选择"跳过，到下一步"按钮，如图4.3.20所示。

图 4.3.20　设置支付方式

4. 注册成功

完成了之前的操作之后，系统将会出现提示注册成功的页面。这个页面中提供了一些基本的操作导航，如图4.3.21所示。

图 4.3.21　注册成功

单击链接后，可以看到非常多的详情，通过选择不同操作，可淘宝平台上进一步操作，如图 4.3.22 所示。

图 4.3.22　详细的注册提示信息

可以看到淘宝平台的账号是通用的，可以在阿里巴巴旗下的支付宝、天猫、一淘、聚划算、来往、阿里云、阿里巴巴等多个平台上使用，如图 4.3.23 所示。

图 4.3.23　淘宝平台上新会员的首页导航

通过进入淘宝新会员的首页，可以导航进入任务页面，完善会员信息的同时，赚取淘金币，一方面可以提升会员账号的安全级别，另一方面可以在未来的消费与销售中获得优惠。

张大明大学毕业后来到×汽车销售服务公司应聘销售顾问。人力资源部主考人员提出的面试问题是谈谈汽车电子商务平台账户注册的基本内容与基本流程。如果你是张大明，将如何来回答呢？

1. 试想张大明如何言简意赅地阐述汽车电子商务平台账户注册的基本内容与基本流程。

2. 小组课后运用角色扮演法模拟训练该场景，并拍摄微视频上传至资源库平台（或空间）。

任务 4-4　实名认证

任务描述

随着市场发展，某品牌汽车 4S 店希望通过互联网将业务进行拓展，加强品牌推广、增加产品销售、提升客户服务。小明作为专门招聘的汽车电子商务专员，领导希望他通过电子商务网络平台进行整车与配件的销售，以提升整体业绩。

小明接到任务之后，通过大量的前期调研分析，选定了汽车电子商务平台，完成了汽车电子商务平台货源准备工作。并且，一鼓作气进入选定的汽车电子商务平台完成了账号注册。但是，接下来又出现新的问题——实名认证。完成实名认证，需要收集整理哪些信息呢？实名认证的基本流程是什么呢？如果你是小明，你将如何开始呢？

任务描述

将此次任务"汽车电子商务平台账户实名认证"划分为两个模块："汽车电子商务平台账号实名认证的基本内容"和"汽车电子商务平台账号实名认证的基本流程"，针对两个模块收集整理相关资料信息，制作一份简明扼要的汇报材料（图文并茂，Word 版），其中，汇报材料包含"支付宝平台账户实名认证流程"的实施过程、操作描述与简要介绍。

汇报材料必须言简意赅，统一格式，包含以下几步：

① 用引号检索支付宝的截图；
② 在支付宝首页找到入口的截图；
③ 输入支付宝实名认证信息；
④ 查看支付宝认证成功页面导航；
⑤ 每个截图要给出简单说明；
⑥ 写出最终结论。

项目四
汽车整车及用品电子商务应用

学习目标

● **专业能力**
1. 能够快速、高效地进行信息收集整理；
2. 了解"汽车电子商务平台账户实名认证基本内容"，掌握"汽车电子商务平台账户实名认证基本流程"等汽车电子商务平台账户实名认证的基础知识与技能点。

● **社会能力**
1. 树立进取意识、效率意识、规范意识；
2. 强化动手能力、市场开拓能力；
3. 维护组织目标实现的大局意识和团队能力；
4. 爱岗敬业的职业道德和严谨、务实、勤快的工作作风；
5. 自我管理、自我修正的能力。

● **方法能力**
1. 利用多种信息化平台独立自主学习的能力；
2. 制订工作计划、独立决策和实施的能力；
3. 运用多方资源解决实际问题的能力；
4. 准确的自我评价能力和接受他人评价的能力；
5. 自主学习与独立思维能力。

相关知识

一、汽车电子商务平台账户实名认证基本内容

汽车电子商务平台是一个为企业和个人提供汽车相关产品网上交易洽谈的平台。汽车产业的相关企业电子商务平台是建立在 Internet 网上进行汽车相关商务活动的虚拟网络空间和保障商务顺利运营的管理环境；是协调、整合信息流、货物流、资金流有序、关联、高效流动的重要场所。一般都需要注册一个账户，企业、商家才可以充分利用汽车电子商务平台提供的网络基础设施、支付平台、安全平台、管理平台等共享资源有效地、低成本地开展自己的商业活动。同时，为了交易的安全，必须对每一个账号进行实名认证。了解汽车电子商务平台账户实名认证的基本内容，是汽车电子商务专员、汽车销售人员、汽车服务人员的基本业务素养，是进行信息化办公的基础。对于汽车电子商务平台账户实名认证的理解，不应该仅仅停留在字面意思或是基本概念的层面，应该切实地熟悉汽车电子商务平台账户实名认证的基本内容与基本流程，掌握与自己岗位职责相关的知识点与技能项，将其引入自身的常规工作与项目当中，切实地与时俱进，利用汽车电子商务平台实名认证的相关知识与技术，提升自我的工作效率与成绩。

（一）汽车电子商务平台账户实名认证

每一个汽车电子商务平台都提供了注册账号的实名认证。首先，简单解释一下何为实名认证。以阿里巴巴的汽车电子商务平台为例，企业名称认证是阿里巴巴针对普通会员推出的免费认证服务，只要是一家正规的企业，并有银行对公账号，即可进行认证。认证成功后，企业名称将作为其在阿里巴巴中国站的真实企业名称显示，更好地获得买家信任。

企业身份认证是指第三方具有独立资质的认证公司，对申请企业版诚信通服务的会员进行"企业的合法性、真实性"的核实及"申请人是否隶属该企业且经过企业授权"的查证。企业身份认证是诚信通服务的基础，每年进行一次，未通过认证的企业不能使用企业版诚信通服务。

（二）汽车电子商务平台账户实名认证的条件与好处

① 进行企业名称认证需要什么条件呢？

很简单，企业真实存在，在银行拥有对公银行账号的普通会员，或拥有企业版支付宝，均可进行企业名称认证。

② 完成企业名称认证，对用户来说有什么好处？

首先，完成企业名称认证后，证实企业名称真实存在，更加容易获得买家的信任，有利于更好地与买家达成交易。

其次，普通会员做个人实名认证或企业名称认证才能发布可交易信息。

根据国家工商行政管理总局颁布的第49号令《网络商品交易及有关服务行为管理暂行办法》（以下简称为《办法》）的规定，自2010年7月1日起，通过网络从事商品交易及有关服务行为的法人、其他经济组织或自然人，需履行营业执照登载信息的展示（或个人身份信息申报）及经审查等义务。所以，为落实该《办法》的执行，针对普通会员，需要进行个人实名认证或企业名称认证，才可以发布可交易信息。

同时，为了让买家更方便、顺畅地通过支付宝担保交易购买中文站上的货品，会员绑定支付宝账户后即可发布可交易信息。建议尽快完成相关实名认证并绑定支付宝。

（三）汽车电子商务平台账户实名认证的基本内容

汽车电子商务平台账户实名认证的基本内容见表4.4.1。

表4.4.1 汽车电子商务平台账户实名认证的基本内容

账户项目	说　明
企业名称	工商局注册备案的完整的真实企业名称
银行开户名	真实姓名
工商注册号	工商局注册备案的注册工商号
开户银行	银行名称
对公银行账号	开户银行办理的对公账号
手机号码	联系方式
企业版支付宝	在支付宝平台办理、开通的企业版支付宝

二、汽车电子商务平台账户实名认证的基本流程

目前，国内汽车电子商务平台选择的余地十分丰富，以下列出在国内最大平台阿里巴巴注册的企业用户实名认证的基本流程。

企业名称认证，是通过向企业在银行开户的对公银行账户打款，认证企业名称是否真实存在。操作步骤如下：

① 登录"我的阿里"，找到并进入"商家认证"应用，单击"企业名称认证"菜单。

② 在此页面上可以通过提交银行对公账号信息或选择通过支付宝快速认证的方式完成企业名称认证，如图4.4.1所示。

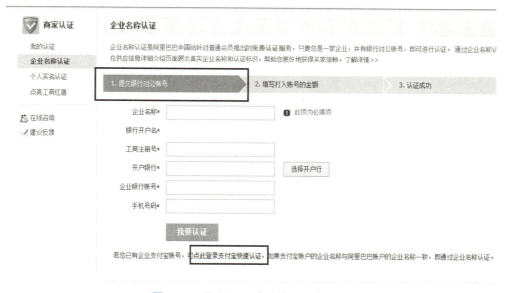

图 4.4.1　阿里巴巴企业账号实名认证

温馨提示：

企业名称认证完成后，在阿里巴巴中国站上你的公司介绍页面上的公司名称后会有"已认证"标志，且公司名称无法修改。

方式一：企业对公银行账号

第1步：在"企业名称认证"页面，填写并提交银行对公账号信息，如图4.4.2～图4.4.4所示。

图 4.4.2　提交银行对公账号

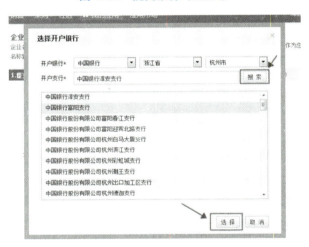

图 4.4.3　选定开户银行

图 4.4.4　提交申请

说明：

a. 可以根据页面提示填写企业名称、工商注册号及对公账户银行开户信息，标红色*号的，均为必填项目。

b. "开户银行"无法直接输入，需要单击"选择开户行"，在打开的页面中选择自己所在开户银行名称，并输入所在支行名称（也可以直接单击"搜索"，从搜索结果中选择）。

c. 当选择好开户行后，如需修改，可以单击"修改开户行"，重新选择开户银行名称。

第 2 步：单击"我要认证"，提交成功后，阿里巴巴会在 2 个工作日内把小于 1 元的认证款打入所填写的银行对公账户内。

说明：

a. 在提交了银行账号和身份证信息（图 4.4.5）后，一旦打款成功，手机上即会收到一条已经打款的短信通知，提醒进行相关后续操作。

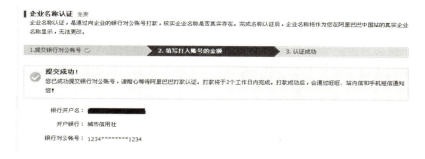

图 4.4.5　填写打入账号

b. 打款成功，建议及时通过网上银行或电话银行确认到账情况，并及时通过页面确认打款金额。

c. 打款完成后，页面上会出现确认金额的输入框（图 4.4.6），可以按银行账户内实际收到的款项填写。单击"确认"按钮，如金额正确，即可完成企业名称认证。

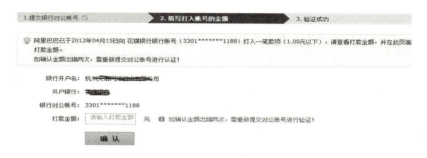

图 4.4.6　根据提示短信输入打款金额

第 3 步：认证成功。认证成功后，在公司介绍页面中的公司名称后会有"已认证"标志，且公司名称无法修改。

方式二：通过支付宝商家实名认证的支付宝账号

第 1 步：进入"企业名称认证"页面，可以选择登录支付宝快速认证，完成企业名称认证，如图 4.4.7 所示。

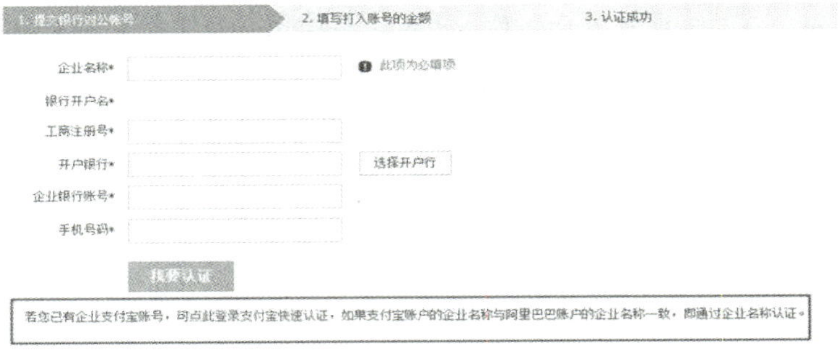

图 4.4.7　通过企业支付宝完成认证

第 2 步：单击"点此登录支付宝快速认证"，会进入支付宝登录页面。输入完成支付宝商家实名认证的支付宝账户名、登录密码后，单击"登录"按钮即可完成企业名称认证，如图 4.4.8 所示。

图 4.4.8　登录企业版支付宝

普通会员做个人实名认证的步骤如下：

a. 在"我的阿里"中单击"个人实名认证"；

b. 选择"登录支付宝快速认证"，免费完成个人实名认证。

温馨提示：

个人实名认证完成后，在阿里巴巴中国站上会显示通过认证的认证人姓名等资料，无法修改，并且一张身份证只允许实名认证一个阿里巴巴会员账户。

第 1 步：进入"个人实名认证"入口，单击"登录支付宝快速认证"下方的"点此登录"按钮。

第 2 步：进入支付宝的登录页面，输入与阿里巴巴会员联系人真实姓名一致的已验证的个人类型支付宝账户，以及对应密码，进行登录，如图 4.4.9 所示。

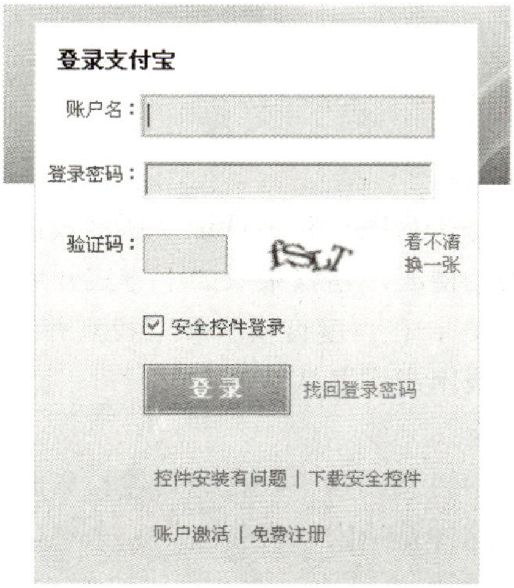

图 4.4.9　输入账户名及密码

第 3 步：成功登录支付宝账户之后，系统通过多个条件的判断，出现以下结果之一：

a. 登录后，如果支付宝已经认证并且姓名一致，则最终认证成功。

b. 登录后，如果支付宝账户本身未完成支付宝实名认证，会提醒尚未完成。可以单击"去支付宝实名认证"，会新打开支付宝实名认证相关页面，进行支付宝认证，也可以换其他支付宝账户进行认证。

认证完支付宝之后，可以到之前页面，单击"已完成认证"或者直接刷新该页面即可。

c. 登录后，如果支付宝账户已经认证，但是支付宝账户和阿里巴巴会员账号姓名不一致，无法完成，会显示截图内容，如果单击"确认"按钮，那么系统会将支付宝会员账户中的名字覆盖阿里巴巴会员账户中的联系人姓名，其他联系方式不会被覆盖，也可以换其他支付宝账户进行认证。

d. 登录后，如果对应身份信息已被其他会员账户认证，从而导致认证失败，则需更换其他身份信息的支付宝进行认证。

特别说明：

如果之前已进行个人实名认证，并且支付宝登录成功，但因各种原因未最终完成认证而放弃；或者以支付宝账户登录中国站的方式登录"我的阿里"，再次进行"登录支付宝快速认证"方式进行认证时，会弹出提醒框，询问是否用对应的支付宝进行认证，如果选择"使用该支付宝认证"，则不需要再次输入支付宝账户及密码，直接进入下一步，如果选择使用其他支付宝账户，则从头开始认证。

在线测验 4-4

要全面理解"汽车电子商务平台账户实名认证"所涉及的基础知识，并很好地解决本项目任务中所描述的小明遇到的情况，建议采取如下方式开展学习和训练。

首先，通过关键字"支付宝"，在百度搜索引擎中找到并进入支付宝官网；然后，在支付宝首页上找到登录入口，完成用户实名认证操作。

（一）搜索支付宝官网

用之前"搜索引擎语法"中讲到的知识，在用百度检索时，把"支付宝"打上引号后把引号部分作为整体来搜索。这样是搜索"支付宝"3个字，此外，还会屏蔽一些百度推广，以降低干扰，如图4.4.10所示。

图 4.4.10　加引号检索"支付宝"

这样，检索出来的第一个网站就是"支付宝"官网。

（二）进入支付宝官网后，找用户登录的入口

有两种方法登录支付宝：第一种是单击首页中的"登录"按钮，如图 4.4.11 所示。

图 4.4.11　支付宝首页用户登录入口

第二种是直接在淘宝平台中的"我的淘宝"中单击"我的支付宝"按钮进入，如图 4.4.12 所示。

图 4.4.12　通过淘宝平台登录支付宝

（三）支付宝实名认证

进入支付宝首页，按照页面提示，逐步完成用户实名认证操作。

首先，通过"未认证"的标记可以看出账号尚未实名认证，如图 4.4.13 所示。

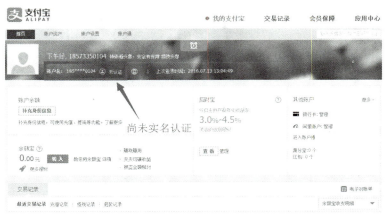

图 4.4.13　查看支付宝平台上的用户认证状态

支付宝账户的"实名认证"分为两个部分：设置身份信息和设置支付方式。

接下来按照平台的操作提示，一步一步来完成账号的实名认证。

1. 设置身份信息

在实名认证的第一步，首先设定支付宝用户密码，然后输入真实姓名与身份证号码，如图 4.4.14 所示。

图 4.4.14　设置支付宝身份信息

确定之后，校验无误，平台将会跳转至支付宝的登录页面，如图 4.4.15 所示。

图 4.4.15　支付宝平台登录

为了确保用户操作便利性，支付宝的账号默认与淘宝账号同名，登录密码与淘宝账号一致。同样，为了确保支付宝的唯一性，支付宝的账号一般采用手机号码，当然，也可以采用电子邮箱账号，如图 4.4.16 所示。

图 4.4.16　为便于操作，支付宝与淘宝账号信息默认一致

注意：一个淘宝账号可以绑定多个支付宝账号。就好像一个人可以同时拥有多张不同银行的信用卡一般。

2. 设置支付方式

确认了身份信息后，即可完成用户真实姓名的认证与设置。接下来填写支付方式，如图 4.4.17 所示。

图 4.4.17　设置支付方式（1）

输入银行卡卡号时，不需要注意银行和卡种，系统能够智能识别，储蓄卡或信用卡均可，确保是"真实姓名"的开卡人即可，如图 4.4.18 所示。

图 4.4.18　设置支付方式（2）

如果没有输入银行卡卡号，选择"先跳过，注册成功"，则实名认证并未真正完成，身份信息不完整。金融理财服务必须设置银行卡部分的信息，如图 4.4.19 所示。

图 4.4.19　设置支付方式（3）

在支付宝首页，可以看到用户状态仍然是"未认证"，实名认证并未真正完成，重新单击进入，可以看到"身份校验"的页面，选择"单击完善"。

3. 完善银行卡信息

实名认证的第三步是"完善银行卡信息"，这是非常关键的环节，将会影响用户的购买或是销售操作，以后使用过程中的付款与收款都是基于这个环节设置的支付信息，需谨慎小心，如图 4.4.20 所示。

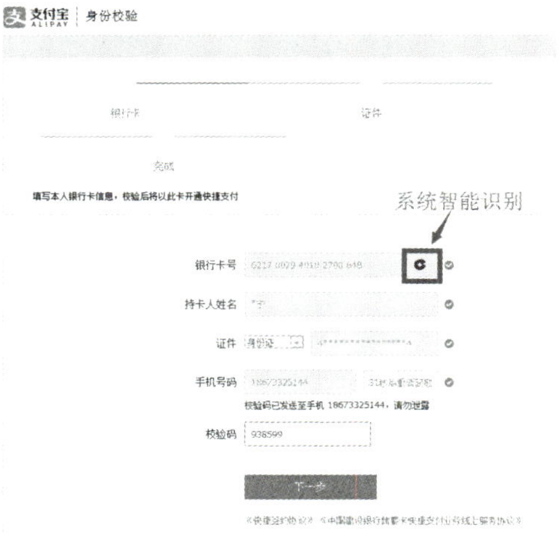

图 4.4.20　完善银行卡信息

4. 认证成功

完成了之前三步操作之后，系统将会显示认证成功的页面，如图 4.4.21 所示。

图 4.4.21　认证成功

可以看到非常多的认证详情，如图 4.4.22 所示。

图 4.4.22　详细的认证通过提示信息

再次进入支付宝首页，可以看到"支付宝"平台的账号状态的变化，系统提示"您已经通过支付宝实名认证"。

张大明大学毕业后来到×汽车销售服务公司应聘销售顾问。人力资源部主考人员提出的面试问题是谈谈汽车电子商务平台账户实名认证的基本内容与基本流程。如果你是张大明，你将如何来回答呢？

1. 试想张大明如何言简意赅地阐述汽车电子商务平台账户实名认证的基本内容与基本流程。

2. 小组课后运用角色扮演法模拟训练该场景，并拍摄微视频上传至资源库平台（或空间）。

任务 4-5　产品发布

　任务描述

　　某品牌汽车4S店，随着市场发展，希望通过互联网将业务进行拓展，加强品牌推广、增加产品销售、提升客户服务。小明作为专门招聘的汽车电子商务专员，领导希望他通过电子商务网络平台进行整车与配件的销售，来提升整体业绩。

　　小明接到任务之后，通过大量的前期调研分析，选定了汽车电子商务平台，完成了汽车电子商务平台货源准备工作。并且，一鼓作气进入选定的汽车电子商务平台完成了账号注册与实名认证。接下来是最基础性的工作——产品发布。要完成产品发布，需要收集整理哪些信息呢？产品发布的基本流程是什么呢？如果你是小明，你将如何开始呢？

　任务描述

　　将此次任务"汽车电子商务平台产品发布"划分为两个模块："汽车电子商务平台产品发布的基本内容"和"汽车电子商务平台产品发布的基本流程"，针对两个模块收集整理相关资料信息，登录手机淘宝，进入"淘小铺"，完成"发布宝贝"的相关操作。制作一份简明扼要的汇报材料（图文并茂，Word版），其中，汇报材料包含手机端"淘小铺"的"发布宝贝"操作的完整实施过程、操作描述与简要介绍。

　　汇报材料必须言简意赅，统一格式，包含以下几步：
　　① 登录手机端淘宝，并截图；
　　② 进入"我的店铺"，找到"发布宝贝"的入口，并截图；
　　③ 完成"发布宝贝"，关键步骤截图；
　　④ 查看发布成功后"宝贝管理"页面导航；
　　⑤ "发布宝贝"效果浏览，并截图；
　　⑥ 每个截图要给出简单说明；
　　⑦ 写出最终结论。

项目四
汽车整车及用品电子商务应用

学习目标

- 专业能力

1. 能够快速、高效地进行信息收集整理；
2. 了解"汽车电子商务平台产品发布基本内容"，掌握"汽车电子商务平台产品发布基本流程"等汽车电子商务平台产品发布的基础知识与技能点。

- 社会能力

1. 树立进取意识、效率意识、规范意识；
2. 强化动手能力、市场开拓能力；
3. 维护组织目标实现的大局意识和团队能力；
4. 爱岗敬业的职业道德和严谨、务实、勤快的工作作风；
5. 自我管理、自我修正的能力。

- 方法能力

1. 利用多种信息化平台独立自主学习的能力；
2. 制订工作计划、独立决策和实施的能力；
3. 运用多方资源解决实际问题的能力；
4. 准确的自我评价能力和接受他人评价的能力；
5. 自主学习与独立思维能力。

相关知识

一、汽车电子商务平台产品发布基本内容

汽车电子商务平台是一个为企业和个人提供汽车相关产品网上交易洽谈的平台。汽车产业的相关企业电子商务平台是建立在 Internet 网上进行汽车相关商务活动的虚拟网络空间和保障商务顺利运营的管理环境；是协调、整合信息流、货物流、资金流有序、关联、高效流动的重要场所。只有当企业、商家进行了账户注册，完成了实名认证后，才可以充分利用汽车电子商务平台提供的网络基础设施、支付平台、安全平台、管理平台等共享资源有效地、低成本地开展自己的商业活动。其中，最为基础的工作便是产品发布。了解汽车电子商务平台产品发布的基本内容，是汽车电子商务专员、汽车销售人员、汽车服务人员的基本业务素养，是进行信息化办公的基础。对于汽车电子商务平台产品发布的理解，不应该仅停留在字面意思或是基本概念的层面，应该切实地熟悉汽车电子商务平台产品发布的基本内容与基本流程，掌握与自己岗位职责相关的知识点与技能项，将其引入自身的常规工作与项目当中，切实地与时俱进，利用汽车电子商务平台实名认证的相关知识与技术，提升自我的工作效率与成绩。

产品发布

（一）汽车电子商务平台产品发布

每一个汽车电子商务平台都提供了产品发布功能。首先，简单解释一下何为产品发布。以阿里巴巴的汽车电子商务平台为例，产品发布是阿里巴巴针对普通会员推出的免费发布服务，只要是一家正规的企业，并有银行对公账号，即可进行认证。认证成功后，企业将可以在阿里巴巴中国站发布自己的产品。

（二）汽车电子商务平台产品发布的条件与好处

① 进行产品发布需要什么条件呢？

很简单，企业真实存在，在银行拥有对公银行账号的普通会员，或拥有企业版支付宝，已完成企业名称认证，便可以进行相应的产品发布。

② 产品发布，对我们用户来说有什么好处？

产品发布后，买家可以搜索卖家发布的产品信息，并通过支付宝来完成产品的购买。

（三）汽车电子商务平台产品发布的基本内容

汽车电子商务平台产品发布的基本内容见表4.5.1。

表 4.5.1　汽车电子商务平台产品发布的基本内容

账户项目	说明
企业名称	工商局注册备案的完整的真实企业名称
银行开户名	真实姓名
工商注册号	工商局注册备案的注册工商号
开户银行	银行名称
对公银行账号	开户银行办理的对公账号
手机号码	联系方式
企业版支付宝	在支付宝平台办理、开通的企业版支付宝

二、汽车电子商务平台产品发布的基本流程

目前，国内汽车电子商务平台选择的余地十分丰富，以下列出国内最大平台阿里巴巴注册的企业用户产品发布的基本流程。

（一）汽车电子商务平台常规的产品发布

产品发布的基本操作步骤如图4.5.1～图4.5.7所示。

图 4.5.1　阿里巴巴企业产品发布

项目四
汽车整车及用品电子商务应用

发布供应信息

发布供应信息可以将公司的产品展示给采购商，吸引采购商进店咨询和采购。

第一步：
打开"我的阿里"，单击上方蓝色栏目中的"销售"，进入页面后，选择左侧通栏的"供应产品-发布供应产品"。

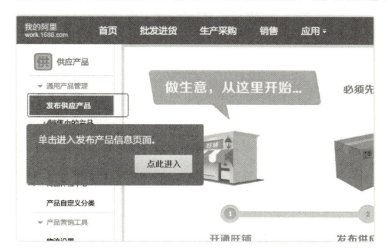

图 4.5.2　阿里巴巴企业用户产品发布第一步，单击"发布供应产品"

发布供应信息

发布供应信息可以将公司的产品展示给采购商，吸引采购商进店咨询和采购。

第二步：
单击"我要发布"按钮，进入发布页面。

图 4.5.3　阿里巴巴企业用户产品发布第二步，进入"发布供应产品"

发布供应信息

发布供应信息可以将公司的产品展示给采购商,吸引采购商进店咨询和采购。

第三步:
按照提示选择产品的类目,建议在搜索框中搜索产品名称,搜索类目。

图 4.5.4　阿里巴巴企业用户产品发布第三步,选择产品类目

发布供应信息

发布供应信息可以将公司的产品展示给采购商,吸引采购商进店咨询和采购。

第四步:
填写详细的产品属性,带红色"*"的为必选项。

图 4.5.5　阿里巴巴企业用户产品发布第四步,设置产品属性

项目四
汽车整车及用品电子商务应用

发布供应信息

发布供应信息可以将公司的产品展示给采购商，吸引采购商进店咨询和采购。

第五步：
填写完成产品详情，单击"同意协议条款，我要发布"

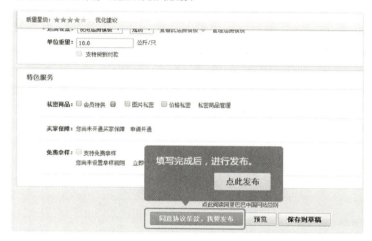

图 4.5.6　阿里巴巴企业用户产品发布第五步，同意发布协议

发布供应信息

发布供应信息可以将公司的产品展示给采购商，吸引采购商进店咨询和采购。

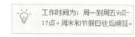

第六步：
发布完成之后，需要经过2个工作小时的审核，审核通过后发布上线。

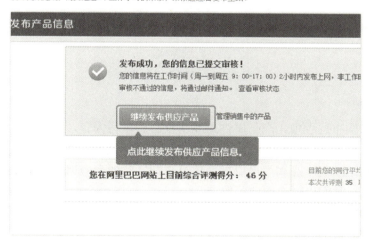

图 4.5.7　阿里巴巴企业用户产品发布第六步，等待产品审核

241

（二）汽车电子商务平台高质量的产品发布

① 什么样的供应产品是较高质量的？

这里说的信息质量，是指供应产品的质量，不涉及供应商质量及实物产品的具体质量。信息是由多个信息要素组成的，供应产品的质量很大程度上取决于信息要素的质量。

② 高质量的供应产品有哪些优势？

优势一：高质量的供应产品，体现卖家的专业、用心的形象，更容易赢得买家信任。

优势二：高质量的供应产品，更易受买家的青睐，吸引买家眼球，提高买家下单订购的概率。

优势三：高质量的供应产品将有更多机会被网站抽取，做专题页面的推广或推荐。

下面具体介绍一下供应产品中的主要信息要素：

1. 类目

类目要选择正确，在发布供应产品时，可以通过输入产品名称等关键词，快速查找并选择正确的产品类目，也可以按照类目结构，逐级选择产品所对应的类目，如图 4.5.8 所示。

图 4.5.8　选择合适的类目

2. 产品属性

在供应产品发布过程中，产品属性是非常核心的填写内容，建议完整、正确地填写产品属性。

完整、正确地填写产品属性可以提高信息在搜索时的命中率，大大提高曝光概率，也能够让买家在第一时间内更全面地了解产品。

以 MP3 为例说明：

① 发布信息时，页面如图 4.5.9 所示。

② 发布供应产品，通过审核后，出现信息的详细页面。

③ 买家在搜索供应产品时，可以根据某些属性进行筛选。

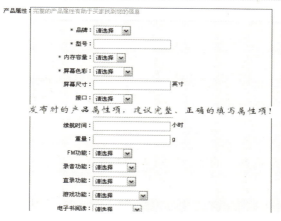

图 4.5.9 输入完整的产品属性

3. 信息标题

标题是信息内容的核心浓缩。表述清晰并且包含产品关键信息的标题，能够让用户更容易地了解产品，从而吸引买家更多的兴趣。

具体有以下几个方面：

① 一条信息一个产品。一个信息标题只描述一种产品，多个产品不要放在同一个标题中。

② 信息标题包含产品相关的关键字。

③ 标题中增加和产品相关的描述性词汇，以丰富标题内容，突出产品卖点，如支持混批、支持支付宝、品牌、型号、款式、颜色、材质、功能、特性、促销折扣信息等。

4. 产品图片

上传产品的清晰实拍大图，帮助买家第一时间直观了解产品细节。

上传的产品图片会显示在供应产品的搜索结果列表中，也会展示在显示该条信息的详情页面上。

可以上传 3 张产品图片，应上传与产品相关的实拍大图，切勿上传无关图片。

产品图片上传知识点：

① 上传图片大小不能超过 5 MB（客户电脑需安装了 Flash 10）。如未安装 Flash 10，上传图片大小不超过 200 KB。

② 图片文件名不要包含标点符号，不要过长，图片必须是 jpg、jpeg、gif 格式。

③ 单击"上传图片"按钮后，网站提供加水印功能，可以选择使用。

④ 如果要上传的图片大小超过了要求，可以使用发布信息页面提供的免费工具"图片助手"进行处理（需登录阿里旺旺），也可以使用其他专业的图片处理工具对图片进行处理后再上传，如图 4.5.10 所示。

图 4.5.10　上传精美的图片

产品图片在信息详细页面中的展示如图 4.5.11 所示。

图 4.5.11　展示产品信息

5. 详细说明

详细说明承载了整个产品的详细介绍，包括产品细节图、产品性能、材料、参数表、型号、用途、包装、使用说明、售后服务等方面，图文并茂，突出产品的优势和特点。它是买家进行下单交易决策的重要组成部分之一。

根据不同的行业，详细说明可能存在不同的介绍方式及侧重点。

如在消费品类行业中，特别在小商品、服装、数码等，除了详细的产品文字说明，如产品原料、具体参数、适合人群、包装、运费、服务保障等外，还需要有多维度的产品细节图，让买家更全面地了解产品。

如工业品类原材料类的行业中，则更侧重填写全面的产品介绍、参数表格、技术文档、售前售后服务、退换货问题等，建议上传部分产品细节图。

如加工类的行业，则需要说明加工的产品的产品参数表格、包装、后期服务、运输及公司加工能力等。

6. 支持网上订购

支持网上订购，买家可以在网站上直接下单，并通过支付宝担保进行担保支付。

买家更信任支持网上订购的卖家，建议根据产品实际情况，选择"支持在线订购"，填写产品价格！（因相关主管部门的规定或未获得部分产品交易经营许可或其他原因，部分类目下目前还不支持网上订购，如医药、保养行业。）

支持网上订购知识点：

a. 选择支持网上订购，默认支持支付宝担保交易。

b. 选择支持网上订购，必须填写产品价格。如果是服装、小商品等批发类的厂商，建议填写两个及以上价格区间，体现量大价优，更能吸引买家选择你的产品。

① 信息质量星级与排序有什么关系？

信息质量星级是对供应产品质量的展示，星级越高，相对信息的质量就越好。高质量的信息有助于吸引买家的眼光，有助于提升买家的认可程度，从而更容易促成交易。信息质量星级高的信息，有机会排序靠前。

但除了信息的质量之外，信息的排序先后还受到很多综合因素的影响，比如说会员的信用情况、运营实力、买家搜索偏好等买家搜索行为，以及市场内同类产品供应商的数量及所发布产品的数量等。搜索引擎会有一套复杂的算法，并由系统自动生成进行排序。

从长远来看，建议不断完善信息，多发布受买家青睐的高质量信息，同时注意保持信息新鲜度，每 3 天重发一次。

② 为什么有时三星的信息会在四星的前面？

仅从信息质量的角度来看，四星级的信息质量是一定优于三星级的信息的。会出现这种情况，主要是因为信息之间的排名先后会受到很多因素的综合影响。比如会员的信用情况、运营实力、买家搜索偏好等买家搜索行为，以及市场内同类产品供应商的数量及所发布产品的数量等。这个是由搜索引擎根据一套复杂的计算，再由系统自动生成进行排序的，是不可控的。所以，在综合因素的影响下，可能就会看到三星级的信息出现在四星级的前面。

在线测验 4-5

要全面理解"汽车电子商务平台产品发布"所涉及的基础知识，并很好地解决本项目任务中所描述的小明遇到的情况，建议采取如下方式开展学习和训练。

首先，手机端安装"淘宝"应用，登录进入后，打开"我的店铺"；然后，选择"发布宝贝"，完成产品发布操作。

对比手机淘宝发布产品与传统电脑端发布产品，如图 4.5.12 所示。可以看出移动端的明显优势。

手机发布宝贝		电脑发布宝贝
方便		笨拙
快捷	VS	低效
门槛低		相对要求高

图 4.5.12　手机淘宝 VS 台式电脑版淘宝

本次任务的内容是通过手机淘宝发布"车载冰箱"。事先收集整理品牌车载冰箱的产品图片、设备参数、使用说明等相关产品资料，传输至手机端之后，利用手机淘宝操作发布。

（一）手机淘宝

在手机端安装手机淘宝，登录进入，选定"我是卖家"，进入"我的店铺"，如图 4.5.13 所示。这样，就可以在移动端利用手机淘宝发布产品了。

（二）手机淘宝端的"我的店铺"

这里面有许多店铺的相关操作，选定"发布宝贝"，如图 4.5.14 所示。

（三）发布商品

进入"发布商品"页面，按照页面提示，逐步完成产品发布操作，如图 4.5.15 所示。

首先，通过单击相机按钮，添加产品图片，如图 4.5.16 所示。

在相机按钮中，可以看到有"从相册选择""拍照""扫码识别商品信息"选项，下面就对"扫码识别商品信息"及"从相册中选择"两种方式具体说明。

图 4.5.13　手机淘宝

图 4.5.14　我的店铺页面，发布宝贝入口

项目四
汽车整车及用品电子商务应用

图4.5.15　单击相机按钮，添加产品图片　　图4.5.16　查看支付宝平台上的用户认证状态

1. "扫码识别商品信息"发布的流程
① 单击扫码识别商品信息。
② 选择后将商品的条码对准，然后进行"扫一扫"。
③ "扫一扫"后，即可获得商品所有信息，如图4.5.17所示，再单击"发布"即可。
2. 从相册中选择的发布商品的方法

在单击"相机图标"之后，选择"从相册中选择"，如图4.5.18所示，然后，进入相册，选择需要的照片。可以根据需要进行多项选择，如图4.5.19所示。

图4.5.17　扫描商品条码，快速获取商品信息　　图4.5.18　选定"从相册中选择"

确定并校验无误之后，将会跳转回产品详细页面。

247

3. 设置商品类目

根据商品的类型，单击"类目"，如图 4.5.20 所示，进入"选择类目"页面。

图 4.5.19　进入相册选择照片

图 4.5.20　单击"类目"

产品发布过程中，通过选定"类目"，可以将产品归类管理，这样，当消费者搜索商品时，尤其是分类搜索时，可以快速定位至特定类目下的商品。

接下来选择类目，如果不太清楚自己的宝贝应该放到什么样的细分类目下，可以使用关键词搜索，让其自动匹配，如图 4.5.21 所示。

4. 完善商品信息

接下来在"货号""品牌""商品规格"中继续完善这些信息，如图 4.5.22 所示。如果系统没有搜索到宝贝的品牌，那么可以手动输入。"货号"可选填。

图 4.5.21　输入关键词"车载冰箱"，手机淘宝自动匹配

图 4.5.22　选择"货号""品牌""商品规格"

项目四
汽车整车及用品电子商务应用

5. 选择"商品规格"信息

不同的商品，会有不一样的属性，如图 4.5.23 和图 4.5.24 所示。

图 4.5.23　设定商品品牌，　　　　图 4.5.24　选择"商品规格"信息
可以通过搜索功能自动匹配

以车载冰箱为例，选择好颜色、尺码之后，可以单击"批量设定价格/库存"，这样就不用一一进行选择了，如图 4.5.25 所示。

6. 宝贝描述

接下来编辑"宝贝描述"。先添加并上传细节图片，然后以宝贝的实际情况进行编辑内容，如图 4.5.26 和图 4.5.27 所示。完成后就可以发布宝贝了。

图 4.5.25　批量设定价格/库存　　图 4.5.26　单击"宝贝描述"，添加详细的产品信息

249

7. 宝贝管理

完成了商品发布之后，可以进入"宝贝管理"页面进行商品信息的维护，如图 4.5.28 所示。

图 4.5.27　在"宝贝描述"页面中添加详细的产品信息　　图 4.5.28　在"宝贝管理"页面中浏览商品

张大明大学毕业后来到×汽车销售服务公司应聘销售顾问。面试官提出的面试问题是让你谈谈汽车电子商务平台产品发布的基本内容与基本流程。如果你是张大明，你将如何来回答呢？

1. 言简意赅地阐述汽车电子商务平台产品发布的基本内容与基本流程。
2. 小组课后运用角色扮演法模拟训练该场景，并拍摄微视频上传至资源库平台（或空间）。

项目四
汽车整车及用品电子商务应用

任务 4-6 付费推广

 任务描述

随着市场发展，某品牌汽车4S店希望通过互联网将业务进行拓展，以加强品牌推广、增加产品销售、提升客户服务。小明作为专门招聘的汽车电子商务专员，领导希望他通过电子商务网络平台进行整车与配件的销售，提升整体业绩。

小明接到任务之后，通过大量的前期调研分析，选定了汽车电子商务平台，完成了汽车电子商务平台货源准备工作。并且一鼓作气进入选定的汽车电子商务平台，完成了账号注册与实名认证。接下来便是最基础的工作——产品发布。经过十几天的资料收集、整理、上传，完成了常规产品的发布。之后进行付费推广、店铺装修、开门营业。但是，客源在哪里？在如此广袤的汽车电子商务平台上，茫茫商海，我们的产品、我们的店铺，如何脱颖而出？有需求的客户如何知道我们、找到我们呢？这就需要我们对自己的品牌、自己的店铺、自己的商品进行营销推广了。网店的营销推广根据是否收费，有付费推广与免费推广两种。那么，如果小明选择付费推广，需要收集、整理哪些信息呢？付费推广的基本流程是什么呢？如果你是小明，你将如何开始呢？

 任务描述

将此次任务"汽车电子商务平台付费推广"划分为两个模块：汽车电子商务平台付费推广的基本内容和汽车电子商务平台付费推广的基本流程，针对两个模块收集整理相关资料信息。进入"百度推广"官方网站，选定"湖南"地区，免费注册后登录平台，完成"车载吸尘器"的"付费推广"的相关操作。根据操作记录，制作一份简明扼要的汇报材料（图文并茂，Word版），其中，汇报材料包含"百度推广"的车载吸尘器"付费推广"操作的完整实施过程、操作描述与简要介绍。

汇报材料必须言简意赅，统一格式，包含以下几步：
① 注册、登录"百度推广"，并截图；
② 进入"百度推广"，找到"付费推广"的入口，并截图；
③ 完成车载吸尘器的"付费推广"，关键步骤截图；

④ 每个截图要给出简单说明；
⑤ 最后写出最终结论。

 学习目标

- 专业能力

1. 能够快速、高效地进行信息收集整理；
2. 了解汽车电子商务平台付费推广基本内容，掌握汽车电子商务平台付费推广基本流程等汽车电子商务平台付费推广的基础知识与技能点。

- 社会能力

1. 树立进取意识、效率意识、规范意识；
2. 强化动手能力、市场开拓能力；
3. 维护组织目标实现的大局意识和团队能力；
4. 爱岗敬业的职业道德和严谨、务实、勤快的工作作风；
5. 自我管理、自我修正的能力。

- 方法能力

1. 利用多种信息化平台独立自主学习的能力；
2. 制订工作计划、独立决策和实施的能力；
3. 运用多方资源解决实际问题的能力；
4. 准确的自我评价能力和接受他人评价的能力；
5. 自主学习与独立思维能力。

 相关知识

一、汽车电子商务平台付费推广基本内容

汽车电子商务平台付费推广目前是网络推广的主流方式，方法很多，模式不一。有些影响范围广，但是，影响力小，当然，收费也低；有些影响范围小，但是，影响力大，收费也不低。首先来了解一下目前市面最为常见的付费推广方式有哪些，同时，为大家分析一下它们的运营模式或盈利模式。

网店经营-
付费推广

（一）汽车电子商务平台付费推广方法与模式

1. SEM（搜索引擎营销）

"百度竞价"效果比较明显，同时费用很高，并且有一定的技巧性，需要专业的 SEM 人才操作。

Sogou 推广：目前很强势，Google 退出中国后，技术加强了很多，并且推广方式跟 Sogou 输入法有了很好的结合，可以考虑。

Soso 推广：效果一般，跟 Google 推广方式差不多。

Google、Yahoo 竞价排名。

2. CPS 广告模式（cpa cpc cpm）

两种方式：广告联盟、自建联盟（跟淘宝客类似）。

广告联盟：目前知名度较好的广告联盟为百度联盟、站长联盟、窄告联盟、黑马帮联盟、Google 联盟、深度广告联盟、Yahoo 联盟、联告联盟等。

自建联盟：需要公司自己建立一个广告联盟，再将联盟推广出去，让网站主进来。目前这种方式不可取，成本高，打造网站知名度需要很长时间。

CPS 广告的大致流程为：

免费注册→账号激活→等待审核→联系商家（广告洽谈）→签订协议→广告设计→广告发布（设定付款价格）→数据跟进。

3. EDM 推广（数据营销方式）

一般采用 E-mail 的方式，这种方式转换率是很高的，相对来说，成本中等，对邮件的内容展现方式要求很高。

4. 事件炒作（软文方式）

需要跟专业的网络策划营销公司合作，费用比较高，有一定的风险，因为炒作不成功的案例到处可见，但是即使不成功，效果还是有的（主要是提高网站的品牌知名度，网站的转换率可能较低）。

5. 门户网站合作

此推广方式费用相当高，对于提升网站品牌知名度有很好的效果，但是对于转换率，只能说中等。

6. 新闻传播推广

在广大门户及知名网站发布新闻，对提高网站的知名度有很好的效果，转换率高。

7. 网址导航推广

费用很高，特别是像 Hao123 这样出名的导航，同时效果不错，转换率高。

8. 精准广告模式

以点睛广告为例，其分为文中广告、关联广告和视频广告 3 种模式，目前采用较多的是关联广告。其一般根据展示、点击数等按实效付费。点睛广告的优势在于：对网页内容进行检索、分析，监控系统对用户行为进行实时跟踪，将广告信息加载于受众关注的网页正文关键字后，实现广告内容与正文的精准匹配，直中广告目标人群投放。

9. 来电付费广告（叮铃铃 TMTW）

展示不收费、点击不收费、带来有效客户电话才收费，通话时可对价格进行设置，可以自己定义，通话一次，价格在 10 元左右。

10. 群发推广（QQ，手机短信）

购买软件，价格不高，但是，目前此推广方法不是很友好，消费者很反感。

（二）付费推广需要注意的事项

1. 邮件营销

邮件营销最需要注意的是，不要沦为垃圾邮件。邮件营销就是一把双刃剑，用得适当，能够起到短时间内大规模的宣传作用，效果也非常有效，而一旦被用户当作垃圾邮件，则极有可能被网民封杀，对口碑极其不利。所以，在设计邮件的时候要极其小心，以下几点建议不妨参考。标题建议：吸引人，简单明了，不要欺骗人。内容建议：采用 HTML 格式比较好，另外，排版一定要清晰。费用方面，一般这种群发软件不会很贵，几百块钱就可以买到。

2. 病毒式营销

病毒式营销主要是自己出一小部分的投资，用互利的方式，让网友帮自己宣传，制造一种像病毒传播一样的效果，下面介绍几种常用的方法。免费服务：如果有条件，可以为网友提供免费留言板、免费域名、免费邮件列表、免费新闻、免费计数器等，在这些服务中都可以加入自己的广告或者链接。由于是免费的，所以可以迅速推广。精美或有趣页面：制作精美的页面或有趣的页面，这些页面常常在网上被网友迅速宣传。

3. 网络广告

网络广告投放虽然要花钱，但是却非常有效。不过，如何花最少的钱，获得最好的效果，这就需要许多技巧了。比如那些名气不大，流量却很大的网站，在其上做广告，价格一般都不高，但是每天就可以带来几百的流量，是很划算的买卖。投广告不要看价钱的多少，关键要看带来的效益多少。比如，如果是一个商务网站，客流的质量和客流的流量一样重要。此类广告投放要选择的媒体非常有讲究，首先，要了解自己的潜在客户是哪类人群，他们有什么习惯，然后寻找他们出没频率比较高的网站进行广告投放。也许价格高些，但是它给你带来的客户质量比较高，所以给你带来的收益也比较高。

4. 导航网站登录

被导航网站收录是不需花费代价的，但是，要获得一定的曝光率与流量，采用付费的方式是比较划得来的，是一个投入产出比较合理的投资方式。

5. 活动宣传

活动宣传也是一种很好的方式，不过不是什么活动都能够有效果的，想有很好的效果，就必须有很好的策划，如果策划成功，在用户心中就会形成良好的口碑。

（三）汽车电子商务平台付费推广的其他形式

在汽车电子商务平台上，收益的多少一般取决于以下几个参数：

① 产品（价格）；

② 流量；

③ 成交；

④ 后端。

不管你是个体，还是公司运营，通过下面这个公式，就可以算出总销售额：

$$产品价格 \times 流量 \times 成交率 \times 后端消费次数 = 总销售额$$

各种网络推广的努力，都是为了让公式中的几个参数最大化。但是产品价格、成交率、后端消费次数的优化都有一个极限。优化到极限后，提升业绩额唯一的办法就是增加流量，可是现在各大网络平台，对免费引流的限制越来越严格，通过免费流量把规模做大的难度越来越大，即使能够做大，也会比付费流量不知难很多。

这对于做网络营销，或者即将做网络营销的人意味：

① 有能力把产品卖得更贵；

② 有能力把成交率做得更高；

③ 有能力让客户消费次数更多。

因此，要把规模做大，就要做付费流量，做付费流量，就要提高成交能力。

当然，付费推广不仅是花钱买做广告，还包括另外两种表现形式：

1. 招募员工

虽然推广方法是免费的，但是雇人工作需要付工资和提成，其实还是付费流量。可能最初自己一个人做，后来把自己的模式复制给很多员工，才有机会把规模给做起来。

2. 招募代理

典型的就是微商，做出规模的都是招代理，由于要给分代理商分钱，严格来说，也算付费模式。

二、汽车电子商务平台付费推广的基本流程

目前，国内汽车电子商务平台选择的余地十分丰富，以下列出在国内最大平台阿里巴巴注册的企业用户付费推广的基本流程。

（一）汽车电子商务平台付费推广之搜索推广

现将付费推广方式之一的搜索推广的基本操作步骤整理为图4.6.1～图4.6.11所示。

图4.6.1　阿里巴巴企业付费推广

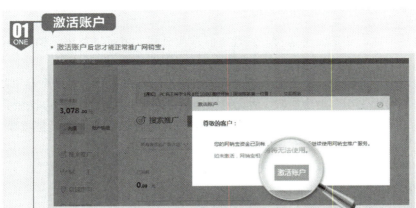

图 4.6.2　阿里巴巴企业付费推广第一步：激活账户

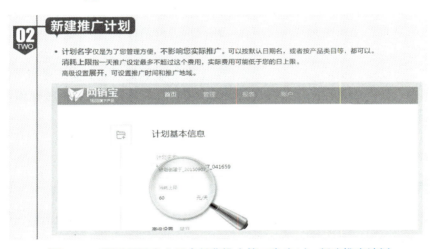

图 4.6.3　阿里巴巴企业用户付费推广第二步（1）：新建推广计划

- 时间段可以按小时来设置。投放地域可以到省。选择时间时，拖拉鼠标蓝色部分是投放。时间，建议全部时间投放。

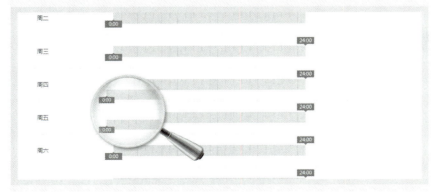

图 4.6.4　阿里巴巴企业用户付费推广第二步（2）：设定时间段

项目四
汽车整车及用品电子商务应用

- 选择区域时，打√表示选中的投放地域，建议全部地域推广。没选中地域不会投放推广。

图 4.6.5　阿里巴巴企业用户付费推广第二步（3）：选定推广区域

图 4.6.6　阿里巴巴企业用户付费推广第三步（1）：添加信息单元

- 单元价格即是您给这条信息下面的关键词设定的推广出价，单次点击最高不超过您的出价。初次建议1.5左右。设置好之后，具体关键词出价可以根据提示优化。

图 4.6.7　阿里巴巴企业用户付费推广第三步（2）：设置单元价格

257

- 鼠标放在小铅笔处，单击后修改单元价格，设置好后，保存并继续进入下一步。

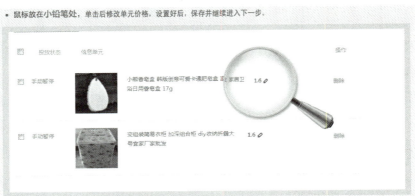

图 4.6.8　阿里巴巴企业用户付费推广第三步（3）：修改单元价格

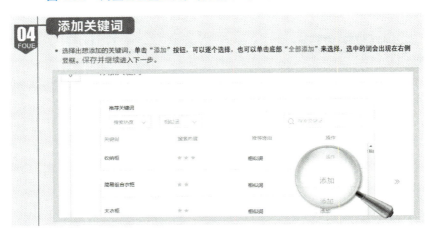

图 4.6.9　阿里巴巴企业用户付费推广第四步：添加"关键词"

图 4.6.10　阿里巴巴企业用户付费推广第五步：优化计划

项目四
汽车整车及用品电子商务应用

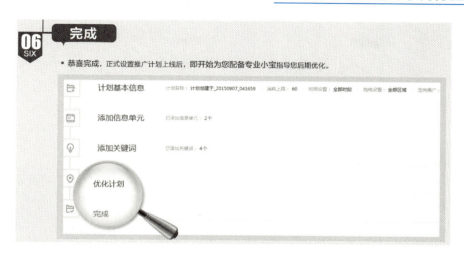

图 4.6.11　阿里巴巴企业用户付费推广第六步：发布

阿里巴巴汽车电子商务平台的付费推广方式还有很多，如图 4.6.12 所示，如标王、店铺定向、明星商铺等。

（二）汽车电子商务平台付费推广之标王推广

之前介绍了付费推广方式之一的搜索推广，接下来介绍"标王"。

1. 什么是标王

标王是阿里巴巴为想要提升曝光量和询盘量的中小企业量身打造，固定排名搜索第一位的服务标王的优势如图 4.6.13 所示。

2. 标王分为两种：竞价和秒杀

竞拍标王：是在标王竞拍期内，对特定关键词进行竞价，在竞拍截止时，出价最高者获得，在次月投放；竞拍标王比的是出价。

秒杀标王：是在标王售卖期内，对指定关键词进行秒杀，最先购买者获得标王，在次月投放；秒杀标王比的是速度。在形式上分为 PC 标王和无线标王。

图 4.6.12　阿里巴巴企业用户付费推广形式多样

■ 标王的优势？

 超大超精准流量
买家主动搜索产品信息时，在第一位展示您的产品信息，100%覆盖买家，只给想买的人看！

 位置稀缺，品牌体现
每个关键词仅开放一个位置，独家推广位，独特标王标志，打造行业品牌优势！

 费用可控，省时省力
无需重复操作，绑定一次连续投放一个月，点击不收费！

图 4.6.13　阿里巴巴企业用户付费推广，标王的优势

3. 标王位置展现

显示在阿里巴巴产品搜索结果首页（如翻页，则无标王位置）左侧主搜展示第一位，并带有"标王"标识。

4. 标王的收费规则

① 开户预存。第一次开户时，在网销宝预存 3 000 元。加入时是预付款的方式（和手机预存话费类似，没有任何服务费用），预付款全部是卖家的推广费用。

② 按月计费。标王每月是固定价格，购买成功后，会冻结该部分资金，然后在投放期按天分摊扣费。根据关键词不同，包月费用不同。

在线测验 4-6

 任务实施

要全面理解"汽车电子商务平台付费推广"所涉及的基础知识，并很好地解决本项目任务中所描述的小明遇到的情况，建议采取如下方式开展学习和训练。

首先，通过关键字"百度推广"，在百度搜索引擎中找到并进入百度推广官网；然后，在首页上找到注册入口，完成用户注册操作后登录百度推广平台。

通过百度推广进行湖南省株洲地区的品牌推广，提升"美的"牌车载吸尘器的品牌地域影响力，相应地拉动本区域的销售量，达成年度任务目标。

1. 百度推广官网

用之前"搜索引擎语法"中讲到的知识，在用百度检索时，把"百度推广"打上引号后把引号部分作为整体来搜索，如图 4.6.14 所示。这样是搜索"百度推广" 4 个字，此外，还会屏蔽一些百度推广，以降低干扰。

这样，检索出来的第一个网站就是"百度推广"官网。

2. 进入百度推广官网后，免费注册

百度推广的用户注册是免费的，完成注册之后，可以根据自身的业务需要进行选择，

不同的项目，收费标准不尽相同，如图 4.6.15 所示。

图 4.6.14　加引号检索"百度推广"

图 4.6.15　百度推广首页免费注册

选择百度推广平台的"免费注册"后，进入注册页面，如图 4.6.16 所示。

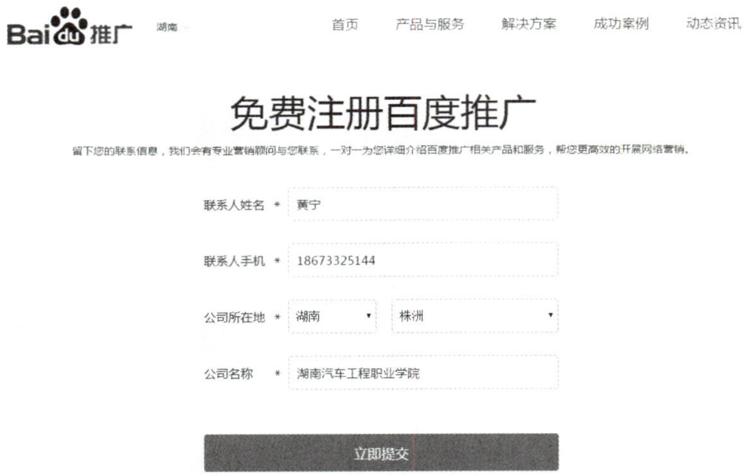

图 4.6.16　注册页面

输入用户信息后提交，系统校验、核实，如果正确，弹出成功注册的提示页面，如图 4.6.17 所示。

图 4.6.17　免费注册成功后的提示信息

3. 百度推广业务

进入百度推广首页，系统展示了百度推广的相关业务，分别为"搜索推广""移动推广""网盟推广""品牌推广""社区营销""增效工具"，如图 4.6.18 所示。

项目四
汽车整车及用品电子商务应用

图 4.6.18　百度推广平台的首页展示了各种丰富的推广业务

这里主要介绍搜索推广。搜索推广是基于百度搜索引擎,在百度搜索结果的显著位置展示企业推广信息,并帮助企业把网民有效转化为客户的一种营销方式。企业可以让推广信息在自己指定时间段、指定地域,根据网民搜索关键词,当网民点击信息打开企业网站时,再扣取费用,让企业以最低、最合适投入获得最优营销效果,性价比超值。

搜索推广中也包含了多种产品,如"标准推广""图片凤巢""蹊径""优惠推广"等。

1. 标准推广

标准推广界面如图 4.6.19 所示。

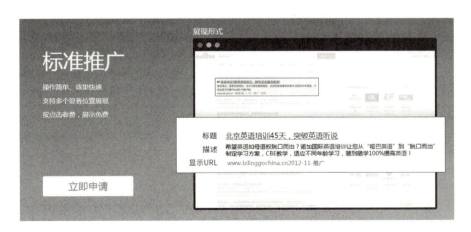

图 4.6.19　标准推广简介

标准推广是最为常见的百度推广手段,通过建立一个推广计划,设定一个推广单元,然后设计关键词。

比如，如果希望推广"美的车载吸尘器"，就需要先建立一个"美的"推广计划，然后在此计划中设定一个"车载吸尘器"的推广单元，最后为其设计相应的推广关键词、估计竞价。

2. 百度推广平台登录

百度推广平台登录界面如图 4.6.20 所示。

图 4.6.20　百度推广平台登录界面

为了确保用户操作安全性，登录百度推广账号时，需要进行"密保验证"，如图 4.6.21 所示。

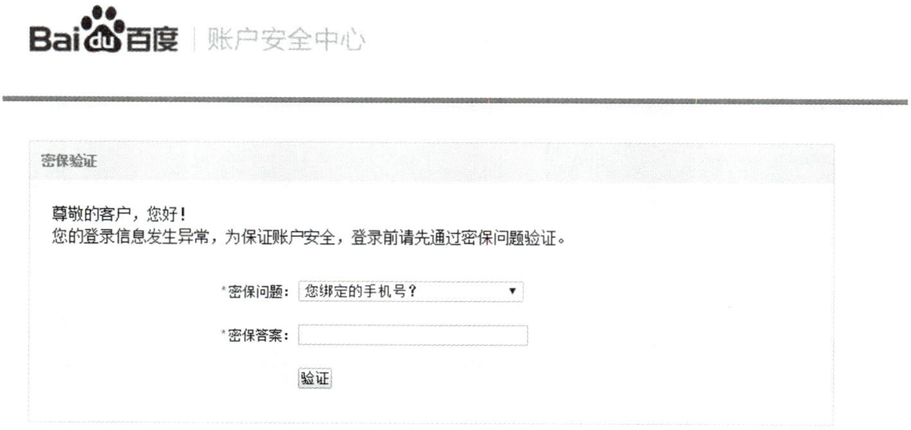

图 4.6.21　密保验证

因为百度推广的账户拥有"余额",可以用于百度付费推广的消费,所以,安全性十分重要。

3. 百度推广的个人用户中心

确认了身份信息后,即可进入百度推广的个人用户中心,在这里可以查看用户的个人信息、产品推广情况、其他推广产品的导航链接,如图4.6.22所示。

图 4.6.22　百度推广的个人用户中心

为了更好地服务百度推广平台的用户,系统会在每次登录的时候,弹出高转化智能投放的广告提示,大家可以根据自身的业务进展,选择相应的服务,来提升效益与业绩,如图4.6.23所示。

图 4.6.23　高转化智能投放的广告提示

单击"搜索推广"板块的"进入"按钮,系统将跳转至搜索推广业务的页面,展示目前的业务情况及费用,如图 4.6.24 所示。

图 4.6.24　搜索推广页面

4. 新建推广计划

根据本次任务的要求,单击"快捷设置"栏中的"计划"链接,弹出"快捷设置"窗口。单击"新建计划"按钮,激活"新建推广计划"小窗口。

任务是推广"美的车载吸尘器",所以,输入推广计划名称:美的。"创意展现方式"保留默认设置"优选","推广地域"更改为"湖南省株洲市","关键词出价"为"1.00"元,如图 4.6.25 所示。

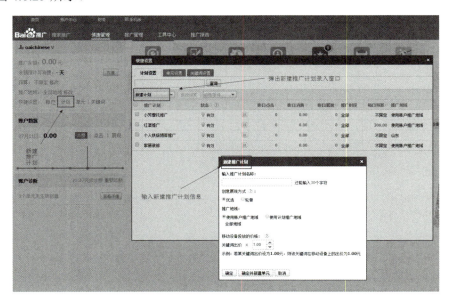

图 4.6.25　新建推广计划

5. 新建推广单元

完成了之前"新建推广计划"操作之后，系统将会出现"新建推广单元"的页面，如图 4.6.26 所示。

图 4.6.26　新建推广单元

6. 新建推广关键词

选定添加新的关键词，将会启动"关键词规划师"。根据业务要求，输入"车载吸尘器"，关键词规划师将会给出相应的提示，如图 4.6.27 所示。每一个关键词的提示包含了"搜索量""指导价""竞争激烈程度"等方面的信息，可以供参考、选择、添加。

图 4.6.27　"关键词规划师"提示信息

比如，"车载吸尘器"给出的提示有"车载吸尘器排名"，日均搜索量为 20，指导价 0.91 元，竞争激烈程度为 9，非常经济实惠，性价比很高，可以考虑添加，如图 4.6.28 所示。

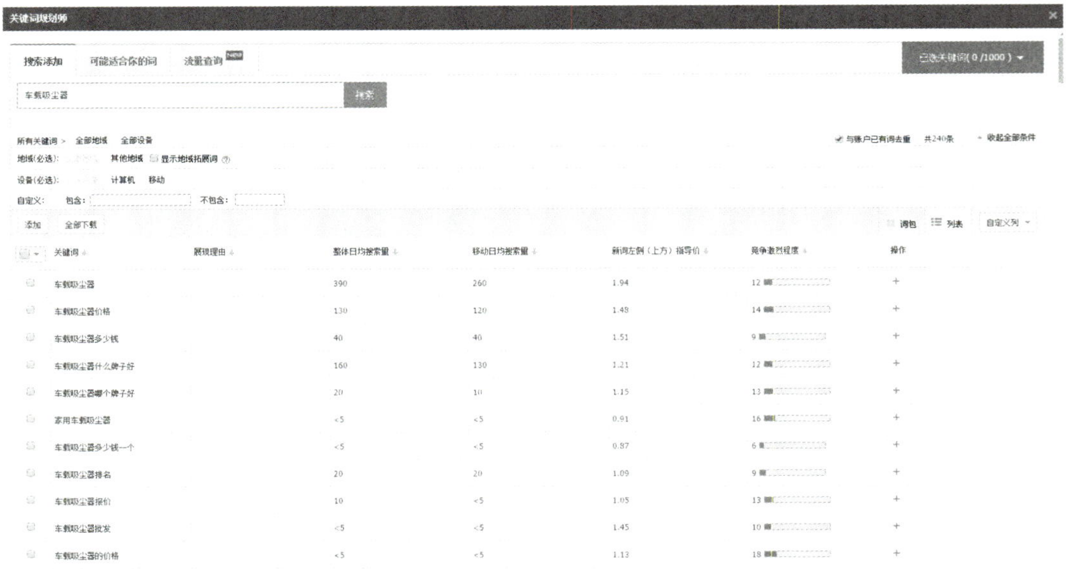

图 4.6.28 "关键词规划师"页面的关键词提示信息

当选定"流量查询"时，还可以了解"车载吸尘器"更多的提示信息，便于关键词设计的选择，如图 4.6.29 所示。

图 4.6.29 "关键词规划师"页面的"流量查询"提示信息

选定关键词之后，就可以启动新建的推广计划了。百度推广根据网络中湖南省株洲市地区的搜索结果中浏览者点击进入网站的次数进行相应的收费，也就是说，只是浏览，而不点击，是不会产生费用的，只有在浏览者点击进入网站后，才会进行计费，这样更为合理与经济。

项目四
汽车整车及用品电子商务应用

张大明大学毕业后来到×汽车销售服务公司应聘销售顾问。人力资源部主考人员提出的面试问题谈谈汽车电子商务平台付费推广的基本内容与基本流程。如果你是张大明,你将如何来回答呢?

1. 试想张大明如何言简意赅地阐述汽车电子商务平台付费推广的基本内容与基本流程。
2. 小组课后运用角色扮演法模拟训练该场景,并拍摄微视频上传至资源库平台(或空间)。

任务 4-7　免费推广

 任务描述

随着市场发展，某品牌汽车 4S 店希望通过互联网将业务进行拓展，加强品牌推广、增加产品销售、提升客户服务。小明作为专门招聘的汽车电子商务专员，领导希望他通过电子商务网络平台进行整车与配件的销售，以提升整体业绩。

小明接到任务之后，通过大量的前期调研分析，选定了汽车电子商务平台，完成了汽车电子商务平台货源准备工作。并且，一鼓作气进入选定的汽车电子商务平台完成了账号注册与实名认证。接下来便是最基础性的工作——产品发布。经过十几天的资料收集、整理、上传，完成了常规产品的发布。免费推广了，店铺装修了，接下来就是开门营业了！但是，客源在哪里？在如此广袤的汽车电子商务平台上，茫茫商海，我们的产品、我们的店铺，如何脱颖而出？有需求的客户如何知道我们、找到我们呢？这就需要我们对自己的品牌、自己的店铺、自己的商品进行营销推广了。网店的营销推广根据是否收费简单来分，有付费推广与免费推广两种。那么，如果小明选择免费推广，需要收集、整理哪些信息呢？免费推广的基本流程是什么呢？如果你是小明，你将如何开始呢？

 任务描述

将此次任务"汽车电子商务平台免费推广"划分为两个模块："汽车电子商务平台免费推广的基本内容"和"汽车电子商务平台免费推广的基本流程"，针对两个模块收集整理相关资料信息，制作一份简明扼要的汇报材料（图文并茂，Word 版），比如"汽车电子商务平台免费推广展示报告.doc"。

汇报材料必须言简意赅，统一格式，做到"三个一"：

① 一段文字，说明它的概念与内涵；

② 一张图片，描述它的结构与关系；

③ 一份表格，列出它的特点或分类。

项目四
汽车整车及用品电子商务应用

 学习目标

● **专业能力**

1. 能够快速、高效地进行信息收集整理；
2. 了解"汽车电子商务平台免费推广基本内容"，掌握"汽车电子商务平台免费推广基本流程"等汽车电子商务平台免费推广的基础知识与技能点。

● **社会能力**

1. 树立进取意识、效率意识、规范意识；
2. 强化动手能力、市场开拓能力；
3. 维护组织目标实现的大局意识和团队能力；
4. 爱岗敬业的职业道德和严谨、务实、勤快的工作作风；
5. 自我管理、自我修正的能力。

● **方法能力**

1. 利用多种信息化平台独立自主学习的能力；
2. 制订工作计划、独立决策和实施的能力；
3. 运用多方资源解决实际问题的能力；
4. 准确的自我评价能力和接受他人评价的能力；
5. 自主学习与独立思维能力。

 相关知识

一、汽车电子商务平台免费推广基本内容

汽车电子商务平台免费推广目前是网络推广的主流方式，方法很多，模式不一。有些影响范围广，但是，影响力小；有些影响范围小，但是，影响力大。首先就来了解一下目前市面最为常见的免费推广方式有哪些，同时，为大家分析一下它们的运营模式。

（一）汽车电子商务平台免费推广方法与模式

下面介绍6种最为常见的免费推广方法。

第一种是QQ推广。QQ是网民在工作和生活中使用较为广泛的一种沟通工具，因此，如果能用好这个工具，就可以带来不少的流量。一般常用的几种方式就是个性签名、博文、说说、日志、相册等。把要推广的宝贝通过体验式的方法展示出来，就可以获得关注，最后把流量带进店铺。QQ推广比较适合在自己的好友群中进行，店铺进行上新活动时，可以通过图片的转发让老客户第一时间关注到这些信息。如果是旺旺，就不具备这个功能了，所以，QQ起到的就是图文并茂的效果。

第二种是微博。微博在最近几年是非常火爆的即时传播工具。这个工具最大的好处就

271

是覆盖面广，时效性非常强。举个例子，有一天某地发生地震，所有的媒体都没有做出任何报道，但是从百度上搜索就可以看到相关的内容，而这些内容都是通过微博发出来的。因此，微博的威力可想而知。不过，在实际操作的过程中，一定要积累比较有质量的粉丝，才能带来好的转化率。

第三种是微信。微信是现在非常流行的一种通信工具，很多"80后""90后"都乐此不疲，因此，微信的种种玩法就可以锁定消费群体，赢得更多的流量。微信现在和淘宝是对立状态，店铺的信息里面是不能出现微信号的，并且微信主要是在好友群里面发送的，目的就是避免出现像微博那样的大号，更加强调互动性，弱化商品的信息。这两者要平衡好，比如一周发三次微信，两次是一些有趣、有价值的信息发送，另外一次就可以是带有促销或者产品信息的发送。总之，一切都要围绕着自己品牌或者与产品相关联的内容发送，让微友真正有所感触，这样的微信推广才能做起来。

第四种是百度词条。百度词条是可以免费上传的，如果内容足够精练，可以给网民提供价值，就有可能会被收录。不过相对来说，这些信息都是以传递品牌价值为主，真正形成转化率是不会很多的。

第五种是邮件推广。虽然邮件群发的方式会让很多接收邮件的人觉得非常烦，但是如果邮件的内容是他们所关心的促销信息或者是新款产品信息，又或者是通过这个方式给买家发送温馨的祝福信息，就可以赢得更多的流量和提升顾客的忠诚度。

第六种是微淘推广。微淘是最近淘宝重点推出的一种玩法，强调的就是好玩，让买家在玩的同时实现购物的目的。对于微淘的操作手法，其实和微博、微信有点类似，都是强调互动，在玩的同时，把店铺的文化或者活动、产品信息潜移默化地推送给消费者，最后达到使消费者购买的目的。

（二）汽车电子商务平台免费推广与付费推广的区别

① 进行汽车电子商务平台免费推广需要什么条件呢？

很简单，勤快即可。想少花钱，就得多出力。

② 免费推广，对我们来说有什么好处？

无论资金多么充裕，都不能大肆烧钱地推广，应尽可能地优先考虑免费推广。

免费推广与付费推广的区别

1. 方式差异

从表面语义上讲，是否采用付费，是依托于公司的经济条件的。

2. 效果差异

付费推广见效较快。举例，设定某个关键词，采用了付费的方式，会根据出价，呈现出关键词所在的位置。简单地讲，就是出价越高，排名越靠前。免费推广，相对需要的是时间，通过一定的推广方式，来达到一定的效果。

推广的两种方式的依托体是不同的。一种是靠付费的支撑，而另一种需要时间。对于排名效果的存在时间，后者应该是长于前者的。当然，若是一直采用付费推广，后者是无法超越的。所以，具体采用什么方式，需要根据推广方案决定。

或者，可以换一种方式，将两种方式统称为一种。前期付费推广做辅助，免费推广做

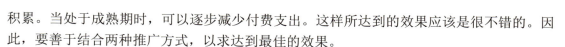

积累。当处于成熟期时，可以逐步减少付费支出。这样所达到的效果应该是很不错的。因此，要善于结合两种推广方式，以求达到最佳的效果。

1. 免费推广方法永远是汽车电子商务平台网络推广专员最关心的方式

首先要明白，免费的不一定效果不好，重要的是看如何去应用实践。免费的推广方法包括搜索引擎登录、SEO、友情链接、论坛营销、博客营销、即时通信工具营销等。

搜索引擎给网站带来的流量将越来越大，所以一个网站的推广宣传，搜索引擎是必不可少的。百度、搜搜、360搜索等都应无一遗漏地登录，这样才可能有源源不断的流量，毕竟搜索引擎至今为止是互联网最大的流量来源。

登录搜索引擎并被各大引擎收录以后，就要考虑SEO的问题了，也就是网站的排名的问题。做SEO不花钱能不能做好？当然可以！关键是有技术基础，如果连更改源代码都不会，那么最好是花钱请人做。除了技术外，还需要钻研，钻研各大搜索引擎的喜好，根据它们的相关规律，优化网站，做一些详细的策略，如标题设计、标签设计、内容排版设计等。

友情链接可以给一个网站带来稳定的客流，并且有利于网站在搜索引擎中的排名。友情链接最好能链接一些流量比自己高的，有知名度的网站。其次是和自己内容互补的网站。还有同类网站，同类网站要保证自己网站的内容质量有特点，并且可以吸引人，否则不要链接同类网站。

很多人都在用论坛营销，但是能够坚持下去的却不多，因为论坛营销比较烦琐，没有一劳永逸，只有不断耕耘。虽然论坛营销辛苦点，但是效果非常好。当然，论坛营销的操作也有一定的方法：要选择自己潜在客户所在的论坛，或者人气比较好的论坛；不要直接发广告，这样的帖子很容易被删除；用好头像、签名，签名可以加入自己网站的介绍和链接；发帖不在乎数量多少、发的地方多少，帖子的质量特别重要；适当托一把，在论坛，有时候为了活跃帖子的气氛和增加人气，可以适当地找个托，也可以自己注册两个账号。

还有博客营销与即时通信工具营销。与论坛营销的道理一样，不要一开始就发广告，即使要发广告，也要讲究技巧，毕竟推广宣传是一个技术活儿，而不只是体力活儿。

2. 付费推广方法主要看投入产出比

当然，对我们来说，资金不充裕是一个共同的特征，所以这里所谓的花钱推广方法不是指大肆烧钱的推广方法，而是花小钱办大事的推广方法。能够起到四两拨千斤的小花销推广方法有邮件营销、病毒营销、网络广告、活动宣传等。

邮件营销最需要注意的就是，千万不要沦为垃圾邮件。邮件营销就是一把"双刃剑"，用得适当，能够起到短时间内大规模宣传的作用，效果也非常有效，而一旦被用户当作垃圾邮件了，则极有可能被网民封杀，对口碑极其不利。所以，在设计邮件的时候，要极其小心，以下几点建议不妨参考。标题建议：吸引人、简单明了，不要欺骗人。内容建议：采用HTML格式比较好。另外，排版一定要清晰。费用方面，一般这种群发软件不会很贵，几百块钱就可以买到。

病毒式营销主要是自己出一小部分的投资，用互利的方式，让网友帮自己宣传，制造一种像病毒传播一样的效果，下面介绍几种常用的方法。免费服务：如果有条件，可以为

网友提供免费留言板、免费域名、免费邮件列表、免费新闻、免费计数器等，在这些服务中都可以加入选择自己的广告或者链接。由于是免费的，所以可以迅速推广。有趣页面：制作精美的页面，或有趣的页面常常在网上被网友迅速宣传。所以，可以制作一些精美的或者有趣的页面向朋友推荐。

网络广告投放虽然要花钱，但是却非常有效。不过如何花最少的钱，获得最好的效果，就需要许多技巧了。比如，那些名气不大流量却大的网站，在上面做广告，价格一般都不高，但是每天可以带来几百的流量，是很划算的买卖。有时候投广告也不完全看成本的多少，关键要看带来的效益。比如，如果是一个商务网站，客流的质量和客流的流量一样重要。投放此类广告要选择的媒体非常有讲究，首先，要了解自己的潜在客户是哪类人群，他们有什么习惯，然后寻找他们出没频率比较高的网站进行广告投放。也许价格为高些，但是给你带来的客户质量比较高，所以带来的收益也比较高。

或者有人会说，导航网站登录不是免费的推广方式吗？被导航站收录确实是不需花费代价的，但是，要获得一定的曝光率与流量，采用付费的方式是比较划得来的，是一个投入产出比较合理的投资方式，并且一般的网站收费也不是很高。

活动宣传也是一种很好的方式，不过不是什么活动都能够有效果的，想有很好的效果，就必须有很好的策划，如果策划成功，产品在用户心中就会形成良好的口碑。

（三）汽车电子商务平台免费推广的其他形式

免费推广的形式很多，以下 10 种非常具有代表性，同时，给予一定的评级，优点与不足一并列出。

1. 软文推广推荐指数：5 颗星

软文推广可谓是网络推广中不可或缺的工具之一。在一个流量比较大的平台上进行软文的营销是现在非常流行的做法。它的优点是操作方便，在众多网站投稿都是免费的，但对软文的质量要求较高，如果"软性化"广告特性明显，可能会被拒稿。

缺点：软文质量的高低，对推广效果有直接影响。

2. 论坛推荐指数：4 颗星

论坛是网络社区最主要的形式之一，也是一个很好的推广渠道。一般来说，论坛用户群体庞大，受众群广，互动性强，可人为制造影响力，可以在论坛上发布相关软文、帖子，把信息公开。这种方式的特点是要铺天盖地地发布信息，就如同在浩瀚的海里捕鱼，不管能不能捕到，只有撒了网才知道。

缺点：论坛参与人员数目众多，社区板块繁多，目标受众群不易确定。此外，软文和帖子质量要求较高，需要团队配合进行炒作。

3. 问答类网站推荐指数：4 颗星

问答类网站具有极强的互动性，可快速传播信息，是重要的网络推广方式之一。问答类网站推广属于口碑推广的手段之一。利用问答类网站，结合 SEO 的技巧，抛出用户关心的问题并进行解答，植入相关的信息。其一般具有权重高、收录快、排名好等特点，是一个较好的推广方式。

缺点：其对账号有等级要求，相对比较麻烦。

4. 网址导航推荐指数：5 颗星

各大企业一直都想把称为流量入口的网址导航作为首选的推广方式，但由于综合网址导航页面空间有限，涵盖内容繁杂，很难得到一席之地，并且不能精准地找到用户群体，因此垂直细分网址导航走入大家视野，成为推广新趋势。垂直细分的定位和自助建站平台正在成为免费营销宣传的最佳方式。

缺点：网民对其建立的网址导航定位不够明确，仿照传统综合网址导航，导致用户群体不精准，可能导致推广效果不佳。

5. IM 推广推荐指数：4 颗星

通过 IM 群发，虽然 MSN 和 QQ 上有病毒和骚扰的情况出现，但是仍然抵挡不住人们使用 IM 的热情。企业可以根据自己相关产品特性加入有针对性的群组，发布相关消息，或者自建群组，用户针对性更强。

缺点：IM 上多是互相认识或兴趣相似的朋友圈。因此需要把握好度，否则容易使人反感。

6. SNS 社交网络推荐指数：3 颗星

SNS 也逐渐步入网络推广的行列，因其具有用户群体庞大、时效性相当强、受众面也相当广、传播门槛低、可在线互动等优势，被很多人用来作为推广宣传的方式之一。

缺点：因网民关注点的转变，很难在其中制造出话题及影响力。

7. 热点事件推荐指数：3 颗星

热点事件推广通过整合社会、企业、用户等各种资源，创造出吸引大量媒体和用户的新闻，借助新闻，来吸引公众眼球，起到较轰动的广告效应和关注度，达到推广传播的目的。一般来说，热点事件推广有两种模式：借势和造势。

缺点：媒体的不可控制和用户对新闻的理解程度。

8. 博客/微博推荐指数：4 颗星

微博又称微博客，微博营销近年很是流行，因其有门槛低、传播速度快、可呈几何式传播、可在线互动等特点，以更快速度走入营销手段行列。而博客更是一个推广的好地方，可以任意撰写广告式文章，随便发布信息，也可互动，还可以增加外链。这绝对是网络推广必不可少的工具之一。

缺点：但就微博来说，其信息更新速度相当快，不易造成话题和影响力。在博客上，如果不是资深博主，说话分量也较轻，难造成影响。

9. 微信推荐指数：4 颗星

微信正成为网络推广方式的新宠之一。随着移动互联网的快速发展，微信在营销中的价值是无法预估的。其可以将信息推送给关注的用户；精准的营销宣传，可以一对一针对性地对某一用户进行消息推送，也可以针对某一地域和某一点进行消息的推送；经营订阅号，引起更多用户关注，还可以在朋友圈里发布相关信息。

缺点：目前微信不能像 QQ 那样显示是否在线，无法保证时效性。

10. 百科推荐指数：3 颗星

百科也是网络推广的方式之一。因其具有权威性、知名度高等特点，在网民心中有着不可撼动的品牌效应。

缺点：随着百科制度的不断改进，百科提交内容审核十分严格，通过率低。此外，各大网民可随意更改百科内容，对互联网信息安全、稳定性造成一定影响。

以上免费网络推广方法虽然不一定给用户带来最直接的效益，但是一定会让每一个用户在网络推广方面的知识有所提升，并且会把要展示给网民的产品准确地带到其面前。要做好汽车电子商务平台的网络推广，就必须通过综合分析企业自身行业特点，然后为企业量身定做符合自身的宣传方式。一定要根据企业的需要和发展方向，制定多种宣传方式将汽车电子商务平台的信息传播出去。通过多种推广方式的并行使用，营销效果一定会更好。

二、汽车电子商务平台免费推广的基本流程

目前，国内汽车电子商务平台选择的余地十分丰富，以下列出在国内最大平台阿里巴巴注册的企业用户免费推广的基本流程。

"我是行家"是针对诚信通会员提供的一个全网营销平台，平台会自动分发买家问题给相关卖家解答，并将解答的内容做全网推广，包括搜索引擎收录、SEO优化等，在获得全网流量的同时，展现卖家的专业度及影响力。

① 提升买家关注度（即买家浏览的流量）。"我是行家"平台借力于生意经平台，以卖家回答买家关注的产品问题内容为引导，引流买家到达卖家旺铺，提升流量。同时，自动分析由此产生的营销流量，并告诉卖家同行业中的水平高低，让卖家能够清楚知道自己的优势和劣势。

② 提升商业诚信度（体现卖家专业度，使买家更信赖）。通过"我是行家"解答客户问题，所贡献的知识、给予的帮助，将提升买家对卖家的信赖。

③ 提升专业知名度及品牌影响力。通过专业解答买家关注的产品问题，有助于提升卖家在行业内的知名度，不仅吸引更多潜在客户的访问及询盘，更有助于提升企业的品牌影响力。

基本操作步骤如图4.7.1～图4.7.4所示。

图 4.7.1　阿里巴巴企业免费推广——我是行家

项目四
汽车整车及用品电子商务应用

图 4.7.2　选择主营领域

图 4.7.3　诚信通会员专属

图 4.7.4　诚信通会员权限

阿里巴巴汽车电子商务平台的免费推广方式还有很多,比如商品标题优化、店铺装修、站外友情链接等。

在线测验 4-7

收集整理相关资料信息,制作一份简明扼要的汇报材料(图文并茂,Word 版),比如,"汽车电子商务平台免费推广展示报告.doc"。

汇报材料必须言简意赅,统一格式,做到"三个一":

① 一段文字,说明它的概念与内涵;

② 一张图片,描述它的结构与关系;

③ 一份表格,列出它的特点或分类。

三、模拟训练

假定自己是小明,与学习小组成员商讨和训练,并采用角色扮演法在课堂上展示。

张大明大学毕业后来到某汽车销售服务公司应聘销售顾问。人力资源部主考人员提出的面试问题是谈谈汽车电子商务平台免费推广的基本内容与基本流程。如果你是张大明,你将如何来回答呢?

1. 试想张大明如何言简意赅地阐述汽车电子商务平台免费推广的基本内容与基本流程。

2. 小组课后运用角色扮演法模拟训练该场景,并拍摄微视频上传至资源库平台(或空间)。

项目五

汽车配件电子商务应用

近年来,随着人们出行需求的急剧增加,汽车市场也随之火热起来。伴随着这股浪潮,诸多服务汽车市场的应用也如雨后春笋般成长。我国的民用汽车保有量已经突破1亿辆,在如此大的保有量的情况下,随着更多新车的入市,在未来的几年,汽车维修、二手车等后市场必然迎来井喷,这也为汽车配件的电商化留下巨大的发展空间。作为汽车营销人员与汽车服务人员,需要理解和熟练运用这些模式,本项目分为第三方平台的选择与入驻、自有网站建设、汽车配件信息化3个任务。

通过学习和训练,将了解汽车配件电子商务应用发展背景和现状、汽车电子商务平台入驻流程等。同时,还要查阅大量资料,掌握调研的一些方法,具备PPT或报表的制作技能。

任务 5-1　第三方平台的选择与入驻

　任务引入

随着市场发展，某品牌汽车配件特约经销商希望通过互联网将业务进行拓展，加强品牌推广、增加产品销售、提升客户服务。面对铺天盖地的网络宣传，企业不知该如何选择，因此要求小明对汽车配件电子商务平台做详细调查，并要求对各平台的准入附上相应的说明，以便公司进行准确选择。本任务要求完成中国汽车配件电子商务第三方平台发展状况表。

　任务描述

将此次任务"第三方平台的选择与入驻"划分为两个模块："第三方平台的选择"和"第三方平台的入驻"，针对汽车配件电子商务平台做详细调查，并要求对平台的准入附上相应的说明，最终提交一份中国汽车配件电子商务第三方平台发展状况表，并登录微知库，完成动画"第三方平台的入驻"。

　学习目标

- 专业能力
1. 能够快速、高效地进行信息收集整理；
2. 能够了解"汽车电子商务平台"的种类；
3. 能够掌握汽车配件第三方平台的选择；
4. 能够掌握汽车配件第三方平台的入驻。
- 社会能力
1. 树立进取意识、效率意识、规范意识；
2. 强化动手能力、市场开拓能力；
3. 维护组织目标实现的大局意识和团队能力；

4. 爱岗敬业的职业道德和严谨、务实、勤快的工作作风；
5. 自我管理、自我修正的能力。

● 方法能力
1. 利用多种信息化平台独立自主学习的能力；
2. 制订工作计划、独立决策和实施的能力；
3. 运用多方资源解决实际问题的能力；
4. 准确的自我评价能力和接受他人评价的能力；
5. 自主学习与独立思维能力。

一、汽车后市场电子商务概述

汽车后市场（After Market，AM），指汽车整车销售以后的各类市场，包含在使用汽车的过程中所发生的与汽车有关的费用。狭义上包含维修、保养、零配件、美容、改装、油品、租赁、保险、广告、装潢等内容，同时，广义也涵盖驾校、停车场、车友俱乐部、救援系统、交通信息服务、二手车等方面，如图5.1.1所示。

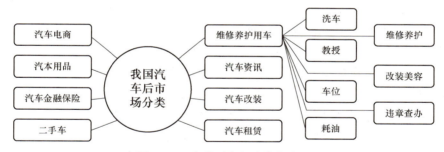

图 5.1.1　汽车后市场分类构成图

整个汽车产业链的利润主要分布在汽车制造、整车和零部件销售、汽车后服务这三大块，其中，新车产销利润占比仅为20%，汽车后服务市场的利润占比却高达60%左右。随着电子商务逐渐发展，汽车售后服务市场中开始大量涌现具有创新性服务电子商务模式的公司。相关数据显示，2014年国内汽车后市场产业链总收入达到6 000亿元，2015年攀升至8 000亿元。中国汽车后市场电商当前分为汽配用品B2B电商、汽配用品B2C电商、维修保养服务电商自营型、维修保养服务电商导流平台型和上门保养型。典型企业为阿里汽车、京东车管家、淘汽档口、中驰车福等，如图5.1.2所示。

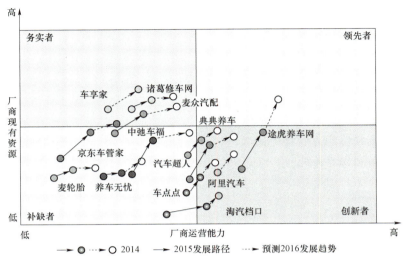

图 5.1.2　2015 年汽车后市场电商实力分布图

二、汽车配件电子商务发展现状与制约因素

（一）汽车配件电子商务发展现状

汽车后市场电子商务时代来临

在美国，汽配电商发展已经比较成熟，Motors 已经能挤进 eBay 整个核心品类的前四。除了 eBay、Amazon 之外，还有一大批的专业汽配电商都发展得非常不错，诸如 NAPA、Advanceautoparts、Oreilly、Autozone、Carquest、Pepboys 等，这里面大多都与线下实体店结合得非常紧密，典型的 O2O。

与欧美相对成熟的汽配电商相比，中国的汽配电商还处在起步阶段，整体规模非常小。在国内汽配电商领域，综合类电子商务平台中，只有天猫和京东稍有起色。在天猫上，坐垫、靠枕、GPS 等非标的汽车用品卖得还不错，而一些标准化的汽车配件，诸如刹车片、滤清器、减震器等，则卖得非常差。对于除天猫京东之外的垂直电商来说，目前在这个领域稍有影响力的只有养车无忧、途虎、车易安、酷配等垂直电商平台。另外，还有一些与 O2O 相关电商，如车小弟、车商通等。总体说来，目前这些垂直电商的规模还都非常小，很少能盈利。

（二）汽车配件电子商务发展制约因素

汽配电商要做大、做强，必须要解决汽配数据的专业性、O2O 运营、自有品牌建设这几个问题。总体而言，汽配数据的专业性是关键，如果解决了这个问题，那么这个平台就会非常成功，如果再能解决 O2O 运营和自有品牌问题，则整个项目的可盈利水平会大大提升。

1. 汽配数据的专业性问题

做汽配电商，首先要遇到的问题，就是数据的专业性问题。与其他品类不同，在汽配行业如果没有一套专业的数据系统，就很难让消费者较为轻松并正确地找到他所需的产品。

数据问题是制约汽配电商能否取得突破的一个非常关键的因素。

（1）配件采购十分复杂

一辆车上的零件是成千上万的（易损件数量会小些）。以刹车片为例，如果消费者想要买到一款正确的刹车片，那么他可能有这些方法：① 知道自己的这款车损坏部位（前刹车片和后刹车片也完全不一样）的OEM号码，但这个概率非常低；② 知道车辆的年款、发动机型号，有时候还要知道生产的年份、批次；③ 知道自己车的VIN号码（如1G1BL52P7TR115520）。上述几种方法中，①和③都非常精确，但是知道自己车辆配件OEM号码的人非常少，所以最为实际的还是用年款或是VIN号码进行查询。此时，如果没有一套好的数据系统，单纯是用产品名称等来核对，比如，以京东为例，"博世（BOSCH）刹车片前片（福克斯/翼博/马自达 3/5/沃尔沃 S40/C30）0986AB2939/1187"（http://item.jd.com/624491.html），那么这个用户体验是有很大问题的。这条信息中，虽然也有OEM号码"0986AB2939/1187"（图5.1.3）、有零件名及部位"刹车片前片"、有非常粗略的车型信息"福克斯/翼博/马自达3/5/沃尔沃S40/C30"，然后参照下面具体的适用车型表，最终也能匹配上，但是这要让消费者花太多时间去确认，用户体验非常差。并且，这个只是前端的一小部分，在后端就更加复杂了。① 比如，前刹车片要换，那么是不是后刹车片也有很大可能性要换，滤清器要不要换？怎么把相关数据关联起来？② 一辆车上的零件成千上万，如何做库存呢？如果有1万个车款（具体到发动机型号），那么就需要备相应数量的刹车片吗？显然不是这样，因为很多车款上的刹车片是通用的，实际上很可能只需要备几百款的货就完全能够覆盖绝大部分的车款了。这时如果没有专业的数据，库存量就被撑高了。另外，有时候，对于一些车款，你明明能够为其提供服务，只不过因为你没有相应的数据，这些客户白白流失掉了。

（2）汽配数据建设难度很大

与欧美相比，在汽配数据的专业性上面，国内的汽配电商与之差距实在太大。在欧美，有一些非常专业的汽配数据服务商，如Epicor、TecDoc、WHI等，消费者通过这些数据服务，可以相对容易地购买到正确的配件。国内基本没有专业的数据服务提供商，原因有二：① 发展历史较短；② 国内的版权意识较差，太容易被盗版，导致没人愿意做。总体而言，数据建设的难度非常大。比如深圳的某专业公司，花在OEM号码数据库建设上的时间已经有六七年，费用也已近千万，但收效甚微。汽配数据建设难度非常大，但如果汽配数据专业性这个问题不解决，那么汽配电商永远不会有做大的机会。

2. O2O运营问题

与欧美相比，国内的DIY能力普遍较差，消费者即便是在B2C平台上买到了合适的零件，也几乎都没有能力自行装配，必须得借助线下的汽修厂完成，这也是我国的汽配电商与欧美电商相比相差很大的原因之一。从O2O的实际情况来看，目前主要有两种：一种类似于车易安的，配件由入驻的卖家提供，安装由线下签约汽修厂提供；另一种类似于养车无忧的，配件全部自行采购，维修更换则同样由线下签约汽修厂完成。

图 5.1.3　京东上的博世（BOSCH）刹车片前片 0986AB2939/1187

3. 自有品牌建设问题

如果能解决上述专业数据与 O2O 的问题，这个汽配平台就称得上是成功的；而如果能解决第三个自有品牌建设问题，那么它一定可以成为一个盈利能力非常强的项目。如果汽配超市仅仅出售类似博士、法雷奥、电装这些知名品牌的产品，那么几乎是不能赚到钱的，因为毛利实在太低。唯一的出路是逐步增加自有品牌的产品，推销自有品牌，其毛利几乎可以提升一个数量级。当然，推销自有品牌的前提是平台自身的影响力足够强大。至于什么时候推销，这就是节奏的把控问题了。实际上，从欧美的情况来看，在汽配领域最为成功的玩家，比如 NAPA，出售的几乎都是自有品牌的产品。当然，在消费者心中，这时其影响力其实已经超过博士、法雷奥、电装这些配件品牌了。

三、汽车配件电子商务平台选择

（一）中驰车福

中驰车福联合电子商务（北京）有限公司成立于 2013 年，总部位于北京。中驰车福电商是集互联网技术开发、应用、网上商城平台、汽车数据平台、供应链云平台于一体的综合化垂直类服务平台。该平台依托于互联网云技术，建立从修理厂零部件生产企业到汽修企业，再到车主及增值服务集合的 B2B2C+O2O 垂直类行业平台，利用创新的商业模式及互联网思维，在为汽修企业提供"一站式"质量保证的维修配件采购、汽修厂技术管理等能力升级的同时，为车主提供包含维修保养、汽车救援、新车销售、车险销售理赔、汽车租赁、二手车等业务在内的全方位、一站式的车主服务，如图 5.1.4 所示。中驰车福已于 2015 年 9 月启动"AtoZ 全开放计划"，全力打造后市场开放生态圈。在向全行业开放中驰车福城市覆盖资源的同时，推动目前业内很少有人关注的县级汽配行业的发展。

项目五
汽车配件电子商务应用

图 5.1.4　中驰车福平台首页

（二）淘汽档口

淘汽档口是汽车配件的 B2B 采购平台。其成立于 2014 年，主要提供优质、低廉的汽车配件，如图 5.1.5 所示。

图 5.1.5　淘汽档口业务展示图

淘汽档口囊括了 APP 移动端及 PC 端等多种形态。坐拥供货链透明、客户群庞大、平台实力强等众多优势，为客户打造"零库存""零资金""零等待"的全新汽配采购体系。目前已有包括博世、海拉、盖茨、菲罗多等 18 大国际主流配件厂家入驻，货源稳定，品质放心，并在各大城市设有仓库，随用随订，减轻自身库存压力；另外，与 4 大物流合作伙伴合作，通过强大的后台体系保证迅速响应。淘汽档口也配有自己的测评体系，让每一个配件的每一个参数性能在数字上直观体现，从此告别"舒适""快捷""推背感""迅速"之类的主观测评。淘汽档口目前已在 9 大省份 20 多个城市拥有 30 000 多家线下门店。

四、汽车后市场电子商务平台入驻

"互联网+"的核心是互联网和传统企业的有机结合，在"互联网+"的国家战略背景下，汽车后市场以高利润吸引着众多商家，汽车配件也开始浮出水面，越来越多的电商平台开始整合汽配行业线上与线下业务，开发移动智能终端平台，涵盖了电子商务 B2B 模式、B2C 模式和 O2O 模式，为大量的会员入驻平台留下足够的空间，为未来的汽配新时代打下坚实基础。下面以中驰车福吸引会员入驻为例说明电子商务平台入驻流程。

（一）加盟入驻流程（图 5.1.6）

图 5.1.6　中驰车福加盟入驻流程

（二）具体操作步骤

① 单击首页的"加盟入驻"按钮，进入会员注册操作页面，如图 5.1.7 所示。

图 5.1.7　中驰车福主页

② 选择"汽修厂加盟"或"供应商加盟"，然后，填写商家信息及登录信息后，单击"加盟入驻"按钮提交资料。需要说明的是，在填写页面资料时，标*部分是必填项，若不填写，将无法提交资料，如图 5.1.8 所示。另外，提交资料后，需要业务员与申请入驻方联系，确认资料无误后，方可正式开通会员。

项目五
汽车配件电子商务应用

图 5.1.8　中驰车福加盟入驻资料提交界面

本任务要求在中驰车福上完成第三方平台的入驻，分别以供应商、经销商、维修厂身份注册入驻平台，将操作过程截图并提交微知库平台。

针对汽车配件电子商务平台做详细调查，并要求对平台的准入附上相应的说明，完成表 5.1.1，并最终提交一份汽车配件电子商务平台的市场分析说明报告表。

表 5.1.1　中国汽车配件电子商务第三方平台发展状况

第三方平台排名	主要服务内容	主要营运额	排名理由
第一名			
第二名			
第三名			
第四名			
第五名			

在线测试-第三方平台入驻

任务 5-2　自有网站建设

 任务引入

　　随着市场发展，某品牌汽车4S店希望通过互联网将业务进行拓展，加强品牌推广、增加产品销售、提升客户服务。小明作为专门招聘的汽车电子商务专员，领导希望他通过电子商务网络平台进行整车与配件的销售，以提升整体业绩。

　　小明接到任务之后，通过大量的前期调研分析，选定了汽车电子商务平台，完成了汽车电子商务平台货源准备工作。并且，一鼓作气进入选定的汽车电子商务平台完成了账号注册与实名认证。接下来便是最基础性的工作——产品发布。经过十几天的资料收集、整理、上传，完成了常规产品的发布。付费推广了，店铺装修了，再接下来就是开门营业了！但是，客源在哪里？在如此广袤的汽车电子商务平台上，茫茫商海如何让产品及店铺脱颖而出，被有需求的客户获知？这就需要对自己的品牌、自己的店铺、自己的商品进行营销推广了。通过付费推广与免费推广的综合运用，汽车电子商务平台上的店铺有了很大的客流量。为了更好地提升品牌形象，需要建立汽车电子商务自有网站，那么，小明首先需要解决的就是汽车电子商务自由网站的域名及空间的申请。汽车电子商务网站域名空间申请，需要收集整理哪些信息呢？基本流程是什么呢？如果你是小明，你将如何开始呢？

项目五
汽车配件电子商务应用

任务 5-2-1 网站域名空间申请

任务描述

将此次任务"网站域名空间申请"划分为两个模块:"网站域名空间申请的基本内容"和"网站域名空间申请的基本流程",针对两个模块收集整理相关资料信息,完成"网站域名空间申请"交互式动画及"网站域名空间申请流程"分析报告。

学习目标

1. 能够快速、高效地进行信息收集整理;
2. 了解汽车电子商务网站域名空间申请的基本内容;
3. 掌握汽车电子商务网站域名空间申请的基本流程。

相关知识

网站域名空间申请

一、网站域名申请

在互联网信息飞速发展的今天,要想建网站展示企业/个人信息,必须首先注册自己的域名。域名是在互联网上建立任何服务的基础,同时,域名具有唯一性,如果一个域名已经被别人抢先注册了,就不能再注册同样的域名了,如图 5.2.1 所示。

汽车电子商务平台网站域名空间申请是目前网络推广的主流方式,方法很多,模式不一。有些影响范围广,但是影响力小,当然,收费也低;有些影响范围小,但是影响力大,收费也不低。首先来了解一下目前最为常见的网站域名空间申请方式,同时,为大家分析一下它们的申请流程。

图 5.2.1　万网域名服务

1. 域名申请三要素

在开始申请域名之前，首先应该进行域名查询，检索自己想要的域名是否闲置，如图 5.2.2 所示；如果已经被购买，可以用 Whois 来查看域名的当前信息状态，包括域名是否已被注册、域名当前所有者、所有者联系方式、注册日期、过期日期、域名状态、DNS 解析服务器等。

图 5.2.2　万网域名信息查询服务

域名被誉为"企业的网上商标"，同企业商标知识产权保护一样重要。因此，尽早注册属于自己的域名，是非常必要且重要的。

（1）域名要简单、易记，逻辑性强

与企业商标、单位（产品）名称相吻合的简单域名，更容易让大家记住。比如淘宝的 taobao.com、京东的 jd.com。

（2）同一个域名有不同的后缀

由于域名类型的不同，域名有很多种后缀。有英文的、符合中国网民输入习惯的中文域名等。同一个域名的不同后缀注册得越多，越能保证域名的唯一性、排他性，起到企业品牌保护的作用。同时，注册多个域名后缀，可以让他人通过更多的输入方式访问，增加网站推广的效果。

（3）域名购买两年以上

很多人因为到期忘记续费而失去了至关重要的域名，一次性购买多年，可以降低这种丢失的风险。同时，购买多年，价格上也会享受更多的优惠。

注册较多的域名：

① .com 域名，目前全球注册量第一的域名，公司企业注册域名的首选；

② .net 域名，一般用于从事 Internet 网络服务的机构或公司；

③ .cn 域名，一般代表中国，是中国企业和个人的互联网标识；

④ .org 域名，多用于各类组织，包括非营利团体，被认为是最受信赖的域名之一。

2. 域名申请流程

域名申请流程十分简单，只需四步，如图 5.2.3 所示。

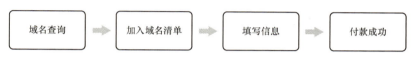

图 5.2.3　域名申请四步曲

（1）查询域名，加入清单

对想好的域名进行查询，查看是否已被他人注册，以确保域名的唯一性；单击"加入清单"，将想要注册且为"未注册"的域名加入"域名清单"，如图 5.2.4 所示。

图 5.2.4　查询域名，加入清单

（2）结算域名清单

结算域名清单如图 5.2.5 所示。

图 5.2.5　结算域名清单

结算时，须对域名"购买年限"和域名"所有者类型"进行选择。

（3）填写域名注册信息

对购物车中的域名结算前，先要对域名注册信息进行真实填写。主要包括域名所有者的中、英文信息；如果之前在万网注册过域名，也可以直接选择曾经使用过的域名信息。

（4）付款结算，注册成功

域名属于即时产品，无法预订，只有最终付款成功才算注册成功，所以下单后应尽快结算。付款方式有多种，推荐通过网银支付。

若需要申请发票，在订单支付完成后，登录"会员中心"→"发票管理"索取发票。

特别提醒：如果注册的是.cn等国内域名，注册成功后，还需要提交与域名注册信息相同的资料进行审核，审核成功后，域名才能正常使用。

二、网站空间申请的基本流程

网站空间申请的方式与途径十分丰富，以阿里云提供的主机服务为例，用户可以根据自己的实际情况进行选择。如果打算建立一个中小型网站，那么选择一个小型的主机就可以了。

单击详情页面，查看网站上的主机信息，选择符合自己要求的配置，单击购买。

项目五
汽车配件电子商务应用

任务 5-2-2 网站设计与实现

 任务描述

将此次任务"网站设计与实现"划分为两个模块:"网站设计的基本内容"和"网站实现的基本流程",针对这两个模块收集整理相关资料信息。

 学习目标

1. 能够快速、高效地进行信息收集整理;
2. 了解汽车电子商务网站设计与实现的基本内容;
3. 掌握汽车电子商务网站设计与实现的基本流程。

 相关知识

一、汽车电子商务网站设计与实现

在互联网信息飞速发展的今天,要想建网站展示企业/个人信息,必须首先注册自己的域名、申请网站的空间。在完成了域名的注册、空间的申请之后,就可以进行网站的设计与实现了。

汽车电子商务网站设计方法很多,模式不一。有些影响范围广,但是影响力小,当然,投资也低;有些影响范围小,但是影响力大,投资也高。首先来了解一下目前最为常见的网站设计方式,同时,为大家分析一下它们的设计流程。图 5.2.6 展示的是宝马汽车官方网站的首页页面效果。

(一)汽车电子商务网站设计的三大要素

在开始网站设计之前,首先应该进行相关企业网站的考察,了解一下相关企业、品牌的企业网站建设风格与版面样式;通过学习考察,来把握市场的主流网站设计风格,这往往就是目前市场上客户喜爱的页面风格与浏览习惯。如图 5.2.7 所示,奔驰汽车官方网站的设计非常具有视觉冲击力,通过利用广角镜头拍摄的宣传海报来展示自身品牌的产品及其

293

风格，同时，层次清晰的页面结构非常方便浏览者查看。

图 5.2.6　宝马汽车官方网站

图 5.2.7　奔驰汽车官方网站

当然，为了保护网站所有者的安全，在网站设计的过程中，不仅需要考虑网站的内容结构、页面布局、色调搭配，还需要考虑网站信息的安全与保密，以及知识所有权。

同时，为了提升网站曝光率，在网站设计的过程中，还需要考虑页面的搜索引擎优化设置，以便被各个知名搜索引擎收录。

域名被誉为"企业的网上商标"，同企业商标知识产权保护一样重要。因此，尽早注册属于自己的域名,是非常必要且重要的。

设计网站三要素如下:

1. 页面结构与布局

与企业信息、单位(产品)资料相吻合的简单结构与布局,更容易让大家记住,且浏览方便。比如奔驰汽车的官方网站。

网站制作过程中,必须要考虑设计与内容的结合,体现内容的丰富含义。运用对比与调和、对称与平衡、节奏与韵律及留白等手段,通过空间、文字、图形之间的相互关系建立整体的均衡状态,产生和谐的美感。一位资深设计师说:采用对称性原则时,在页面设计中,它的均衡有时会使页面显得呆板,但如果加入一些富有动感的文字、图案,或采用夸张的手法来表现内容,往往会收到比较好的效果。图片与文字相结合,更能体现网站的美观性。

2. 网站色调选择与色彩搭配

由于汽车企业文化的不同,不同企业的色调不同。比如,法拉利对速度的追求是其永恒的主题,所以,考察法拉利的官方网站时,可以明显感受到那份鲜艳红色基调中透出的激情与热力。

要想做出一个美观、大气的汽车网站,在网页设计时,根据汽车企业自身的文化特点,以及和谐、均衡和重点突出的原则,将不同的色彩进行组合、搭配。根据色彩对人们心理的影响,合理地组合运用。不同汽车企业所采取的主色也是不同的,主色的选择也是有讲究的。要注意的是,网页的颜色应用虽没有限制,但不能毫无节制地运用多种颜色,一般情况下,先根据总体风格的要求定出1~2种主色调,然后再搭配其他的颜色进行辅助,如图5.2.8所示。

图5.2.8 法拉利官方网站,富含激情与热力

一般来说，网页的背景色应该柔和一些、素一些、淡一些，再配上深色的文字，看起来自然、舒畅。对于做网页的初学者，可能更习惯于使用一些漂亮的图片作为自己网页的背景，但是，浏览一下大型的商业网站，会发现更多运用的是白色、蓝色、黄色等，使网页显得典雅、大方和温馨。更重要的是，这样可以大大加快浏览者打开网页的速度。

3. 网站内容的选取与优化

一个好的车企官方网站，进行网页设计时，在要讲究内容编排和布局的同时，还要考虑内容的版式设计，通过文字和图形的空间组合，表达出和谐与美。一个优秀的车企网页设计也应该知道哪一段文字图形该落于何处，才能使整个车企网页生辉。尤其是在利用汽车网页效果体现在线营销汽车品牌与产品的意图时，更要注意整体布局的合理性。比如一家汽车企业，它需要展示自己的汽车产品与售后服务，所提供产品的名称、型号、价格、功能介绍等应怎样编排才能使浏览者有一个流畅的视觉体验，从而方便他对产品的了解，促成最后的购买。

在中国，标致汽车的官方网站在设计的过程中，就充分考虑了内容的选取与优化，如图 5.2.9 所示。

图 5.2.9　标致汽车官方网站

（二）汽车电子商务网站设计的基本流程

进行汽车电子商务网站设计的基本流程如下：
① 主题定位及其内容的确定；
② 层次规划与结构设计；
③ 色调设定与色彩搭配；
④ 样式编排与汇总；
⑤ 页面模板的设计与编写；
⑥ 网站代码的实现；

⑦ 网站测试与发布。

1. 主题定位及其内容的确定

网站设计的第一步就是确定网站主题，根据汽车企业的文化来设定整个网站的主题内容。

2. 层次规划与结构设计

根据网站主题及其内容来规划整个网站的浏览层次，设计内容编排结构，如图 5.2.10 所示。

图 5.2.10　丰田官方网站，层次鲜明，布局合理

3. 色调设定与色彩搭配

网页设计在讲究内容编排和布局的同时，还要考虑内容的版式设计，通过文字和图形的空间组合，表达出和谐与美，如图 5.2.11 所示。

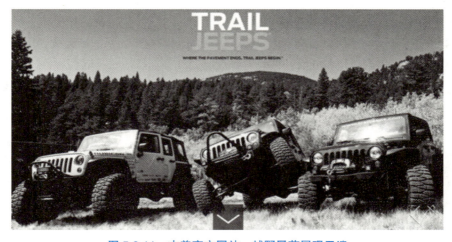

图 5.2.11　吉普官方网站，越野风范展现无遗

4. 样式编排与汇总

车企官方网站风格样式确定后，便可进行样式文件的编排制作。整个网站的所有网页统一调用，风格一致。

5. 页面模板的设计与编写

车企官方网站页面模板确定后，进行制作与统一调用，确保网页设计的内容编排和布局的统一。

6. 网站代码的实现

车企官方网站设计工作的最后一步是代码实现与测试发布。在之前的基础工作上，利用网站开发工具与页面编程语言，将设计的想法付诸实施，同时，一边开发一边测试，查看显示效果。

二、汽车电子商务网站实现的基本流程

成功地开发一个汽车电子商务网站，不仅需要具备一定的理论基础和技术支持，同时还需要对开发过程中所面临的问题有充分、清醒的认识，例如，社会因素、市场环境、文化背景、企业体制、起点环境、开发成本等。特别是在中国当前 IT 行业飞速发展的形势下，更要强调这些方面对汽车电子商务网站系统开发的影响。

一般来说，汽车电子商务网站系统的开发流程可以划分成总体设计、系统开发和系统运行 3 个阶段，其中系统开发还可进一步分为需求分析、概要设计和详细设计（系统实施）等工作环节。系统运行分为系统部署、系统运行及系统维护。上述各个阶段采用软件工程的模型，即在每个工作阶段均产生完整的技术文档作为下一阶段工作的指导和依据，每一阶段都应对文档进行评审，确信该阶段工作已完成并达到要求后，才能进入下一阶段，同时，在以后的工作中不能轻易改变前面经过评审的成果。

由此可见，以上开发方式的主要优势在于便于对开发的各阶段进行有效组织和管理，同时也可大大降低软件开发的复杂性。国内外许多汽车电子商务网站开发的实例都证明了这是一种行之有效的开发流程。

（一）汽车电子商务网站需求分析

汽车电子商务网站系统主要由后台管理员模块和前台用户模块两部分组成。用户登录汽车电子商务网站后，不仅可以选择查看新闻与各种产品的详细信息，还可以查看各种服务信息和网站公告。管理员登录后，不仅可以查看产品情况，还可以管理用户、产品和其自身的信息。管理员还可以根据实际情况添加其他管理员，以维护该网站环境和安全。

1. 前台用户模块

① 产品展示：产品分类、产品信息；
② 检索功能：分类产品检索；
③ 用户：登录/注册；
④ 其他功能：网站公告、用户帮助中心、我的收藏、加盟网站。

2. 后台管理模块

后台程序主要用于对用户信息、产品信息及评论记录进行管理。

① 检索管理：对搜索关键词进行添加和修改；
② 产品管理：对产品进行添加、修改、删除、查询；
③ 会员管理：对会员信息进行修改、删除和查询；
④ 仓库管理：对仓库信息进行添加、修改、删除和查询；
⑤ 评论管理：对评论进行查看及管理；
⑥ 后台管理：对后台管理员信息进行添加、修改、删除和查询。

根据数据流向分析，可以画出整个汽车电子商务平台系统的数据流图。数据流图用来描绘系统的逻辑模型，描绘信息在系统中流动和处理的情况。

（二）汽车电子商务平台数据模型设计

之前介绍了需求分析，接下来就是系统数据模型的搭建，通过搭建汽车电子商务平台的数据模型来进行系统数据的处理，如图 5.2.12 和图 5.2.13 所示。

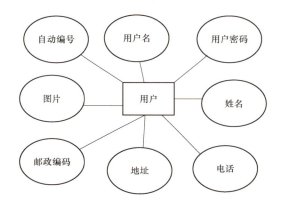

图 5.2.12　用户及其属性的 E-R 图

图 5.2.13　管理员及其属性的 E-R 图

在完成数据 E-R 图的设计的基础上，可以进行数据库的逻辑结构设计，如图 5.2.14 所示。

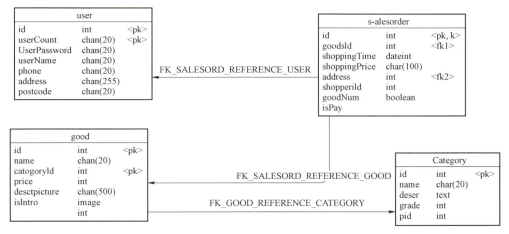

图 5.2.14　汽车电子商务平台数据库逻辑图

在数据库逻辑结构的设计基础上进一步完成数据库数据表的结构设计,见表 5.2.1。

表 5.2.1　数据库数据表的结构设计

字段名	类型	说明	主外键	允许为空
id	Int	自动编号	PK	N
userCount	Varchar(20)	用户账号		N
userPassword	Varchar(20)	用户密码		N
userName	Varchar(10)	用户确认密码		N
phone	Varchar(20)	用户电话		N
address	Varchar(10)	邮编		N
postcode	Varchar(255)	送货地址		Y

接下来就是测试环境的搭建,如图 5.2.15 所示。

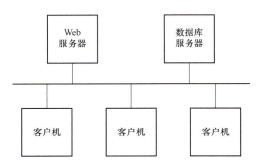

图 5.2.15　测试环境的拓扑图

项目五
汽车配件电子商务应用

任务 5-2-3　网站发布与维护

 任务描述

将此次任务"网站发布与维护"划分为两个模块:"网站发布的基本内容"和"网站维护的基本流程",针对两个模块收集整理相关资料信息。

 学习目标

1. 能够快速、高效地进行信息收集整理;
2. 了解汽车电子商务网站发布与维护的基本内容;
3. 掌握汽车电子商务网站发布与维护的基本流程。

 相关知识

一、汽车电子商务网站发布与维护

在互联网信息飞速发展的今天,要想建网站展示企业/个人信息,必须首先注册自己的域名、申请网站的空间。在完成了域名的注册、空间的申请之后,就可以开始网站的设计与实现了。那么,完成了网站的设计与开发之后,该如何发布与维护呢?

汽车电子商务网站发布方法很多,模式不一。图 5.2.16 展示的是大众汽车官方网站发布的首页页面效果。

(一) 汽车电子商务网站的测试

在网站发布之前,首先应该进行相关企业网站的测试,了解一下相关企业、品牌的企业网站运行效果,检查一下运行的问题,及时修正与更新。

在定义了本地站点并对其中的网页编辑完成之后,需要对本地站点进行测试,以检测站点的浏览器兼容性,检查可能存在的链接错误,并在全网站范围内改变链接。

图 5.2.16　大众汽车官方网站

不同版本的浏览器对网页中语句的兼容性是不一样的，如 IE6、IE8 和火狐，这 3 个浏览器的兼容性都不一样。那么，如何知道所做网页的效果能在此版本的浏览器中显示出来呢，这时就需要对目标浏览器的兼容性进行检验。

测试环境的搭建通过一个软件开发集成包 PHPStudy 来完成。PHPStudy 是一个 PHP 集成包，无须配置即可使用，是非常方便、好用的 PHP 调试环境。安装前先看下 80 的端口是否被别的程序占用，如 IIS、迅雷等。需要先将它们关闭，或者改为非 80 端口再进行安装。特别是迅雷默认的端口就是 80。

① 下载、安装 PHPStudy 并重启系统后，单击桌面的"phpStudyAdmin"图标。

② 左键单击图标，选择第 6 行的 phpMyAdmin 程序，会在浏览器中自动打开网址。

③ 在"登录名称"和"密码"项中输入默认的 root，单击"执行"按钮。

④ 打开数据库后，选择"创建一个新的数据库"，输入数据库名 Typecho，第 2 行选择"GBK_Chinese_ci"，单击"创建"按钮，页面跳转，提示成功。

第一步：运行 PHPStudy 集成软件。在电脑右下角出现一个绿色的图标，单击图标，单击"WWW-root"，打开站点根目录文件夹，查看文件是否正确与完整，查看 MySQL Data 文件夹，查看对话框中的 MySQL 服务及 Apache 服务是否已开启。

第二步：文件及数据库均已准备妥当，单击"My HomePage"，打开网站主页。

第三步：测试页面、链接。分别在 IE6、IE8 及火狐浏览器中进行测试，检测完成之后进行修改。

仅完成浏览器的检测是不行的，还需要检测每一个页面及每一级栏目的链接。分别单击每一个栏目、每一个链接，查看是否有错误，如果有，记录下来，并找到相应的页面进行修改。这样修改后的网站就可以上传到服务器上了。如图 5.2.17 所示。

图 5.2.17　模拟北京汽车网站的测试页面

（二）汽车电子商务网站发布的基本流程

一个网站从建立到投入使用，通常要遵循以下顺序：合理规划站点、构建本地站点和远程站点、站点的测试及站点的上传与发布。

在完成了本地站点所有页面的设计之后，必须经过测试工作，当网站能够稳定地工作后，就可以将站点上传到远程 Web 服务器上，成为真正的站点，这就是站点的发布。

织梦内容管理系统（DedeCms）以简单、实用、开源而闻名，是国内最知名的 PHP 开源网站管理系统，也是使用用户最多的 PHP 类 CMS 系统。

DedeCMS 网站的发布流程如下：

① 安装 appserver；
② 安装中需要输入姓名和 E-mail、数据库密码等信息；
③ 单击 "next" 按钮等待安装完成；
④ 安装完成后，在浏览器地址栏中输入 "http://localhost:8080/uploads"，如出现图 5.2.18

所示界面，证明安装成功。

图 5.2.18　DedeCMS 安装成功

配置网站后台基本信息时，要记住数据库主机、数据库用户、用户名和密码。安装完成后，出现如图 5.2.19 所示界面。登录 CMS 后台，录入前面输入的账号和密码，登录后看到图 5.2.20 所示界面。

图 5.2.19　DedeCMS 配置界面

项目五
汽车配件电子商务应用

图 5.2.20　DedeCMS 后台管理界面

远程服务器列表如图 5.2.21 所示。
① 设置远程的 FTP 服务器。
② 进入管理后台→系统→服务器分布/远程。
③ 配置远程服务器列表。
④ 启用远程站点功能。

图 5.2.21　远程服务器列表

打开站点管理后台→系统→系统基本参数→核心设置,在"是否启用远程站点"后选择"是"（必须）,可以根据需要选择"是否发布和编辑文档时远程发布",如图 5.2.22 所示。

图 5.2.22　页面信息远程发布操作

⑤ 到此，所有配置已经完成，开始测试功能。

（三）汽车电子商务网站 FTP 发布的基本流程

① 打开站点管理后台→生成→远程服务器同步。

② 选择需要发布到远程服务器的文件夹和服务器。

③ 单击"更新选项"。

④ 查看是否已经更新到远程的 FTP（本例的 FTP 是本地 E 盘的 FTP 目录）。

FTP 服务器设置：

① 设置附件服务器。首先启用附件服务器，下面的配置和远程服务器配置相似，在此不再赘述。

② 配置好之后保存。

③ 到此，所有配置已经完成，开始测试：发表一边带有图片的文章，在"附加选项"中不要选择"下载远程图片和资源"选项。

二、汽车电子商务网站维护的基本流程

成功地开发一个汽车电子商务网站，不仅需要前期的努力，还需要对网站进行持续不断的更新、升级。特别是在中国当前 IT 行业飞速发展的形势下，更要强调网站更新维护对汽车电子商务网站系统开发的影响，因为潜在用户总有新的需求、新的想法，应该不断进取，满足客户需求，及时调整和更新网站内容，在瞬息万变、竞争激烈的汽车市场中抓住更多的网络商机。

网站维护包括网站策划、网页设计、网站推广、网站评估、网站运营、网站整体优化。网站维护的目的是通过对网站进行定期及不定期的更新升级，达到不断开展网上营销，实现汽车电子商务的目的。网站维护首先由网络营销顾问提出低成本高回报的汽车网络营销策划方案，通过洞悉项目目标客户群的网络营销策略，引发、借力企业与网民，达成网民与网民之间的互动，使汽车企业以最小的营销投入，超越竞争对手，获得更高效的汽车市

场回报。网站前期策划作为网络营销的起点，规划的严谨性、实用性将直接影响到汽车企业网络营销目标的实现。汽车电子商务网站维护以客户需求和网络营销为导向，结合自身的专业策划经验，协助汽车企业，在满足企业不同阶段的战略目标和战术要求的基础上，为企业制订阶段性的网站规划方案。

目前，国内汽车电子商务自由网站更新维护的方式与途径十分丰富，基本内容与流程如下。

① 网站服务器及相关软硬件的维护，对可能出现的问题进行评估，制定响应时间。

② 网站数据库维护，有效地利用数据库是网站维护的重要内容，因此数据库的维护要受到重视。

③ 网站内容的更新、调整等。

④ 制定相关汽车电子商务网站维护的规定，将网站维护制度化、规范化。

⑤ 做好汽车电子商务网站安全管理，防范黑客入侵网站，检查网站各个功能，检查链接是否有错。

由此可见，以上开发方式的主要优势在于便于对汽车电子商务平台发展的各个阶段进行有效组织和管理，同时也可大大降低网站开发的复杂性。国内外许多汽车电子商务网站开发的实例都证明了这是一种行之有效的开发流程。

（一）汽车电子商务网站维护的方式

① 企业招聘专业维护人员，包括网页设计人员、文字采编人员、美工、服务器维护专员等。特点：维护成本高、维护效率高、维护效果有保证。

② 企业委托建站公司，双方约定建站公司在一定时期内免费对网站进行小范围改版、内容维护。特点：维护成本低、维护效果低、维护效果无保证。

③ 企业委托专业网站维护公司，双方签订网站维护合同，维护公司在网站内容更新、网页改版、安全维护、数据备份等方面全方位进行维护。特点：维护成本非常低、维护效果高、维护效果有保证。

（二）汽车电子商务平台网站维护的专业要求

熟悉网站前台相关技术，熟悉 Web 2.0 相关技术；精通 TCP/IP 协议、OSI 参考模型；熟悉 HTML、DHTML、CSS、JavaScript、ASP、JSP 等 Web 页面开发语，Photoshop/Flash/Dreamweaver/Fireworks/等网站相关软件工具和数据库技术；具备较强的学习能力。需要懂得 FTP 上传下载、服务器维护、MsSQL/MySQL 数据库应用。

网站维护需要网站程序员、编辑人员、图片处理人员、网页设计师、服务器维护专员。

（三）汽车电子商务平台网站维护的基本规定

（1）对留言板进行维护

网站制作好留言板或论坛后，要经常维护，总结意见。因为如果访问者对站点有意见，通常都会在留言板或者论坛中记录，期望网站管理者能提供他想要的东西，或提供相关的服务。我们必须对别人提出的问题进行分析总结，一方面要以尽可能快的速度进行答复；另一方面，也要记录下来进行切实的改进，可以从中收集很多信息，获得很多商机。

（2）对客户的电子邮件进行维护

所有的企业网站都有自己的联系页面，对访问者的邮件要答复及时。最好是在邮件服务器上设置一个自动回复的功能，这样能够使访问者对站点的服务有一种安全感和责任感，然后再对用户的问题进行细致的解答。

（3）维护投票调查的程序

企业的站点上可设置一些投票调查的程序，用来了解访问者的喜好或意见。一方面，对已调查的数据进行分析；另一方面，可以经常变换调查内容。但对要调查的内容的设置要有针对性，不要设置一些空泛的问题；也可以针对某个热点投票，吸引别人来看结果。

拓展提升

张大明大学毕业后来到 XYZ 汽车销售服务公司应聘电子商务专员。人力资源部主考人员提出的面试问题是谈谈汽车电子商务网站发布与维护的基本内容和基本流程。如果你是张大明，你将如何来回答呢？

1. 试想张大明如何言简意赅地阐述汽车电子商务网站发布与维护的基本内容和基本流程。

2. 小组课后运用角色扮演法模拟训练该场景，并拍摄微视频上传至资源库平台（或空间）。

在线测试1-网站域名空间申请

在线测试2-网站设计

在线测试3-网站发布

项目五 汽车配件电子商务应用

任务 5-3　汽车配件信息化

 任务引入

高军董事长领导的公司是一家国内排名靠前的汽车配件生产厂家。公司有 6 家分公司，1 000 家专卖店，经销商遍布大江南北，年销售额数千万元。公司的经营战略是走品牌之路，早在 20 世纪 90 年代初公司就有了自己的汽车配件品牌。现在，公司的主打品牌已经成为业内和消费者心目中的知名品牌。

可目前让董事长有苦难言的是大规模经营带来居高不下的库存量。光总公司的成品仓库中，就有将近 40 000 件套，这只是总库存量中的一小部分，散布在分公司和零售店的库存总和竟然高达 6 千万元人民币，相当于大半年的销售收入！每每听到生产经理、销售经理、各大分公司经理争执不下，高董事长就会苦笑不已。

如果你是信息化项目小组成员小虹，公司新进了汽配管理软件，要求你尽快熟练操作该软件，并能给其他成员培训。

 任务描述

通过本任务的学习，让学生通过自己动手，根据自定义的配件相关信息，完成进货管理、销售管理、库存管理、报表管理等多方面内容，并能根据数据对汽车配件产品流通等级进行熟练判别与分析。需要通过录屏软件将操作过程录屏并提交。

 学习目标

● 专业能力
1. 全面理解汽车配件信息管理的概念与特点及其在汽配行业企业中的应用；
2. 理解管理系统各功能模块之间的关系及协同工作模式；
3. 能够快速、高效地进行信息收集整理。

- 社会能力
1. 培养学生勤奋向上、严谨细致的良好学习习惯和科学的工作态度；
2. 具有创新与创业的基本能力；
3. 具有爱岗敬业与团队合作精神；
4. 具有公平竞争的意识；
5. 具有自我学习的能力；
6. 具有拓展知识、接受终生教育的基本能力。
- 方法能力
1. 能根据汽配行业企业的特点，进行企业信息化调研，并进行面对面的交流、沟通；
2. 利用多种信息化平台独立自主学习的能力；
3. 制订工作计划、独立决策和实施的能力；
4. 运用多方资源解决实际问题的能力；
5. 能熟练操作管理系统物流（采购、销售、库存）、生产、财务、计划等主要功能模块。

一、ERP 概述

企业资源计划，或称企业资源规划，简称 ERP（Enterprise Resource Planning），是美国著名管理咨询公司 Gartner Group Inc. 于 1990 年提出来的，最初被定义为应用软件，但迅速为全世界商业企业所接受，现已经发展为现代企业管理理论之一。企业资源计划系统，是指建立在资讯技术基础上，以系统化的管理思想，为企业决策层及员工提供决策运行手段的管理平台。企业资源计划也是实施企业流程再造的重要工具之一，是一个为大型制造业所使用的公司资源管理系统。

（一）ERP 发展历程

一般分为以下几个阶段：

1. MIS 系统阶段（Management Information System）

企业的信息管理系统主要是记录大量原始数据、支持查询、汇总等方面的工作。

2. MRP 阶段（Material Require Planning）

企业的信息管理系统对产品构成进行管理，借助计算机的运算能力及系统对客户订单、在库物料、产品构成的管理能力，实现依据客户订单，按照产品结构清单展开并计算物料需求计划。实现减少库存、优化库存的管理目标。

3. MRP II 阶段（Manufacture Resource Planning）

在 MRP 管理系统的基础上，系统增加了对企业生产中心、加工工时、生产能力等方面的管理，以实现计算机进行生产排程的功能，同时也将财务的功能囊括进来，在企业资源计划中形成以计算机为核心的闭环管理系统。这种管理系统已能动态监察到产、供、销的全部生产过程。

4. ERP 阶段（Enterprise Resource Planning）

进入 ERP 阶段后，以计算机为核心的企业级的管理系统更为成熟，系统增加了包括财务预测、生产能力、调整资源调度等方面的功能。其配合企业实现 JIT 全面管理、质量管理和生产资源调度管理及辅助决策的功能，成为企业进行生产管理及决策的平台工具。

5. 电子商务时代的 ERP

Internet 技术的成熟为企业信息管理系统增加与客户或供应商实现信息共享和直接的数据交换的能力，从而强化了企业间的联系，形成共同发展的生存链，体现企业为达到生存竞争的供应链管理。ERP 系统相应实现这方面的功能，使决策者及业务部门实现跨企业的联合作战。

ERP 的应用的确可以有效地促进现有企业管理的现代化、科学化，适应竞争日益激烈的市场要求，它的导入已经成为大势所趋。

电子商务 ERP 这几年已经成为一个热门词。电子商务的迅速发展使得涉及电子商务的企业对电子商务平台上的软件系统产生了新的需求。一位服装电子商务的用户的想法似乎代表了很多电子商务用户的心声。她说，随着品牌的做大，她发现作为卖家越来越需要一种线上的个性化的产品，帮助她实现从前端到后端的无缝数据对接，即从策划、设计、销售到供应商、客户体验及客户回访的一个完整的数据整合 ERP 系统。通过系统分析产品的市场前景，从而提高客户体验，为企业带来更大效益，让企业更积极参与到电子商务中去。

及时、准确地掌握客户订单信息，通过对数据的加工处理和分析，对市场前景和产品需求做出预测，同时，把产品需求结果反馈给生产部门，并及时收集用户反馈，整合整条生产链的数据，并真正实现零库存，极大减少资金占用。企业参与电子商务热情的高涨势必影响电子商务与 ERP 的融合。

流程化的管理，即利用流程规范去控制人，避免人为不遵守流程而犯错。数据记录详细，便于查询、统计、分析。简单的电子商务 ERP 起到分析基础数据的作用，把财务、销售、仓储的信息集成在同一个软件里，可以实现数据化管理。

（二）ERP 系统功能模块

ERP 系统包括以下主要功能：供应链管理、销售与市场、分销、客户服务、财务管理、制造管理、库存管理、工厂与设备维护、人力资源、报表、制造执行系统（Manufacturing Executive System，MES）、工作流服务和企业信息系统等。此外，还包括金融投资管理、质量管理、运输管理、项目管理、法规与标准和过程控制等补充功能。

ERP 是将企业所有资源进行整合集成管理，简单地说，是将企业的三大流——物流、资金流、信息流进行全面一体化管理的管理信息系统。它的功能模块已不同于以往的 MRP 或 MRP Ⅱ 的模块，它不仅可用于生产企业的管理，还在许多其他类型的企业，如一些非生产、公益事业的企业，也导入 ERP 系统进行资源计划和管理。

在企业中，一般的管理主要包括三方面的内容：生产控制（计划、制造）、物流管理（分销、采购、库存管理）和财务管理（会计核算、财务管理）。这三大系统本身就是集成体，它们互相之间有相应的接口，能够很好地整合在一起来对企业进行管理。另外，要特别一提的是，随着企业对人力资源管理重视的加强，已经有越来越多的 ERP 厂商将人力资源管理纳入 ERP 系统。

从企业管理层面上来说，ERP 系统可以在企业的战略计划层、管理控制层和业务操作层这 3 个层次上提供支持。

第一，在业务操作层，ERP 系统可以降低业务成本。ERP 系统是一个企图将企业跨各业务部门的业务流程集成到一个企业级业务流程的信息系统。ERP 系统的主要优点在于协调各个业务部门，提高业务流程的整体效率。实施 ERP 系统之后，即刻得到的好处是降低业务成本，例如，降低库存控制成本、降低生产成本、降低市场营销成本和降低客户服务成本等。

第二，在管理控制层，ERP 系统可以促进实时管理的实施。ERP 系统实施之后的第二个好处是可以促进实时管理的实施。ERP 系统提供了对数据的更有效的访问，管理人员可以实时访问用于决策的信息。ERP 系统提供了跟踪各项活动成本的功能，有助于在企业实行作业成本法。管理控制的工作实际上就是及时发现问题和及时解决问题，ERP 系统的使用大大提高了管理人员及时发现问题和及时解决问题的能力。

第三，在战略计划层，ERP 系统可以支持战略计划。ERP 系统的一个重要作用就是支持战略计划中的资源计划。不过，在许多实际的 ERP 系统中，由于战略计划的复杂性和缺乏与决策支持系统的充分集成等原因，资源战略计划的功能被大大削弱，而只强调具体的业务执行计划。如何更好地提高 ERP 系统的战略计划功能，是 ERP 系统今后发展的一个重要方向。

（三）ERP 的核心管理思想

ERP 对供应链的有效管理主要体现在以下 3 个方面：

1. 体现对整个供应链资源进行管理的思想

在知识经济时代，仅靠自己企业的资源不可能有效地参与市场竞争，还必须把经营过程中的有关各方如供应商、制造工厂、分销网络、客户等纳入一个紧密的供应链中，才能有效地安排企业的产、供、销活动，满足企业利用全社会一切市场资源快速高效进行生产经营的需求，以期进一步提高效率和在市场上获得竞争优势。换句话说，现代企业竞争不是单一企业间的竞争，而是一个企业供应链与另一个企业供应链之间的竞争。ERP 系统实现了对整个企业供应链的管理，适应了企业在知识经济时代市场竞争的需要。

2. 体现精益生产、同步工程和敏捷制造的思想

ERP 系统支持对混合型生产方式的管理，其管理思想表现在两个方面：其一是"精益生产（Lean Production，LP）"思想，它是由美国麻省理工学院（MIT）提出的一种企业经营战略体系，即把客户、销售代理商、供应商、协作单位纳入生产体系，企业同其销售代理、客户和供应商的关系已不再是简单的业务往来关系，而是利益共享的合作伙伴关系，这种合作伙伴关系组成了一个企业的供应链，这即是精益生产的核心思想。其二是"敏捷制造（Agile Manufacturing）"思想。当市场发生变化，企业遇有特定的市场和产品需求时，

企业的基本合作伙伴不一定能满足新产品开发生产的要求,这时,企业会组织一个由特定的供应商和销售渠道组成的短期或一次性供应链,形成"虚拟工厂",把供应和协作单位看成是企业的一个组成部分,运用"同步工种(Simultaneous Engineering,SE)"组织生产,用最短的时间将新产品打入市场,时刻保持产品的高质量、多样化和灵活性,这即是敏捷制造的核心思想。

3. 体现事先计划与事中控制的思想

ERP 系统中的计划体系主要包括主生产计划、物料需求计划、能力计划、采购计划、销售执行计划、利润计划、财务预算和人力资源计划等,并且这些计划功能与价值控制功能已完全集成到整个供应链系统中。

总之,ERP 所包含的管理思想是非常广泛和深刻的,这些先进的管理思想之所以能够实现,又同信息技术的发展和应用分不开。ERP 不仅面向供应链,体现精益生产、敏捷制造、同步工程的精神,而且必然要结合全面质量管理(TQM),以保证质量和客户满意度;结合准时制生产(JIT),以消除一切无效劳动与浪费、降低库存和缩短交货期;还要结合约束理论(Theory of Constraint,TOC,是优化生产技术 OPT 的发展)来定义供需链上的瓶颈环节、消除制约因素来扩大企业供需链的有效产出。

二、汽车配件管理软件

(一)汽配通汽配管理软件基本介绍

汽配通汽配管理软件是一款适用于中小企业的进销存管理软件。该软件具有安装部署简便、易学易用的特点,如图 5.3.1 所示。

图 5.3.1 汽配通汽配管理软件功能主界面

汽配通管理软件设置

1. 进货管理

进货入库：该功能自带强大的配件资料属性库，并可以根据自己的需要从汽配110平台选择更多的汽配属性资料下载，如图5.3.2所示。输入配件名时，只需输入拼音首字母即可。

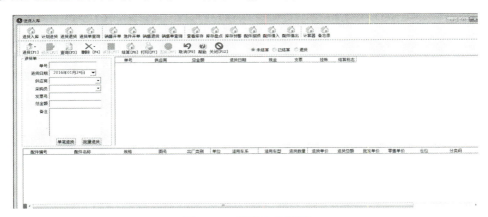

图 5.3.2　进货入库界面

计划订货：从库存或属性库里调出配件资料制作订货计划，货到后方便直接入库，如图5.3.3所示。

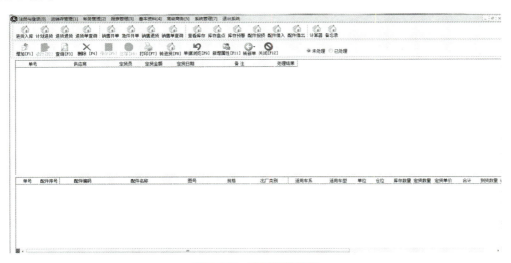

图 5.3.3　计划订货界面

进货退货：可依照单号或时间范围查找进货或退货计划，如图5.3.4所示。

2. 销售管理

根据客户等级自动判断该客户的发货额度、价格等级等信息完成订单，极大地提高了销售员的工作效率，对客户、价格信息、成本、毛利等及时监控。

销售开单：包括查询直接、图片显示、迅速调价、急件处理、通用件查看、进货历史及出库历史查看等，如图5.3.5所示。

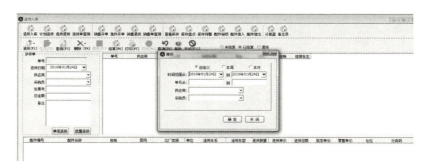

图 5.3.4 进货退货界面

网上订单：客户在汽配 110 网订购的配件在此处直接转为销售开单，在"110 管理"处可以发布配件信息。

3. 库存管理

可自动根据库存数量判断是否有货可发，有货自动进入出库状态，无货自动提示采购员下采购订单或者生成请购单，节约大量的查货时间，实现迅速地出库及补货流程。

图 5.3.5 销售开单界面

库存管理：包括配件盘点，以及修改价格、属性及仓位等功能，如图 5.3.6 所示。低于库存警戒配件可以直接转为计划订货单。

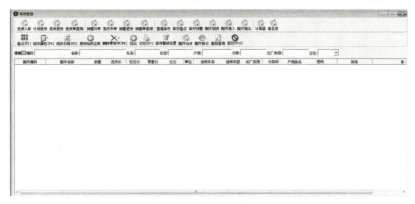

图 5.3.6 库存管理界面

4. 报表管理（图 5.3.7 和图 5.3.8）

图 5.3.7　销售明细界面

图 5.3.8　进销存汇总界面

5. 账务管理

应付款：未付清进货商家的款项及退货客户的款项。

应收款：客户购买配件的挂账单。

（二）汽配大数据分析

大数据（big data，mega data），或称巨量资料，指的是需要进行数据再处理后，才能具有更强的决策力、洞察力和流程优化能力的海量、高增长率及多样化的信息资产。从产业链来看，当前中国汽车后市场基本可分 7 个大类：养护、维修、改装、二手车、汽车配件、相关电商及金融保险。这 7 个大类其实可以再做细分，譬如养护就包括洗车、美容、机油及零件更换等服务。7 个大类汽车服务可以分为汽车服务、车联网相关及工具社区 3 种类型。当前而言，汽车服务类的众多商家正在由重向轻变化，开始由产业链低层向中间层过渡，做"汽车服务商"的服务商。这一类商家无论是做平台的，还是做垂直服务的，在信息化方面都在向"大数据"过渡。

大数据能带给行业更多的是商家对于客户及业务的管理，这些数据具体到汽车后市场，则是车型、配件、品牌、保养等数据的灵活调取与应用方面，可以让商家近距离接触车主，甚至不用询问，就能了解车主用车信息，可以进一步为车主提供一站式汽车服务方案。

大数据时代，车辆上传的每一组数据都带有位置信息和时间，并且容易形成海量数据。在大数据平台上，基于对车辆数据、道路数据、环境感知数据等海量信息的处理、分析、汇总，汽车服务商或整车厂商可获得相关车主的车况、驾驶行为、里程等行车、用车过程中的数据，从而可基于大数据挖掘对车主进行精细化的管理。

从广义上来说，大数据对汽车后市场行业的影响，体现在售后服务方面，大数据确实能够解决很多问题。如大大提升汽车配件交易的准确率、降低换货频次；多种选择为商家带来价格优势；改变了传统的咨询方式。将传统汽配行业 1 对 1 电话询件询价方式，提升为 1 对多的数字化询价方式，极大地提高了商家与车主、商家与配件商的沟通效率；提高了交易配件的追溯源头可行性。数据库对配件厂商、配件分销商、配件连锁分销商、汽车保养商、配件 B2B 电商平台及 O2O 服务平台都有清楚的记录，并能够逆向查询，这样配件及服务出现问题之后，便可以逆向找到交易源头，解决了汽车后市场服务的透明化与公正性的问题，无须再用第三方监督。

拓展提升

陈波是某汽配公司新进员工，颇得领导器重，公司拟引入一套 ERP 系统，ERP 中采购管理与其他管理部门都有着密切的关系，如图 5.3.9 所示，公司要求陈波填写空缺的信息。再根据此图简要描述采购管理同其他管理如成本管理、质量管理等的关系。

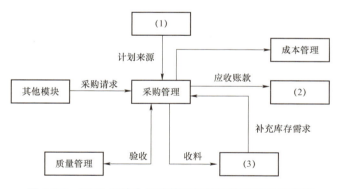

图 5.3.9　ERP 系统中采购管理与其他管理部门的关系

在线测试 1-汽车配件管理　　　　在线测试 2-ERP